KB066661

2020년 사회복지사 1급 대비 수험서

smart
사회복지법제론

2020년 사회복지사 1급 대비 수험서

smart
사회복지
법제론

심상오 편저

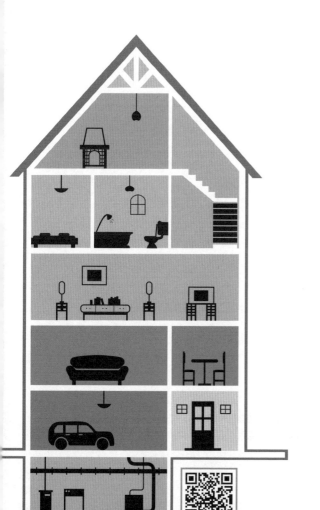

사회복지사 1급!
합격의 길로
동영상 강의와 함께하는
12일 완성
Key Point!!

에듀파인더
[edufinder.kr]

2020년 사회복지사 1급 대비 수험서
smart
사회복지법제론

초판 인쇄　2019년 9월 20일
초판 발행　2019년 9월 25일

편저자　　심상오
발행인　　권윤삼
발행처　　(주) 연암사

등록번호　제16-1283호
주소　　　서울특별시 마포구 양화로 156, 1609호
전화　　　(02)3142-7594
FAX　　　(02)3142-9784

값은 뒤표지에 있습니다. 잘못된 책은 바꾸어 드립니다.

ISBN 979-11-5558-054-7　14330
　　　979-11-5558-051-6　(전8권)

이 책의 모든 법적 권리는 저자와 도서출판 연암사에 있습니다.
저작권법에 의해 보호받는 저작물이므로 본사의 허락 없이 무단 전재, 복제, 전자출판 등을 금합니다.

연암사의 책은 독자가 만듭니다.
독자 여러분들의 소중한 의견을 기다립니다.
트위터　@yeonamsa
이메일　yeonamsa@gmail.com

이 도서의 국립중앙도서관 출판시도서목록(CIP)은 서지정보유통지원시스템 홈페이지(http://seoji.nl.go.kr)와
국가자료공동목록시스템(http://www.nl.go.kr/kolisnet)에서 이용하실 수 있습니다.
(CIP제어번호: CIP2019035138)

머리말

우리나라도 급속한 산업화 · 정보화 · 저출산과 인구의 고령화 등 시대적 변화로 인해 다양하고 복잡한 사회문제들이 발생하고 있습니다. 특히, 1997년 말 IMF 외환위기 이후 선진국과의 무한경쟁을 위한 기업의 구조조정 과정에서 발생한 대량실업과 고용불안, 가족해체, 고착화되고 있는 저출산과 세계에서 가장 빠른 속도로 진행되고 있는 인구의 고령화 등에 따른 사회적 변화는 새로운 복지패러다임을 요구하고 있습니다.

최근에 부각되고 있는 아동 · 노인 · 장애인 · 여성 · 한부모가족 · 다문화가족의 문제 해결, 독거노인 · 빈곤층 대책과 복지사각지대의 근절, 그리고 보다 질 높은 복지서비스를 요구하는 국민들의 요구에 부응하기 위하여 사회복지사의 역할과 책임은 매우 중요하다고 하겠습니다.

이에 본서에서는 지난 10년간의 사회복지사 1급 기출문제들을 분석하여 단기간에 보다 효과적인 학습이 되도록 합격의 솔루션을 제시하였습니다. 하지만 합격여부는 오직 수험자의 마음자세와 효율적인 수험전략 여하에 달려 있습니다.

선발시험과 달리 자격시험은 선택과 집중이 중요합니다. 어려운 1~2과목은 과락이 되지 않도록 기출문제 중심으로 정리하고, 자신 있는 2~3개 과목은 고득점(80점)할 수 있도록 집중하면 합격(60점)은 무난히 할 수 있습니다.

「나만은 반드시 합격할 수 있다」는 강한 신념으로 얼마 남지 않은 기간 최선을 다하시기 바랍니다.

〈본 교재의 구성과 특징〉
• 수험생들이 전체적인 맥락에서 교과를 정리할 수 있도록 구성하였으며, 핵심정리

하기 및 참고하기 등을 통해 요점을 정리하였다.

- 2019년 8월말 현재까지 제정 및 개정된 법령을 반영하였으며, 출제경향을 파악할 수 있도록 최근 기출문제를 수록하여 최신의 정보를 적극 반영하였다.
- 매단원마다 출제빈도가 높았던 부분을 표시(★)하고, 혼돈되거나 틀리기 쉬운 부분도 밑줄로 표시(＿)하여 최종정리 시 도움이 되도록 하였다.
- 혼자 학습하거나 공부시간이 절대적으로 부족한 수험생들이 효율적으로 정리할 수 있도록 분량을 최소화하도록 하였다.

[사회복지사 1급 자격제도 안내]

◆ 사회복지사

- 사회복지사 1급은 사회복지학 전공자, 일정한 교육과정 이수자, 사회복지사업 경력자로서 국가시험에 합격하여 보건복지부장관의 면허를 받은 자를 말한다.
- 사회보장급여의 이용 · 제공 및 수급권자 발굴에 관한 법률 제43조는 사회복지사업에 관한 업무를 담당하게 하기 위하여 시 · 도, 시 · 군 · 구 및 읍 · 면 · 동 등에 사회복지사 자격증을 가진 사회복지전담공무원을 두도록 규정하고 있다.
- 사회복지사는 사회복지 프로그램을 개발 · 운영하고 시설거주자의 생활지도를 하며 청소년, 노인, 여성, 장애인 등 복지대상자에 대한 보호 · 상담 · 후원업무를 담당한다.

◆ 사회복지사 자격의 특징

사회복지사의 자격증은 현재 1, 2급으로 나누어지며, 1급의 경우 일정한 학력과 경력을 요구하고 또한 국가시험을 합격하여야 자격증이 발급된다. 2급의 경우 일정학점의 수업이수와 현장실습 등의 요건만 충족되면 무시험으로 자격증을 취득할 수 있다.

◆ 1급 시험 응시자격

〈대학원 졸업자〉

① 고등교육법에 따른 대학원에서 사회복지학 또는 사회사업학을 전공하고 석사학위 또는 박사학위를 취득한 자

② 다만, 대학에서 사회복지학 또는 사회사업학을 전공하지 아니하고 동 석사학위를 취득한 자는 보건복지부령이 정하는 사회복지학 전공교과목과 사회복지관련 교과목 중 사회복지 현장실습을 포함한 필수과목 6과목 이상(대학에서 이수한 교과목을 포함하되, 대학원에서 4과목이상을 이수하여야 한다), 선택과목 2과목 이상을 각각 이수하여야 한다.

〈대학 졸업자〉

① 고등교육법에 따른 대학에서 보건복지부령이 정하는 사회복지학 전공교과목과 사회복지 관련 교과목을 이수하고 학사학위를 취득한 자

② 법령에서 고등교육법에 따른 대학을 졸업한 자와 동등 이상의 학력이 있다고 인정하는 자로서 보건복지부령으로 정하는 사회복지학 전공교과목과 사회복지관련 교과목을 이수한 자

〈외국대학(원) 졸업자〉

외국의 대학 또는 대학원(단, 보건복지부장관이 인정한 대학 또는 대학원)에서 사회복지학 또는 사회사업학을 전공하고 학사학위 이상을 취득한 자로서 대학원 졸업자와 대학졸업자의 자격과 동등하다고 보건복지부장관이 인정하는 자

〈전문대학 졸업자〉

① 고등교육법에 의한 전문대학에서 보건복지부령이 정하는 사회복지학 전공교과목과 사회복지관련 교과목을 이수하고 졸업한 자로서 시험일 기준 1년 이상 사회복지사업의 실무경험이 있는 자

② 법령에서 고등교육법에 따른 전문대학을 졸업한 자와 동등 이상의 학력이 있다고 인정하는 자로서 보건복지부령이 정하는 사회복지학 전공교과목과 사회복지

관련 교과목을 이수한 자로서 시험일 기준 1년 이상 사회복지사업의 실무경험이 있는 자

〈사회복지사 양성교육과정 수료자〉
① 고등교육법에 따른 대학을 졸업하거나 이와 동등이상의 학력이 있는 자로서, 보건복지부장관이 지정하는 교육훈련기관에서 12주 이상의 사회복지사업에 관한 교육훈련을 이수한 자로서 시험일 기준 1년 이상 사회복지사업의 실무경험이 있는 자
② 사회복지사 3급 자격증 소지자로서 시험일을 기준으로 3년 이상 사회복지사업의 실무경험이 있는 자

◆ 응시 결격사유
금치산자 또는 한정치산자, 금고 이상의 형을 선고받고 그 집행이 끝나지 아니하였거나 그 집행을 받지 아니하기로 확정되지 아니한 사람, 법원의 판결에 따라 자격이 상실되거나 정지된 사람, 마약 · 대마 또는 향정신성의약품의 중독자는 응시할 수 없다.

◆ 시험방법

시험과목 수	문제 수	배점	총점	문제형식
3과목(8영역)	200문항	1점/1문제	200점	객관식 5지 선택형

◆ 시험과목

구분	시험과목	시험영역	시험시간
1교시	사회복지기초(50문항)	• 인간행동과 사회환경(25문항) • 사회복지조사론(25문항)	50분
2교시	사회복지실천(75문항)	• 사회복지실천론(25문항) • 사회복지실천기술론(25문항) • 지역사회복지론(25문항)	75분
3교시	사회복지정책과 제도(75문항)	• 사회복지정책론(25문항) • 사회복지행정론(25문항) • 사회복지법제론(25문항)	75분

◆ 합격 기준

① 매 과목 40점 이상, 전 과목 총점의 60% 이상을 득점한 자를 합격 예정자로 결정하며, 합격 예정자에 대해서는 한국사회복지사협회에서 응시자격 서류심사를 실시하며, 심사결과 부적격자이거나 응시자격서류를 정해진 기한 내에 제출하지 않은 경우에는 합격예정을 취소한다.

② 필기시험에 합격하고 응시자격 서류심사에 통과한 자를 최종합격자로 발표한다.

◆ 사회복지사 자격활용정보

• 사회복지사 1급 자격증 소지자는 시 · 도, 시 · 군 · 구, 읍 · 면 · 동 또는 사회복지전담기구에 사회복지전담공무원으로 일할 수 있다. 또한 지역복지, 아동복지, 노인복지, 장애인복지, 모자복지 등의 민간 사회복지기관에 취업할 수 있다. 이 외에도 학교, 법무부 산하 교정시설, 군대, 기업체 등에서 사회복지사로 활동할 수 있으며 자원봉사활동관리 전문가로 활동할 수도 있다.

• 사회복지사 1급 자격증 소지자는 의료사회복지 또는 정신보건 분야에서 일정한 경력을 쌓으면 시험을 통해 의료사회복지사나 정신보건사회복지사 자격을 취득하여 해당분야의 전문사회복지사로 활동할 수 있다.

◆ 사회복지사 1급 자격증 관계도

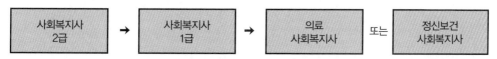

• 의료사회복지사

사회복지사 1급 자격소지자는 의료사회복지 실무경력 1년 이상, 또는 의료사회복지 연구 및 교육에 1년 이상의 경력을 가지고 있는 경우 의료사회복지사 자격시험에 응시할 수 있다.

• 정신보건사회복지사

① 사회복지사 1급 자격소지자는 보건복지부장관이 지정한 전문요원 수련기관에서 1년 이상 수련을 마치면 정신보건사회복지사 2급 자격증을 취득할 수 있다.

② 2급 정신보건사회복지사 자격 취득 후 정신보건시설, 보건소 또는 국가나 지방자치단체로부터 지역사회정신보건사업을 위탁받은 기관이나 단체에서 5년 이상 정신보건 분야의 임상실무경험을 쌓으면 정신보건사회복지사 1급 자격증을 취득할 수 있다.

• 사회복지사 2급

사회복지사 2급 자격소지자는 1년간의 실무경력을 갖추면 사회복지사 1급 자격시험에 응시할 수 있다.

시험시행 관련 문의

• 한국산업인력공단 HRD 고객센터: 1644-8000
• 한국사회복지사협회: 02) 786-0845

차 례

머리말 **5**

제1장 / 사회복지법의 개관

1. 법(法)의 개념 21
1) 법(法)의 의의 | 2) 법(法)의 일반적 분류 | 3) 법(法)적용의 일반원칙

2. 법원(法源)의 종류 23
1) 법원(法源)의 의의 | 2) 성문법원(成文法源) | 3) 불문법원(不文法源)

3. 사회복지법의 개념 27
1) 사회복지법의 의의 | 2) 사회복지관련 법률의 분류체계

〈 출제경향 파악 〉 **34**

제2장 / 사회복지 권리성과 국제화

1. 사회복지급여 수급권의 개념 35
1) 의의 | 2) 사회권(社會權) | 3) 생존권으로서의 복지권 | 4) 헌법상 생존권적 기본권

2. 사회보장수급권의 특징 38
1) 사회보장급여의 신청주의 | 2) 사회보장수급권의 보호 | 3) 사회복지급여수급권의 제한 | 4) 사회보장수급권의 소멸

3. 사회복지와 관련된 국제협약 39
1) 국제인권규약(A, B) | 2) 아동권리협약 | 3) 장애인권리 협약 | 4) ILO의 국제사회복지조약

4. 사회보장협정 41
1) 사회보장협정의 개념 | 2) 우리나라의 경우

〈 출제경향 파악 〉 **43**

제3장 / 사회보장기본법

1. 사회보장기본법의 개요 45
1) 목적 및 기본이념 | 2) 국가와 지방자치단체의 책임 등

2. 사회보장기본법의 주요 개념 47
1) 사회보장기본법의 주요 내용 | 2) 사회보장기본계획 | 3) 사회보장위원회

3. 사회보장정책의 기본방향 및 사회보장제도의 운영 50
1) 사회보장정책의 기본방향 | 2) 사회보장제도의 운영 | 3) 사회보장급여의 관리 및 권리구제

〈 출제경향 파악 〉 **53**

제4장 / 사회보장급여의 이용·제공 및 수급권자발굴에 관한법률

1. 사회보장급여법의 개요 55
1) 사회보장급여법의 의의 | 2) 용어의 정의 및 다른 법률과의 관계

2. 사회보장급여 57
1) 사회보장급여의 이용 | 2) 지원대상자의 발굴 | 3) 수급권자 등의 지원

3. 사회보장에 관한 지역계획 및 운영체계 등 61
1) 지역사회보장계획 | 2) 지역사회보장 운영체계 | 3) 기타

〈 출제경향 파악 〉 **66**

제5장 / 사회복지사업법(1)

1. 사회복지사업법의 개요 67
1) 목적 | 2) 기본이념 | 3) 용어의 정의 | 4) 사회복지사업주체의 책무 등

2. 사회복지사 70
1) 사회복지사의 자격 등 | 2) 사회복지사의 채용 및 교육 등

3. 사회복지법인 73
1) 설립허가 및 정관 | 2) 법인의 임원관련 사항

제6장 / 사회복지사업법(2)

1. 사회복지서비스 및 법인의 재산 등 79
1) 사회복지서비스 | 2) 사회복지법인의 재산 등

2. 사회복지법인의 설립허가 취소 등 81

1) 법인의 설립허가 취소(제26조) | 2) 법인의 수익사업(제28조) | 3) 법인의 합병(제30조) | 4) 동일명칭 사용 금지(제31조)

3. 사회복지시설 82

1) 사회복지시설의 설치 · 운영 등 | 2) 보조금 등 및 후원금 관리

4. 법정단체 및 수급자의 권리보호 87

1) 사회복지협의회(제33조) | 2) 한국사회복지사협회(제46조) | 3) 수급자의 권리보호

〈 출제경향 파악 〉 **89**

제7장 / 국민연금법(1)

1. 국민연금법의 개요 91

1) 목적 | 2) 용어의 정의 등 | 3) 국민연금의 가입대상 | 4) 가입자의 종류 | 5) 가입자 자격의 취득시기 | 6) 가입자 자격의 상실시기 | 7) 국민연금의 급여

2. 국민연금급여의 종류 95

1) 노령연금 | 2) 분할연금 | 3) 장애연금 | 4) 유족연금 | 5) 반환일시금 및 사망일시금

제8장 / 국민연금법(2)

1. 비용부담 및 연금보험료의 징수 등 101

1) 비용부담 | 2) 연금보험료의 부과 · 징수 등 | 3) 연금보험료 납부의 예외 | 4) 가입기간의 계산 및 합산

2. 관리운영체계 등 104

1) 관장 | 2) 국민연금공단 | 3) 국민연금심의위원회 | 4) 국민연금기금

3. 국민연금 수급자의 권리보호 등 107

1) 국민연금 수급권의 보호 | 2) 심사청구 및 국민연금심사위원회 | 3) 재심사청구 및 국민연금재심사위원회 | 4) 시효

〈 출제경향 파악 〉 **109**

제9장 / 국민건강보험법

1. 국민건강보험법의 개요 111

1) 목적 | 2) 용어의 정의 | 3) 국민건강보험종합계획의 수립 등 | 4) 적용대상 등 | 5) 가입자의 종류 |

6) 자격의 취득 · 변동 및 상실

2. 국민건강보험의 급여 **114**

1) 요양급여 | 2) 요양기관 | 3) 본인일부부담금 | 4) 요양급여비용의 청구와 지급 등 | 5) 요양비 | 6) 부가급여 | 7) 장애인에 대한 특례 | 8) 건강검진

3. 국민건강보험료 **116**

1) 보험료 | 2) 직장가입자의 보험료 | 3) 지역가입자의 보험료 | 4) 보험료의 면제 및 경감

4. 관리운영체계 및 수급자의 권리보호 등 **117**

1) 관리운영체계 | 2) 수급자의 권리보호 등 | 3) 시효

〈 출제경향 파악 〉 **121**

제10장 / 산업재해보상보험법 ─────────

1. 산업재해보상보험법의 개요 **123**

1) 목적 | 2) 용어의 정의 | 3) 적용 범위 | 4) 보험 관계의 성립 · 소멸

2. 산재보험의 급여 및 보험료 **124**

1) 보험급여의 종류와 산정기준 | 2) 업무상의 재해의 인정 기준 | 3) 산업재해보상보험급여의 종류 | 4) 산재보험료

3. 관리운영체계 및 수급자의 권리보호 **129**

1) 관리운영체계 | 2) 심사청구 | 3) 재심사청구 | 4) 시효

〈 출제경향 파악 〉 **132**

제11장 / 고용보험법 ─────────

1. 고용보험법의 개요 **135**

1) 목적 | 2) 용어의 정의 | 3) 가입대상 | 4) 피보험자

2. 고용보험의 급여 **137**

1) 고용안정 · 직업능력개발사업 | 2) 실업급여의 종류: 구직급여, 취업촉진수당 | 3) 구직급여 | 4) 연장급여 | 5) 취업촉진수당 | 6) 육아휴직급여 | 7) 육아기 근로시간 단축 급여 | 8) 출산전후휴가급여

3. 고용보험의 재원 등 **142**

1) 보험료 | 2) 국고의 부담 | 3) 고용보험기금

4. 관리운영체계 및 수급자의 권리보호 등 **143**

1) 관리운영체계 | 2) 고용보험수급자의 권리보호 등

〈 출제경향 파악 〉 **145**

제12장 / 노인장기요양보험법

1. 노인장기요양보험법의 개요 147
1) 목적 | 2) 용어의 정의 | 3) 장기요양급여 제공의 기본원칙 | 4) 장기요양기본계획 | 5) 실태조사 | 6) 장기요양보험의 가입자 | 7) 보험료의 징수 | 8) 국가의 부담

2. 장기요양인정 등 149
1) 장기요양인정의 신청자격 | 2) 장기요양인정의 신청 및 조사 | 3) 등급판정 등

3. 장기요양급여 및 장기요양기관 151
1) 장기요양급여 제공의 기본원칙 | 2) 급여의 종류 | 3) 재가 및 시설급여비용 | 4) 장기요양기관

4. 관리운영체계 및 수급자의 권리보호 등 155
1) 관리운영체계 | 2) 수급자의 권리보호

〈 출제경향 파악 〉 **157**

제13장 / 국민기초생활보장법(1)

1. 국민기초생활보장법의 개요 159
1) 목적 | 2) 용어의 정의 | 3) 최저보장수준의 결정 등 | 4) 기준중위소득의 산정 | 5) 소득인정액의 산정

2. 국민기초생활보장급여 161
1) 보장급여의 기본원칙 | 2) 보장급여의 기준 | 3) 급여의 종류 | 4) 생계급여의 방법 및 실시장소 | 5) 보장급여의 실시

제14장 / 국민기초생활보장법(2)

1. 자활사업 169
1) 한국자활복지개발원 | 2) 광역자활센터 | 3) 지역자활센터 | 4) 자활기관협의체 | 5) 자활기업 | 6) 자활지원계획의 수립 | 7) 청문

2. 보장기관 및 보장시설 172
1) 보장기관 | 2) 생활보장위원회 | 3) 기초생활보장계획의 수립 및 평가 | 4) 보장시설 | 5) 보장비용

3. 수급자의 권리보호 등 175

1) 수급자의 권리와 의무 | 2) 이의신청

〈 출제경향 파악 〉 **178**

제15장 / 의료급여법과 긴급복지지원법

1. 의료급여법 **181**
1) 의료급여법의 개요 | 2) 의료급여 수급권자 등 | 3) 의료급여의 주요 내용 | 4) 의료급여기관 | 5) 의료급여비용 | 6) 의료보장기관 등 | 7) 의료급여 수급권의 보호 및 구상권

2. 긴급복지지원법 **187**
1) 긴급복지지원법의 개요 | 2) 긴급지원 대상자 및 기관 | 3) 긴급지원의 종류와 내용 | 4) 긴급지원의 기간 | 5) 위기상황의 발굴 | 6) 지원대상자의 사후조사 | 7) 권리보호

〈 출제경향 파악 〉 **192**

제16장 / 기초연금법과 장애인연금법

1. 기초연금법 **195**
1) 기초연금법의 개요 | 2) 기초연금액의 한도 및 감액 | 3) 기초연금액의 적정성 평가 등 | 4) 기초연금의 신청 및 지급결정 등 | 5) 시효 및 비용분담 | 6) 수급권의 보호

2. 장애인연금법 **199**
1) 장애인연금법의 개요 | 2) 장애인연금의 수급권 | 3) 장애인연금의 종류 및 급여액 | 4) 연금의 신청 및 조사 | 5) 연금의 지급기간 및 시기 | 6) 비용의 부담 | 7) 수급권의 보호 등

〈 출제경향 파악 〉 **205**

제17장 / 영유아보육법과 아동복지법
1. 영유아보육법 **207**
1) 영유아보육법의 개요 | 2) 어린이집의 종류 및 이용대상 등 | 3) 어린이집의 설치 | 4) 보육정책조정위원회 | 5) 보육정책위원회 | 6) 보육의 우선 제공

2. 아동복지법 **210**
1) 아동복지법의 개요 | 2) 아동정책관련 기관 | 3) 아동복지정책의 수립 및 시행 | 4) 아동보호서비스 | 5) 아동학대 예방 | 6) 방과 후 돌봄서비스 지원 | 7) 아동전담기관 | 8) 아동복지시설

〈 출제경향 파악 〉 **220**

제18장 / 노인복지법과 장애인복지법

1. 노인복지법 221

1) 노인복지법의 개요 | 2) 노인복지시설 | 3) 요양보호사 및 요양보호사교육기관 | 4) 노인학대의 예방

2. 장애인복지법 228

1) 장애인복지법의 개요 | 2) 장애인관련 운영기구 및 전문인력 | 3) 장애인의 등록 | 4) 장애인복지시설의 종류 | 5) 장애인복지시설의 설치 및 이용 | 6) 장애인 성범죄 및 학대 등

〈 출제경향 파악 〉 **235**

제19장 / 한부모가족지원법과 다문화가족지원법

1. 한부모가족지원법 237

1) 한부모가족지원법의 개요 | 2) 한부모가족복지시설 | 3) 한부모가족지원 | 4) 복지급여의 내용 | 5) 고용 등 | 6) 가족지원 등 | 7) 비용의 보조 | 8) 수급권의 권리보호

2. 다문화가족지원법 244

1) 다문화가족지원법의 개요 | 2) 기본계획 및 연도별 시행계획의 수립시행 | 3) 국가와 지방자치단체의 지원정책

〈 출제경향 파악 〉 **248**

제20장 / 정신건강증진 및 정신질환자 복지서비스지원에 관한 법률

1. 정신건강복지법의 이해 251

1) 정신건강복지법의 개념 | 2) 정신건강심의위원회의 설치 · 운영 등

2. 정신건강증진정책의 추진 등 253

1) 국가계획 및 시행계획 등 | 2) 정신건강증진사업 등의 추진 | 3) 정신건강전문요원의 자격 등(제17조)

3. 정신건강증진시설의 설치 · 운영 등 256

1) 정신의료기관의 설치 · 운영 등 | 2) 정신요양시설의 설치 · 운영 등 | 3) 정신재활시설의 설치 · 운영 등 | 4) 입원 등 | 5) 입원 등의 입원적합성심사위원회 신고 등

4. 퇴원 및 권익보호와 지원 등 259

1) 퇴원 등의 청구 및 심사 등 | 2) 권익보호 및 지원 등

〈 출제경향 파악 〉 **260**

제21장 / 입양특례법

1. 입양특례법의 개요 263
1) 목적 및 용어의 정의 | 2) 입양의 원칙 등

2. 입양의 요건 및 효력 264
1) 입양의 요건 | 2) 입양의 효력

3. 입양기관 및 입양아동에 대한 복지지원 등 268
1) 입양기관 | 2) 입양아동에 대한 복지지원 | 3) 지도 · 감독

〈 출제경향 파악 〉 **272**

제22장 / 가정폭력방지법과 성폭력방지법 등

1. 가정폭력방지 및 피해자보호 등에 관한 법률 273
1) 목적 및 정의 등 | 2) 가정폭력 예방교육의 실시 | 3) 긴급전화센터 및 상담소의 설치 | 4) 보호시설의 종류 및 설치 등

2. 성폭력방지 및 피해자보호 등에 관한 법률 276
1) 목적 및 용어의 정의 | 2) 성폭력예방교육 등 | 3) 피해자 보호 및 지원 시설 등의 설치 · 운영 | 4) 사법경찰관리의 현장출동 등

3. 가정폭력범죄의 처벌 등에 관한 특례법 280
1) 목적 및 정의 | 2) 신고의무 등

〈 출제경향 파악 〉 **282**

제23장 / 사회복지공동모금회법과 자원봉사활동기본법

1. 사회복지공동모금회법 285
1) 목적 및 용어의 정의 | 2) 사회복지공동모금회의 설립 및 사업 등 | 3) 기부금품의 모집 및 복권발행 | 4) 지도감독 및 보조금지원 등

2. 자원봉사활동기본법 289
1) 목적 및 정의 등 | 2) 자원봉사관련 기관 등 | 3) 국가기본계획의 수립 등 | 4) 자원봉사활동장려

〈 출제경향 파악 〉 **293**

제24장 / 헌법재판소 위헌확인심판 등

1. 사회보험관련 위헌 확인(헌법재판소) 295

1) 국민연금의 분할연금규정의 위헌 확인 | 2) 건강보험 지역가입자의 평등권과 재산권 침해 위헌 확인

2. 공공부조관련 위헌 확인(헌법재판소) 298

1) 2002년도 국민기초생활보장최저생계비 위헌확인 | 2) 국민기초생활보장 최저생계비 위헌 확인

3. 사회서비스 등 관련 위헌 확인(헌법재판소) 301

1) 저상버스 도입의무 불이행 위헌 확인

〈 출제경향 파악 〉 **303**

참고문헌 **304**

제1장
|
사회복지법의 개관

1. 법(法)의 개념

1) 법(法)의 의의

① 법이란 인간이 사회생활을 하면서 꼭 해야 할 일과 해서 안 될 일을 규정하여 사회 정의를 실현하고 법적 안정성을 기반으로 사회질서를 유지하기 위한 강제력을 가진 규범

② 법은 권위가 부여된 물리적인 힘과 상호성과 공공성을 지니고 있는 정의와 질서를 위한 사회규범임

③ 규범으로서의 법은 사회규범, 강제규범, 행위규범, 조직규범, 문화규범, 당위규범, 재판규범으로서의 성격을 가지고 있음

2) 법(法)의 일반적 분류

(1) 자연법과 실정법

① 자연법: 자연적으로 발생하는 보편타당한 원칙으로서 정의의 이념으로 법의 근원이 됨

② 실정법: 사회질서의 유지를 목적으로 성립된 것으로 제정법, 관습법, 판례법 등이 있음

(2) 국내법과 국제법
① 국내법: 한 국가의 주권이 미치는 범위 내에만 효력을 가지는 법
② 국제법: 국제연합 등 국제기구에 의해 인정되어 국가 간에 효력이 인정되는 규범
※ "헌법에 의해 체결·공포된 조약과 일반적으로 승인된 국제법규는 국내법과 같은 효력을 가진다." (헌법 제6조 제1항)

(3) 일반법과 특별법
① 일반법: 보통법이라고도 하며, 특별법에 비하여 넓은 범위의 사람·장소 또는 사항에 적용되는 법
② 특별법: 일반법보다도 좁은 범위의 사람·장소 또는 사항에 적용되는 법

> ### ※ 일반법과 특별법의 구분
> - 사람: 국민 전체에 대하여 적용되는 형법 및 형사소송법은 일반법이고, 소년에 대한 형벌 및 이를 과하는 절차를 정한 소년법은 형법 및 형사소송법의 특별법임
> - 장소: 전국에 적용되는 지방자치법은 일반법이고, 제주도에만 적용되는 "제주특별자치도 설치 및 국제자유도시 조성을 위한 특별법"은 특별법임
> - 사항: 일상생활에 적용되는 민법은 일반법이고, 상거래에 적용되는 상법은 특별법임

(4) 공법, 사법 및 사회법
① 공법(公法): 국가통치권의 발동에 관한 관계를 규정하는 법
  예) 헌법, 형법, 형사소송법, 행정법, 행정소송법 등
② 사법(私法): 사인(私人) 간의 관계를 규정하는 법
  예) 민법, 민사소송법, 상법 등

③ 사회법(社會法): 공법과 사법의 중간영역으로 개인의 자유와 국가의 관여가 혼합된 법

예) 노동관계법, 경제관계법, 사회복지관계법 등

3) 법(法)적용의 일반원칙

(1) 일반법과 특별법의 관계: 특별법(特別法) 우선의 원칙

① 법적용의 순위를 정하는데 있어 일반적인 원칙으로 특별법은 일반법에 우선하여 적용하고, 특별법에 해당 규정이 없는 경우에 보충적으로 일반법을 적용함

② 일반법과 특별법은 절대적인 개념이라기보다는 상대적 개념으로 비교대상에 따라 일반법이었던 법이 특별법이 될 수 있고, 특별법이 일반법이 될 수도 있음

(2) 상위법과 하위법의 관계: 상위법(上位法) 우선의 원칙

① 법규범은 수직적으로 체계화되어 있는데, 그 순서는 헌법, 법률, 명령(시행령, 시행규칙), 자치법규(조례, 규칙) 등

② 하위에 있는 규범이 상위의 규범을 위반하면 위헌 또는 위법이 됨

(3) 신법과 구법의 관계: 신법(新法) 우선의 원칙

① 신법은 새로 제정된 법이고, 구법은 신법에 의해 폐지되는 법

② 신법의 시행시기와 구법의 종료시점이 불일치할 경우 신법에 '경과규정' 또는 '부칙'을 통해 해결함

2. 법원(法源)의 종류

1) 법원(法源)의 의의

① 법이 어떤 방식으로 존재하는가에 대한 것을 의미하는데, 성문법과 불문법으로 분류함

② 성문법이 모든 법률관계를 빠짐없이 모두 규율하기는 어려우므로 성문법외에 관

습법, 판례법, 조리 등 불문법이 보충적 기능을 함

③ 우리나라는 성문법주의를 채택하고, 예외적으로 불문법을 인정하고 있음

2) 성문법원(成文法源) ★★

일정한 형식과 절차를 거쳐 공포되고, 문서의 형식으로 표현된 법을 말하며 헌법, 법률, 명령(시행령, 시행규칙), 자치법규(조례, 규칙), 국제조약 및 국제법규 등이 해당됨

(1) 헌법(憲法)

국민의 기본적 인권을 보장하고 있는 권리장전으로서의 성격뿐만 아니라 국가의 기본조직과 통치 작용의 원리에 관하여 규정하고 있는 국가의 기본법이며, 최상위의 법규범으로서의 성격도 가지고 있다. 헌법은 사회복지에 관한 기본적 사항들을 많이 내포하고 있어 사회복지법규의 중요한 최고의 법원이 되고 있음

① 인간의 존엄과 가치 및 행복추구권(제10조), 인간다운생활을 할 권리(제34조)

② 교육을 받을 권리(제31조), 근로의 권리(제32조), 근로자의 권리(제33조), 환경권(제35조), 혼인과 가족생활의 보호(제36조)

③ 평등권(제11조), 재판청구권(제27조), 국가배상청구권(제29조), 위헌법령심사권 및 행정심판권(제107조) 등

> **헌법 제53조(법률의 제정절차) ★★**
> ① 국회에서 의결된 법률안은 정부에 이송되어 15일 이내에 대통령이 공포한다.
> ② 법률안에 이의가 있을 때에는 대통령은 제1항의 기간 내에 이의서를 붙여 국회로 환부하고, 그 재의를 요구할 수 있다. 국회의 폐회 중에도 또한 같다.
> ③ 대통령은 법률안의 일부에 대하여 또는 법률안을 수정하여 재의를 요구할 수 없다.
> ④ 재의의 요구가 있을 때에는 국회는 재의에 붙이고, 재적의원과반수의 출석과 출석의원 3분의 2 이상의 찬성으로 전과 같은 의결을 하면 그 법률안은 법률

로서 확정된다.

⑤ 대통령이 기간 내에 공포나 재의의 요구를 하지 아니한 때에도 그 법률안은 법률로서 확정된다.

⑥ 대통령은 제4항과 제5항의 규정에 의하여 확정된 법률을 지체 없이 공포하여야 한다. 제5항에 의하여 법률이 확정된 후 또는 제4항에 의한 확정법률이 정부에 이송된 후 5일 이내에 대통령이 공포하지 아니할 때에는 국회의장이 이를 공포한다.

⑦ 법률은 특별한 규정이 없는 한 공포한 날로부터 20일을 경과함으로써 효력을 발생한다.

(2) 법률(法律)

입법권자인 국회가 제정하여 대통령이 공포한 법을 말하는데 사회복지관련 법률로는 일반법으로서의 사회보장기본법, 사회복지사업법, 개별법으로서 사회복지사업법 제2조(정의) 제1호에 규정된 법률이 있음

(3) 명령(命令)

권한 있는 행정관청에 의하여 제정된 법규로서 제정 주체에 따라 대통령령(시행령), 총리령 및 부령(시행규칙)으로 구분함

(4) 자치법규(自治法規)

헌법 제117조에 의거하여 지방자치단체가 법령의 범위 내에서 제정하는 자치에 관한 규범을 말하며, 조례와 규칙으로 구분함

① 조례: 지방의회가 법령의 범위 안에서 지역사무에 관하여 제정하는 규범

② 규칙: 지방자치단체의 장이 법령 및 조례가 위임한 범위 내에서 그 권한에 속하는 사무에 관하여 정립한 규범

(5) 국제법(國際法)

① 국제조약: 국가와 국가 간 , 국가와 국제기구 간, 국제기구 상호간에 체결한 문서

에 의한 합의를 말하며, 일반적으로 조약은 협정, 협약, 약정, 의정서, 규약, 헌장 등의 명칭으로도 불림

② 국제법규: 우리나라가 체결당사국이 아닌 조약으로서 국제사회에서 일반적으로 규범성이 승인된 것과 국제관습법을 말함

3) 불문법원(不文法源) ★★

입법기관에 의해 일정한 절차에 따라 제정·공포되지 않고 문서화되지 않은 법을 말하며, 관습법, 판례법, 조리로 구분함

(1) 관습법(慣習法)

① 오랜 기간에 걸쳐 자연적으로 형성되어 사회적 관행으로 준수되어 온 사회생활의 규범
② 사회구성원의 법적 확신을 얻게 되어 국가에 의해 불문의 형태로 승인되고 강행되는 법
③ 사실적인 관습이 법원(法源)으로 인정을 받는 것은 법원(法院)이 판례를 통해 이를 법규범으로 인정함으로써 이루어짐
④ 사회적 관습이 재판의 근거로 채택되기 전에는 단순히 관습으로만 남게 됨
⑤ 관습법은 성문법의 규정이 없을 때 이를 보충하는 법으로서의 효력을 가짐

(2) 판례법(判例法)

① 최고법원인 대법원(大法院)의 판결을 통해 형성된 판례를 법규범으로 인정하는 것
② 유사한 사건에 대하여 최고법원이 동일한 취지의 판결을 반복함으로써 동종의 다른 사건이 발생할 경우 같은 판결이 나오게 되어 사실상의 구속력을 미치게 하는 것
③ 국민연금법, 국민건강보험법, 사회복지사업법, 공공부조관련법 등과 관련된 판례 존재

(3) 조리(條理)

① 사물의 도리, 사회통념, 공서양속, 신의성실의 원칙, 법의 일반원칙 등을 의미함

② 재판에서 성문법규가 없고 관습법, 판례도 없는 경우에 한하여 최종적으로 적용함
③ 우리 민법은 "민사에 관하여 법률에 규정이 없으면 관습법에 의하고, 관습법이 없으면 조리에 의한다(제1조)."라고 규정하여 조리의 법원성을 인정하고 있음

3. 사회복지법의 개념

1) 사회복지법의 의의 ★★
사회복지를 시행하기 위한 제도와 수혜자의 권리와 의무관계를 규정하는 법을 말함

(1) 형식적 의미
사회복지법이라는 외적인 형식을 가진 제반 법규인데, 우리나라의 경우 독립적인 사회복지법전은 존재하지 않으므로 그 범위가 명확하지는 않다. 일반적으로 사회보장기본법에서 규정하고 있는 사회보험, 공공부조, 사회서비스와 관련된 법률과 사회복지사업법에서 규정하고 있는 사회복지사업에 속하는 개별 법률들이 이에 해당됨

(2) 실질적 의미
법의 존재형식과 명칭에 관계없이 실질적으로 법의 내용, 목적, 기능 등이 사회복지에 관한 사항을 규정하고 있는 법규를 의미함

① 광의의 사회복지법: 사회복지정책 또는 사회정책의 실현과 관련된 제반 법률을 의미하며, 전 국민의 물질적 · 정신적 · 사회적 기본욕구를 해결함으로써 인간다운 생활을 할 수 있도록 보장하기 위한 공적 · 사적인 모든 사회적 서비스와 관련된 법규범들을 의미함
② 협의의 사회복지법: 좁은 의미의 사회복지란 현실생활에서 어려움을 겪는 사회적 약자들이나 요보호대상자를 위한 제한적인 제반 사회복지정책 및 사회정책을 의미함

2) 사회복지관련 법률의 분류체계 ★★★

(1) 사회복지의 기본적 법률

① 사회보장기본법
  - 사회복지 및 사회보장 일반에 관한 기본적인 법률
  - 사회보장에 관한 국민의 권리와 국가 및 지방자치단체의 책임을 정하고 사회보장정책의 수립추진과 관련 제도에 관한 기본적인 사항을 규정함으로써 국민의 복지증진에 이바지하는 것을 목적으로 함(제1조)
  - 사회보장이란 출산, 양육, 실업, 노령, 장애, 질병, 빈곤 및 사망 등의 사회적 위험으로부터 모든 국민을 보호하고 국민의 삶의 질을 향상시키는데 필요한 소득이나 서비스를 보장하는 사회보험·공공부조·사회서비스를 말함(제3조)

② 사회보장급여의 이용·제공 및 수급권자발굴에 관한 법률(사회보장급여법)
  - 사회보장기본법에 따른 사회보장급여의 이용 및 제공에 관한 기준과 절차 등 기본적인 사항을 규정함
  - 사회보장의 지원을 받지 못하는 대상자를 발굴하여 지원함으로써 인간다운생활을 할 권리를 최대한 보장하고, 사회보장급여가 공정하고 효과적으로 제공되도록 함
  - 사회보장제도가 지역사회에서 통합적으로 시행될 수 있도록 그 기반을 구축하는 것을 목적으로 함

③ 사회복지사업법
  - 사회복지법인의 설립과 운영
  - 사회복지시설의 설치와 운영
  - 사회복지사와 사회복지관, 법적 단체 등

(2) 공공부조 관련법

① 공공부조(公共扶助)란 국가와 지방자치단체의 책임 하에 생활유지능력이 없거나 생활이 어려운 국민의 최저생활을 보장하고 자립을 지원하는 제도(사회보장기본

법 제3조 제3호)

② 공공부조제도의 실시와 관련되는 사항을 규정하고 있는 법

예) 국민기초생활보장법, 의료급여법, 긴급복지지원법, 기초연금법, 장애인연금법 등

(3) 사회보험 관련법

① 사회보험이란 국민에게 발생하는 사회적 위험을 보험의 방식으로 대처함으로써 국민의 건강과 소득을 보장하는 제도를 말함(사회보장기본법 제3조 제2호)

② 사회보험은 사회보장제도의 하나로서 우리의 삶에 직면하는 사회적 위험을 민간 보험원리를 적용하여 국가가 시행하는 강제보험

예) 국민연금법, 국민건강보험법, 산업재해보상보험법, 고용보험법, 노인장기요양보험법 등

(4) 사회서비스 관련법

① 사회서비스란 국가 · 지방자치단체 및 민간부문의 도움이 필요한 모든 국민에게 복지, 보건의료, 교육, 고용, 주거, 문화, 환경 등의 분야에서 인간다운 생활을 보장하고 상담, 재활, 돌봄, 정보의 제공, 관련 시설의 이용, 역량 개발, 사회참여 지원 등을 통하여 국민의 삶의 질이 향상되도록 지원하는 제도(사회보장기본법 제3조 제4호)

② 사회복지사업법(제2조 제1호)에 규정된 사회서비스법

- 아동복지법, 노인복지법. 장애인복지법, 한부모가족지원법, 영유아보육법, 성매매방지 및 피해자보호 등에 관한 법률, 정신건강증진 및 정신질환자복지서비스 지원에 관한 법률
- 의료급여법, 성폭력방지 및 피해자보호 등에 관한 법률, 입양특례법, 다문화가족지원법, 일제하 일본군위안부 피해자에 대한 생활안정지원 및 기념사업 등에 관한 법률
- 사회복지공동모금회법, 장애인 · 임산부 등의 편의증진 보장에 관한 법률, 가정폭력방지 및 피해자보호 등에 관한 법률, 농어촌주민의 보건복지증진을 위한 특

별법, 식품기부 활성화에 관한 법률, 장애인활동 지원에 관한 법률
- 노숙인 등의 복지 및 자립지원에 관한 법률, 보호관찰 등에 관한 법률, 장애아동
  복지지원법, 발달장애인 권리보장 및 지원에 관한 법률, 청소년복지지원법 등

〈 사회복지관련 법(法)체계(참고 1) 〉 ★★★

	헌법(憲法)	전문, 제10조, 제11조, 제34조 등
	국내법(國內法)	국제법(國際法)
공법(公法)	**사회법(社會法)**	사법(私法)
경제 관련법	**사회복지 관련법**	노동 관련법

사회보장기본법
(사회보장급의 이용 · 제공 및 수급권자발굴에 관한 법률)
(사회복지사업법)

〈사회보험 관련법〉	〈공공부조 관련법〉	〈사회서비스 관련법〉
- 국민연금법	- 국민기초생활보장법	- 아동복지법
- 국민건강보험법	- 의료급여법	- 노인복지법
- 산업재해보상보험법	- 주거급여법	- 장애인복지법
- 고용보험법	- 긴급복지지원법	- 한부모가족지원법
- 노인장기요양보험법	- 기초연금법	- 영유아보육법
	- 장애인연금법	- 다문화가족지원법
(특수직연금)		- 입양특례법
- 공무원연금법		- 사회복지공동모금회법
- 군인연금법		- 장애아동복지지원법
- 사립학교교직원연금법		- 청소년복지지원법
- 별정우체국연금법		

〈사회서비스 관련법〉
- 성매매방지 및 피해자보호등에 관한 법률
- 정신건강증진 및 정신질환자 복지서비스지원에 관한 법률
- 성폭력방지 및 피해자보호등에 관한 법률
- 일제하 일본군위안부 피해자 지원등에 관한 법률
- 편의증진보장에 관한법률
- 가정폭력방지 및 피해자보호등에 관한 법률
- 농어촌주민의 복지증진을 위한 특별법
- 식품기부활성화에 관한 법률
- 장애인활동지원에 관한 법률
- 노숙인등의 복지 및 자립지원에 관한 법률
- 발달장애인 권리보장 및 지원에 관한 법률

〈기타 사회복지 관련법〉
- 자원봉사활동기본법, 장애인고용촉진 및 직업재활법, 건강가정기본법, 치매관리법 등

〈 사회복지관련 주요법률 제정 시기(참고 2) 〉★★★

시기	사회복지 관련법 제정	
1960년대	• 공무원연금법(1960) • 아동복리법(1961) • 군인연금법(1963) • 의료보험법(1963): 임의법	• 생활보호법(1961) • 재해구호법(1962) • 산업재해보상보험법(1963)
1970년대	• 사회복지사업법(1970) • 의료보험법 전면개정(1976): 강행법규 • 공무원 및 사립학교교직원의료보험법(1977)	• 국민복지연금법(1973): 시행보류 • 의료보호법(1977)
1980년대	• 아동복지법(1981 전문개정) • 노인복지법(1981) • 최저임금법(1986) • 모자복지법(1989)	• 심신장애자복지법(1981) • 국민연금법(1986, 전문개정) • 보호관찰법(1988) • 장애인복지법(1989, 전문개정)
1990년대	• 장애인고용촉진 등에 관한 법률(1990) • 영유아보육법(1991) • 청소년기본법(1991) • 고용보험법(1993) • 성폭력범죄의 처벌 및 피해자보호 등에 관한 법률(1994) • 보호관찰 등에 관한 법률(1995, 전문개정) • 사회보장기본법(1995) • 정신보건법(1995) • 사회복지공동모금회법(1997) • 청소년보호법(1997) • 가정폭력방지 및 피해자보호 등에 관한 법률(1997) • 국민건강보험법(1999) • 사회복지공동모금회법(1999, 전문개정) • 국민기초생활보장법(1999년)	
2000년대	• 장애인고용촉진 및 직업재활법(2000, 전부 개정) • 의료급여법(2001, 전부개정) • 건강가정기본법(2004) • 저출산 고령사회기본법(2005) • 자원봉사활동기본법(2005) • 긴급복지지원법(2005) • 장애인차별금지 및 권리구제 등에 관한 법률(2007) • 기초노령연금법(2007) • 노인장기요양보험법(2007) • 한부모가족지원법(2007, 일부개정)	

시기	사회복지 관련법 제정
2000년대	• 다문화가족지원법(2008) • 건강검진기본법(2008년) • 국민연금과 직역연금의 연계에 관한 법률(2009)
2010년대	• 장애인연금법(2010) • 장애인활동지원에 관한 법률(2011) • 노숙인 등의 복지 및 자립지원에 관한 법률(2011) • 장애아동복지지원법(2011) • 기초연금법(2014) • 사회보장급여의 이용·제공 및 수급권자발굴에 관한 법률(2014) • 국민기초생활보장법(개정, 2014): 맞춤형 기초생활보장제도 • 정신건강증진 및 정신질환자복지서비스지원에 관한 법률(2016)

01) 사회복지법의 체계와 법원(法源)으로 옳은 것은?　　　　　(16회 기출)
① 시행령은 업무소관 부처의 장관이 발한다.
② 국무총리는 소관 사무에 관하여 법률의 위임 또는 직권으로 부령을 발할 수 있다.
③ 지방자치단체는 법령의 범위 안에서 자치에 관한 규정을 제정할 수 있다.
④ 장애인복지법시행규칙은 지방의회에서 제정한다.
⑤ 국민연금법시행령보다 국민연금법시행규칙이 상위의 법규범이다.

☞ 해설: (오답 풀이)
• 지방자치법 제22조에서는 "지방자치단체는 법령의 범위 안에서 그 사무에 관하여
　조례를 제정할 수 있다. 다만, 주민의 권리제한 또한 의무부과에 관한 사항이나 벌
　칙을 정할 때에는 법률의 위임이 있어야 한다"고 규정하고 있다.
① 시행령은 대통령이 발하는 명령을 말하며, 시행규칙은 국무총리나 장관이 발하는
　명령을 말한다.
② 국무총리 또는 행정 각부의 장은 소관 사무에 관하여 법률이나 대통령령의 위임
　또는 직권으로 총리령 또는 부령을 발할 수 있다(헌법 제95조).
④ 장애인복지법시행규칙은 보건복지부장관이 제정한다.
⑤ 국민연금법시행령(대통령령)이 국민연금법시행규칙(부령)보다 상위의 법규범이다.
　　　　　　　　　　　　　　　　　　　　　　　　　　　　　　　　정답 ③

02) 법률의 제정연도가 빠른 순서대로 나열된 것은?　　　　　(17회 기출)

ㄱ. 국민연금법　ㄴ. 고용보험법　ㄷ. 국민건강보험법　ㄹ. 산업재해보상보험법

① ㄱ - ㄴ - ㄷ - ㄹ　　　② ㄱ - ㄷ - ㄴ - ㄹ　　　③ ㄹ - ㄱ - ㄴ - ㄷ
④ ㄹ - ㄱ - ㄷ - ㄴ　　　⑤ ㄹ - ㄴ - ㄱ - ㄷ

☞ 해설: 사회복지 관련 주요 법률 제정 시기(교재, 참고 2) 참조
• 산업재해보상보험법(1963), 국민연금법(1986), 고용보험법(1993), 국민건강보험법
　(1999)　　　　　　　　　　　　　　　　　　　　　　　　　　　정답 ④

제2장
|
사회복지 권리성과 국제화

1. 사회복지급여 수급권의 개념

1) 의의

① 사회복지 관련법상 사회복지급여나 서비스를 받을 권리를 의미하며, 금전적 급여를 통한 최저한도의 생활보장과 비금전적 급여를 통한 의료, 교육, 주거, 재활, 생활의 안정과 복지의 증진을 목적으로 하는 사회복지서비스에 대한 급여청구권을 의미함

② 사회복지급여의 관리운영 주체와 수급자 간에 존재하는 사회복지 관련법에서 발생하는 사회복지급여의 지급을 청구할 수 있는 권리로서 공법상의 쟁송방법을 통하여 실현 할 수 있는 개인적 공권으로 헌법의 생존권에 대한 법적 성격을 가짐

2) 사회권(社會權)

① 사회적으로 생존하는 인간으로서의 개인이 자신의 생존이나 생활의 유지 및 발전에 필요한 조건들을 확보해줄 것을 국가에 요구하는 국민의 권리를 말함

② 사회권은 생존권, 복지권, 사회보장수급권의 내용을 포함하고 있음

3) 생존권으로서의 복지권 ★★

(1) 생존권(生存權)

① 사회주의적 생존권: 개인의 생존욕망(인간으로서의 존엄과 가치, 인간다운 생활)을 충족시키기 위해 사유재산주의를 부정하고, 특히 생산수단을 공유화함으로써 모두의 노동을 통해 생존권을 실질적으로 실현하려는 사회주의 국가에서 추구하는 생존권

② 개량주의적 생존권: 사유재산제도를 사회의 기본질서로 인정하고, 다만 그로 인해 파생되는 문제점을 해결하고 개선해 나감으로써 생존권을 실현하려는 자본주의국가에서 추구되는 생존권

(2) 복지권(福祉權)

국민들의 기본적인 권리의 하나로서 시민권의 역사적 발달과 더불어 시민의 욕구와 투쟁에 의해 획득한 권리(요 보호자에서 전 국민으로 확대)

4) 헌법상 생존권적 기본권

(1) 헌법상 생존권적 기본권의 성격

① 헌법에 최초로 생존권의 이념을 규정한 것은 독일의 바이마르 헌법(1919)이며, 이것은 다시 제2차 세계대전 후에 제정된 각국의 헌법, 세계인권선언 및 유럽사회헌장 등에 계승됨

② 헌법상의 생존권 조항을 둘러싼 법적 성격 논쟁은 크게 프로그램 규정설과 법적 권리설로 나뉘며, 법적 권리설은 추상적 권리설과 구체적 권리설로 구분됨

(2) 프로그램 규정설

① 현실적으로 국가와 국민 전체의 경제력이 이에 도달하지 않으면, 그것은 단지 사회정책의 기본 방침이나 사회국가적 원리로서 장래에 대한 정치적 공약을 선언한 것에 불과함

② 생존권에 관한 헌법규정은 생존권을 법적 권리가 되게 하는 데 필요한 구체적 입법, 즉 누가, 어떠한 조건하에서, 어떤 내용을, 어떤 경우에, 어떠한 절차와 방법에

따라 요구할 수 있는가 하는 점이 명확하게 규정되어 있지 않기 때문에 단지 프로그램 규정에 지나지 않음

(3) 법적 권리설

① 추상적 권리설: 생존권이 비록 추상적일지라도 법적 권리이며, 또한 국가의 의무이행이 재판에 의하여 강제될 수는 없을지라도 국가의 생존권 보장의무는 헌법에 의거한 법적의무라고 봄(우리나라 다수설)

② 구체적 권리설: 생존권에 관한 헌법규정은 그 규정을 구체화하는 입법이 존재하지 않는 경우에도 현실적 효력을 갖는 규정이고, 완전한 권리로서 생존권을 보장한다고 봄

> ※ 사회복지수급권은 헌법에 명시되어 있는 생존권 혹은 협의의 복지권을 실현함으로써 궁극적으로는 현대 자본주의 사회에서 스스로 자신의 생활을 유지하지 못하는 사회적 취약계층을 포함한 모든 국민의 인간다운 생활을 보장하게 하는 수단이라고 할 수 있음

> ☞ **헌법 제34조**
> ① 모든 국민은 인간다운 생활을 할 권리를 가진다.
> ② 국가는 사회보장 · 사회복지의 증진에 노력할 의무를 진다.
> ③ 국가는 여자의 복지와 권익의 향상을 위하여 노력하여야 한다.
> ④ 국가는 노인과 청소년의 복지향상을 위한 정책을 실시할 의무를 진다.
> ⑤ 신체장애자 및 질병 · 노령 기타의 사유로 생활능력이 없는 국민은 법률이 정하는 바에 의하여 국가의 보호를 받는다.
> ⑥ 국가는 재해를 예방하고 그 위험으로부터 국민을 보호하기 위하여 노력하여야 한다.

> ☞ **헌법 제117조**
> ① 지방자치단체는 주민의 복리에 관한 사무를 처리하고 재산을 관리하며, 법령

> 의 범위 안에서 자치에 관한 규정을 제정할 수 있다.
>
> ② 지방자치단체의 종류는 법률로 정한다.

2. 사회보장수급권의 특징

1) 사회보장급여의 신청주의 ★★

① 사회보장급여를 받으려는 사람은 관계 법령에서 정하는 바에 따라 국가나 지방자
치단체에 신청하여야 함

② 관계 법령에서 따로 정하는 경우에는 국가나 지방자치단체가 신청을 대신할 수도
있음

2) 사회보장수급권의 보호 ★★

① 사회보장수급권은 개인에게 전적으로 귀속하는 일신전속권(一身專屬權)의 성격이
있음

② 사회보장기본법(제12조): 사회보장수급권은 관계법령이 정하는 바에 따라 타인에
게 양도하거나 담보로 제공할 수 없으며, 이를 압류할 수 없음

3) 사회복지급여수급권의 제한 ★★

(1) 수급권 제한의 성격

① 사회보장수급권은 제한되거나 정지될 수 없다. 다만, 관계 법령에서 따로 정하고
있는 경우에는 그러하지 아니함

② 사회보장 수급권자가 대상자의 적격성이나 적법성에 위반되는 경우에는 제한할
수 있음

③ 사회보장수급권이 제한되거나 정지되는 경우에는 제한 또는 정지하는 목적에 필
요한 최소한의 범위에 그쳐야 함

(2) 불법행위에 대한 구상권(求償權)

제3자의 불법행위에 의하여 사회보장수급권을 가지게 된 경우 사회보장제도를 운영하는 자는 불법행위의 책임이 있는 자에 대하여 관계법령이 정하는 바에 의하여 구상권을 행사할 수 있음

4) 사회보장수급권의 소멸

사회복지수급권의 경우에도 무한히 보장되는 것은 아니면 일정요건에 해당되면 소멸함

① 수급권자의 사망

② 수급권의 포기

③ 수급권의 소멸시효 도래 등

3. 사회복지와 관련된 국제협약

1) 국제인권규약(A, B) ★★

1948년 선포한 세계인권선언을 실현하기 위해 1966년에 유엔총회에서 채택되었으며, 우리나라는 1990년 4월에 비준하여 효력이 있는 국제조약임

(1) 경제적·사회적 및 문화적 권리에 관한 규약(A 규약)

① 1966년 12월 16일 유엔총회에서 채택되었고, 1976년 1월 발효되었음

② 생존권적 기본권을 대상으로 자기결정권, 노동권, 사회보장권, 건강권, 교육권, 남녀평등, 가정에 대한 보호 등을 규정함

(2) 시민적 및 정치적 권리에 관한 규약(B 규약)

① 1966년 12월 16일 유엔총회에서 채택되었고, 1976년 3월 발효되었음

② 자유권적 기본권의 존재를 전제로 하여 체약국이 이를 존중할 것을 의무화함

③ 이것의 확보를 위하여 인권심사위원회 설치와 개인의 위원회 청원제도를 규정함

☞ 국제인권규약의 특징

• 우리나라도 A, B 규약을 1990년 4월에 비준하여 법적 구속력이 있음

• 세계인권선언이 법적 구속력이 없었던 것에 비해, 국제인권규약은 국제조약으로서 체약국을 법적으로 구속함

2) 아동권리협약 ★★

① 1989년 11월 20일 유엔총회에서 채택, 1990년 9월 2일 발효되었음

② 우리나라는 1991년 11월 20일에 비준하여 가입하였음

③ 가입국은 가입 뒤 2년 안에, 그 뒤 5년 마다 어린이의 인권상황에 대한 보고서를 제출하여야 할 의무가 있음

④ 주요 원칙: 무차별의 원칙, 아동의 최선의 이익 우선원칙

⑤ 아동의 4대 권리: 생존의 권리, 발달의 권리, 보호의 권리, 참여의 권리

3) 장애인권리 협약 ★★

① 장애인권리협약은 2006년 12월 유엔총회에서 채택되었으며, 2007년 5월 3일 발효되었음

② 우리나라는 2008년 12월 협약비준동의안 의결

③ 국내 발효 후 2년 이내, 그 후 최소 4년마다 협약 이행사항에 대한 보고서를 작성하여 유엔장애인권리위원회에 제출하여야 함

④ 주요내용: 차별금지, 여성장애인과 장애아동에 대한 보호, 자립생활지원, 이동권, 교육권, 건강권, 근로 · 정치 · 문화생활 등의 보장 등

4) ILO의 국제사회복지조약 ★★

ILO는 1944년에 소득보장의 권고, 의료보장의 권고, 고용서비스의 권고를 사회보장 법체계의 3대 기본요소로 채택하였음

(1) 사회보장최저기준에 관한 조약(102호 조약)

① 1952년 ILO 제35차 총회에서 채택되었으며, 사회보험, 공공부조 등 다양한 접근
  방식을 인정하였음
② 적용범위 및 급여의 종류와 수준, 사회보장의 비용부담, 기여자와 수급자의 권리
  보호, 행정관리문제 등에 대해 회원국이 준수해야 할 최저기준을 제정함
③ 사회보장최저기준의 원칙(3): 대상의 보편성, 비용부담의 공평성, 급여수준의 적
  절성 등
④ 사회보장급여(9): 의료급여(요양급여), 질병급여(상병급여), 실업급여, 노령급
  여, 업무상재해급여, 가족급여(아동급여), 출산급여, 폐질급여(장애급여), 유족
  급여 등
⑤ 우리나라는 아직 비준동의를 하지 않음

4. 사회보장협정

1) 사회보장협정의 개념 ★★
(1) 사회보장협정의 의의
① 사회보장에 관한 상호주의에 입각하여 정부가 국회의 동의 없이 단독으로 외국정
  부와 맺은 협정 또는 약정을 말함
② 양 국가들이 상대국에서 파견 또는 근로하는 기간 동안 협정 당사국이 보장하는
  동등한 권리를 누릴 수 있도록 보장하도록 합의하는 것임

(2) 사회보장협정을 체결하는 목적
협정 당사국의 연금제도 간 다른 점을 상호 조정하여 다음과 같은 혜택을 부여하기
위함
① 이중가입배제: 이중보험료 부담문제 해결
② 가입기간 합산 및 동등대우: 연금혜택의 기회확대
③ 연금급여의 자유로운 송금보장 등

2) 우리나라의 경우 ★★

① 일반적으로 국민연금법만을 대상으로 하고 있으나 미국과는 산재보험법, 독일과는 고용보험법이 포함되어 있음

② 국민연금법 제127조(외국과의 사회보장협정): 대한민국이 외국과 사회보장협정을 맺은 경우에는 이 법에도 불구하고 국민연금의 가입, 연금 보험료의 납부, 급여의 수급 요건, 급여액의 산정, 급여의 지급 등에 관하여 그 사회보장협정에서 정하는 바에 따른다고 규정하고 있음

01) 헌법규정의 내용 중 사회적 기본권으로 보기 어려운 것은?   (17회 기출)

① 모든 국민은 신체의 자유를 가진다.

② 모든 국민은 근로의 권리를 가진다.

③ 모든 국민은 인간다운 생활을 할 권리를 가진다.

④ 모든 국민은 능력에 따라 균등하게 교육을 받을 권리를 가진다.

⑤ 모든 국민은 건강하고 쾌적한 환경에서 생활할 권리를 가진다.

☞ 해설: 헌법상 기본권의 개념

• 자유권적 기본권(헌법 제12조~제22조):

  신체의 자유, 거주이전의 자유, 직업선택의 자유, 주거의 자유, 양심 · 종교의 자유 등

• 사회권적 기본권(헌법 제31조~35조):

  교육권, 근로3권, 인간다운생활을 할 권리, 환경권 등

정답 ①

02) 헌법 규정 중 ( )안 들어갈 내용이 순서대로 옳은 것은?   (17회 기출)

> • 신체장애자 및 질병 · 노령 기타의 사유로 생활능력이 없는 국민은 (   )이
>   정하는 바에 의하여 국가의 보호를 받는다.
> • 지방자치단체는 주민의 복리에 관한 사무를 처리하고 재산을 관리하며,
>   (   )의 범위 안에서 자치에 관한 규정을 제정할 수 있다.

① 대통령령, 법률   ② 법률, 대통령령   ③ 법률, 법령

④ 법령, 법률   ⑤ 대통령령, 법령

☞ 해설: 헌법 제34조 제5항 및 제117조 제1항 참조

• 헌법 제34조 제5항: 신체장애자 및 질병 · 노령 기타의 사유로 생활능력이 없는 국
  민은 법률이 정하는 바에 의하여 국가의 보호를 받는다.

• 헌법 제117조 제1항: 지방자치단체는 주민의 복리에 관한 사무를 처리하고 재산을 관리하며, 법령의 범위 안에서 자치에 관한 규정을 제정할 수 있다.

정답 ③

03) 외국과의 사회보장협정에 관한 규정을 두고 있는 법은?　　　(12회 기출)

① 국민연금법　　　　② 고용보험법　　　　③ 국민건강보험법
④ 노인장기요양보험법　　⑤ 국민기초생활보장법

☞ 해설: 국민연금법 제127조(외국과의 사회보장협정) 참조
• 대한민국이 외국과 사회보장협정을 맺은 경우에는 이 법에도 불구하고 국민연금의 가입, 연금 보험료의 납부, 급여의 수급 요건, 급여액의 산정, 급여의 지급 등에 관하여 그 사회보장협정에서 정하는 바에 따른다고 규정하고 있다.

정답 ①

04) 국제노동기구(ILO)를 통해 채택된 것은?　　　　　(10회 기출)

① 대서양헌장(1941년)　　　　② 사회보장최저기준조약(1952년)
③ 아동권리에 관한 협약((1989년)　　④ 세계인권선언(1948년)
⑤ 사회보장헌장(1961년)

☞ 해설: 사회보장최저기준에 관한 조약(102호 조약) 참조
• ILO 제35차 총회(1952년)에서 채택되었으며, 사회보험, 공공부조 등 다양한 접근 방식을 인정하였다.
• 적용범위 및 급여의 종류와 수준, 사회보장의 비용부담, 기여자와 수급자의 권리보호, 행정 관리문제 등에 대해 회원국이 준수해야 할 최저기준을 제정하였다.
• 사회보장최저기준의 원칙(3): 대상의 보편성, 비용부담의 공평성, 급여수준의 적절성 등
• 사회보장급여(9): 의료급여(요양급여), 질병급여(상병급여), 실업급여, 노령급여, 업무상 재해급여, 가족급여(아동급여), 출산급여, 폐질급여(장애급여), 유족급여 등
• 우리나라는 아직 비준동의를 하지 않고 있다.

정답 ②

제3장
|
사회보장기본법

1. 사회보장기본법의 개요

1) 목적 및 기본이념 ★★★

사회보장이란 출산, 양육, 실업, 노령, 장애, 질병, 빈곤 및 사망 등의 사회적 위험으로부터 모든 국민을 보호하고 국민 삶의 질을 향상시키는 데 필요한 소득·서비스를 보장하는 사회보험, 공공부조, 사회서비스를 말한다(동법 제3조 제1호).

(1) 제정목적(제1조)

사회보장에 관한 국민의 권리와 국가 및 지방자치단체의 책임을 정하고 사회보장정책의 수립·추진과 관련 제도에 관한 기본적인 사항을 규정함으로써 국민의 복지증진에 이바지하는 것을 목적으로 한다.

(2) 기본이념(제2조)

사회보장은 모든 국민이 다양한 사회적 위험으로부터 벗어나 행복하고 인간다운 생활을 향유할 수 있도록 자립을 지원하며, 사회참여·자아실현에 필요한 제도와 여건을 조성하여 사회통합과 행복한 복지사회를 실현하는 것을 기본이념으로 한다.

(3) 용어의 정의(제3조)
① 사회보험: 국민에게 발생하는 사회적 위험을 보험의 방식으로 대처함으로써 국민의 건강과 소득을 보장하는 제도를 말한다.
② 공공부조(公共扶助): 국가와 지방자치단체의 책임 하에 생활유지능력이 없거나 생활이 어려운 국민의 최저생활을 보장하고 자립을 지원하는 제도를 말한다.
③ 사회서비스: 국가·지방자치단체 및 민간부문의 도움이 필요한 모든 국민에게 복지, 보건의료, 교육, 고용, 주거, 문화, 환경 등의 분야에서 인간다운 생활을 보장하고 상담, 재활, 돌봄, 정보의 제공, 관련 시설의 이용, 역량개발, 사회참여 지원 등을 통하여 국민의 삶의 질이 향상되도록 지원하는 제도를 말한다.
④ 평생사회안전망: 생애주기에 걸쳐 보편적으로 충족되어야 하는 기본욕구와 특정한 사회위험에 의하여 발생하는 특수욕구를 동시에 고려하여 소득·서비스를 보장하는 맞춤형 사회보장제도를 말한다.

(4) 다른 법률과의 관계(제4조)
사회보장에 관한 다른 법률을 제정하거나 개정하는 경우 이 법에 부합되도록 하여야 한다.

2) 국가와 지방자치단체의 책임 등
(1) 국가와 지방자치단체의 책임(제5조)
① 국가와 지방자치단체는 모든 국민의 인간다운 생활을 유지·증진하는 책임을 가진다.
② 국가와 지방자치단체는 사회보장에 관한 책임과 역할을 합리적으로 분담하여야 한다.
③ 국가와 지방자치단체는 국가 발전수준에 부응하고 사회 환경의 변화에 선제적으로 대응하며 지속가능한 사회보장제도를 확립하고 매년 이에 필요한 재원을 조달하여야 한다.

④ 국가는 사회보장제도의 안정적인 운영을 위하여 중장기 사회보장 재정추계를 격년으로 실시하고 이를 공표하여야 한다.

(2) 외국인에 대한 적용(제8조)

국내에 거주하는 외국인에게 사회보장제도를 적용할 때에는 상호주의의 원칙에 따르되, 관계 법령에서 정하는 바에 따른다.

2. 사회보장기본법의 주요 개념

1) 사회보장기본법의 주요 내용 ★★★

(1) 사회보장급여의 수준(제10조)

① 국가와 지방자치단체는 모든 국민이 건강하고 문화적인 생활을 유지할 수 있도록 사회보장급여의 수준향상을 위하여 노력하여야 한다.

② 국가는 관계법령에 따라 최저보장수준과 최저임금을 매년 공표하여야 한다.

③ 국가와 지방자치단체는 최저보장수준과 최저임금 등을 고려하여 사회보장급여의 수준을 결정하여야 한다.

(2) 사회보장급여의 신청(제11조)

① 사회보장급여를 받으려는 사람은 관계 법령에서 정하는 바에 따라 국가나 지방자치단체에 신청하여야 한다. 다만, 관계 법령에서 따로 정하는 경우에는 국가나 지방자치단체가 신청을 대신할 수 있다.

② 사회보장급여를 신청하는 사람이 다른 기관에 신청한 경우에는 그 기관은 지체 없이 이를 정당한 권한이 있는 기관에 이송하여야 한다. 이 경우 정당한 권한이 있는 기관에 이송된 날을 사회보장급여의 신청일로 본다.

(3) 사회보장수급권의 보호(제12조)

사회보장수급권은 관계 법령에서 정하는 바에 따라 다른 사람에게 양도하거나 담보로 제공할 수 없으며, 이를 압류할 수 없다.

(4) 사회보장수급권의 제한 등(제13조)

① 사회보장수급권은 제한되거나 정지될 수 없다. 다만, 관계 법령에서 따로 정하고 있는 경우에는 그러하지 아니하다.

② 사회보장수급권이 제한되거나 정지되는 경우에는 제한 또는 정지하는 목적에 필요한 최소한의 범위에 그쳐야 한다.

(5) 사회보장수급권의 포기(제14조)

① 사회보장수급권은 정당한 권한이 있는 기관에 서면으로 통지하여 포기할 수 있다.

② 사회보장수급권의 포기는 취소할 수 있다.

③ 사회보장수급권을 포기하는 것이 다른 사람에게 피해를 주거나 사회보장에 관한 관계 법령에 위반되는 경우에는 사회보장수급권을 포기할 수 없다.

(6) 불법행위에 대한 구상(제15조)

제3자의 불법행위로 피해를 입은 국민이 그로 인하여 사회보장수급권을 가지게 된 경우 사회보장제도를 운영하는 자는 그 불법행위의 책임이 있는 자에 대하여 관계 법령에서 정하는 바에 따라 구상권(求償權)을 행사할 수 있다.

※ 구상권(求償權): 타인을 위하여 변제를 한 사람(기관)이 그 타인에 대해 가지는 재산상의 반환을 청구할 수 있는 권한을 의미한다.

2) 사회보장기본계획 ★★★

(1) 사회보장기본계획의 수립(제16조)

① 보건복지부장관은 관계 중앙행정기관의 장과 협의하여 사회보장 증진을 위하여 사회보장에 관한 기본계획을 5년마다 수립하여야 한다.

② 사회보장기본계획에는 다음의 사항이 포함되어야 한다.
 - 국내외 사회보장환경의 변화와 전망, 사회보장의 기본목표 및 중장기 추진방향
 - 주요 추진과제 및 추진방법, 필요한 재원의 규모와 조달방안

– 사회보장 관련 기금 운용방안, 사회보장 전달체계 등

③ 사회보장기본계획은 사회보장위원회와 국무회의의 심의를 거쳐 확정한다. 기본계획 중 대통령령으로 정하는 중요한 사항을 변경하려는 경우에도 같다.

(2) 다른 계획과의 관계(제17조)

기본계획은 다른 법령에 따라 수립되는 사회보장에 관한 계획에 우선하며 그 계획의 기본이 된다.

(3) 연도별 시행계획의 수립 · 시행 등(제18조)

① 보건복지부장관 및 관계 중앙행정기관의 장은 기본계획에 따라 사회보장과 관련된 소관 주요시책의 시행계획을 매년 수립 · 시행하여야 한다.

② 관계 중앙행정기관의 장은 수립한 소관 시행계획 및 전년도의 시행계획에 따른 추진실적을 대통령령으로 정하는 바에 따라 매년 보건복지부장관에게 제출하여야 한다.

③ 보건복지부장관은 받은 관계 중앙행정기관 및 보건복지부 소관의 추진실적을 종합하여 성과를 평가하고, 그 결과를 사회보장위원회에 보고하여야 한다.

(4) 사회보장에 관한 지역계획의 수립 · 시행 등(제19조)

특별시장 · 광역시장 · 도지사 · 또는 특별자치도지사 · 시장 · 군수 · 구청장은 관계 법령으로 정하는 바에 따라 사회보장에 관한 지역계획을 수립 · 시행하여야 하며, 지역계획은 기본계획과 연계되어야 한다.

3) 사회보장위원회(제20조) ★★

사회보장에 관한 주요 시책을 심의 · 조정하기 위하여 국무총리 소속으로 사회보장위원회를 둔다.

(1) 사회보장위원회의 심의 · 조정사항

① 사회보장증진을 위한 기본계획, 사회보장 관련 주요 계획, 사회보장제도의 평가 및 개선

② 사회보장제도의 신설 또는 변경에 따른 우선순위, 둘 이상의 중앙행정기관이 관련된 주요 사회보장정책

③ 사회보장급여 및 비용 부담, 국가와 지방자치단체의 역할 및 비용 분담

④ 사회보장의 재정추계 및 재원조달 방안, 사회보장 전달체계 운영 및 개선

(2) 사회보장위원회의 구성 등(제21조)

① 위원회는 위원장 1명, 부위원장 3명과 행정안전부장관, 고용노동부장관, 여성가족부장관, 국토교통부장관을 포함한 30명 이내의 위원으로 구성한다.

② 위원장은 국무총리가 되고 부위원장은 기획재정부장관, 교육부장관 및 보건복지부장관이 된다.

③ 위원회의 위원은 다음의 어느 하나에 해당하는 사람으로 한다.

  – 대통령령으로 정하는 관계 중앙행정기관의 장

  – 다음의 사람 중에서 대통령이 위촉하는 사람: 근로자를 대표하는 사람, 사용자를 대표하는 사람, 사회보장에 관한 학식과 경험이 풍부한 사람, 변호사 자격이 있는 사람

④ 위원의 임기는 2년으로 한다. 다만, 공무원인 위원의 임기는 그 재임 기간으로 하고, 위원이 기관·단체의 대표자 자격으로 위촉된 경우에는 그 임기는 대표의 지위를 유지하는 기간으로 한다. 보궐위원의 임기는 전임자 임기의 남은 기간으로 한다.

⑤ 위원회를 효율적으로 운영하고 위원회의 심의사항을 전문적으로 검토하기 위하여 위원회에 실무위원회를 두며, 실무위원회에 분야별 전문위원회를 둘 수 있다.

3. 사회보장정책의 기본방향 및 사회보장제도의 운영

1) 사회보장정책의 기본방향 ★★★

(1) 평생사회안전망의 구축 및 운영(제22조)

① 국가와 지방자치단체는 모든 국민이 생애 동안 삶의 질을 유지·증진할 수 있도록

평생사회안전망을 구축하여야 한다.

② 국가와 지방자치단체는 평생사회안전망을 구축·운영함에 있어 사회적 취약계층을 위한 공공부조를 마련하여 최저생활을 보장하여야 한다.

(2) 사회서비스 보장(제23조)

① 국가와 지방자치단체는 모든 국민의 인간다운 생활과 자립, 사회참여, 자아실현 등을 지원하여 삶의 질이 향상될 수 있도록 사회서비스에 관한 시책을 마련하여야 한다.

② 국가와 지방자치단체는 사회서비스 보장과 소득보장이 효과적이고 균형적으로 연계되도록 하여야 한다.

(3) 소득보장(제24조)

① 국가와 지방자치단체는 다양한 사회적 위험 하에서도 모든 국민들이 인간다운 생활을 할 수 있도록 소득을 보장하는 제도를 마련하여야 한다.

② 국가와 지방자치단체는 공공부문과 민간부문의 소득보장제도가 효과적으로 연계되도록 하여야 한다.

2) 사회보장제도의 운영 ★★

(1) 운영원칙(제25조)

① 보편성: 국가와 지방자치단체가 사회보장제도를 운영할 때에는 이 제도를 필요로 하는 모든 국민에게 적용하여야 한다.

② 형평성: 국가와 지방자치단체는 사회보장제도의 급여 수준과 비용 부담 등에서 형평성을 유지하여야 한다.

③ 민주성: 국가와 지방자치단체는 사회보장제도의 정책 결정 및 시행 과정에 공익의 대표자 및 이해관계인 등을 참여시켜 이를 민주적으로 결정하고 시행하여야 한다.

④ 연계성, 전문성: 국가와 지방자치단체가 사회보장제도를 운영할 때에는 국민의 다양한 복지 욕구를 효율적으로 충족시키기 위하여 연계성과 전문성을 높여야 한다.

⑤ 책임성: 사회보험은 국가의 책임으로 시행하고, 공공부조와 사회서비스는 국가와

지방자치단체의 책임으로 시행하는 것을 원칙으로 한다. 다만, 국가와 지방자치단체의 재정 형편 등을 고려하여 이를 협의·조정할 수 있다.

(2) 비용의 부담(제28조)

① 사회보장비용의 부담은 각각의 사회보장제도의 목적에 따라 국가, 지방자치단체 및 민간부문 간에 합리적으로 조정되어야 한다.

② 사회보험에 드는 비용은 사용자, 피용자(被傭者) 및 자영업자가 부담하는 것을 원칙으로 하되, 관계 법령에서 정하는 바에 따라 국가가 그 비용의 일부를 부담할 수 있다.

③ 공공부조 및 관계 법령에서 정하는 일정 소득 수준 이하의 국민에 대한 사회서비스에 드는 비용의 전부 또는 일부는 국가와 지방자치단체가 부담한다.

④ 부담 능력이 있는 국민에 대한 사회서비스에 드는 비용은 그 수익자가 부담함을 원칙으로 하되, 관계 법령에서 정하는 바에 따라 국가와 지방자치단체가 그 비용의 일부를 부담할 수 있다.

3) 사회보장급여의 관리 및 권리구제 ★★★

(1) 사회보장급여의 관리(제30조)

① 국가와 지방자치단체는 국민의 사회보장수급권의 보장 및 재정의 효율적 운용을 위하여 다음 사회보장급여의 관리체계를 구축·운영하여야 한다.

　　- 사회보장수급권자 권리구제, 사회보장급여의 사각지대 발굴

　　- 사회보장급여의 부정·오류 관리, 사회보장급여의 과오지급액의 환수 등 관리

(2) 권리의 구제(제39조)

위법 또는 부당한 처분을 받거나 필요한 처분을 받지 못함으로써 권리 또는 이익을 침해받은 국민은 행정심판법에 따른 행정심판을 청구하거나 행정소송법에 따른 행정소송을 제기하여 그 처분의 취소 또는 변경 등을 청구할 수 있다.

01) 사회보장기본법상 사회보장에 관한 국민의 권리에 관한 내용으로 옳지 않은 것은?

(17회 기출)

① 사회보장수급권의 포기는 취소할 수 있다.

② 모든 국민은 사회보장 관계법령에서 정하는 바에 따라 사회보장급여를 받을 권리를 가진다.

③ 국가는 관계 법령에서 정하는 바에 따라 최저보장수준과 최저임금을 매년 공표하여야 한다.

④ 사회보장수급권은 다른 사람에게 양도하거나 담보로 제공할 수 있다.

⑤ 사회보장수급권은 제한되거나 정지될 수 없다. 다만, 관계법령에서 따로 정하고 있는 경우에는 그러하지 아니하다.

☞ 해설: 사회보장기본법 제12조(사회보장수급권의 보호)

• 사회보장수급권은 관계 법령에서 정하는 바에 따라 다른 사람에게 양도하거나 담보로 제공할 수 없으며, 이를 압류할 수 없다.

정답 ④

02) 사회보장기본법상 사회보장위원회에 관한 설명으로 옳은 것은? (16회 기출)

① 사회보장위원회는 대통령 소속으로 둔다.

② 부위원장은 기획재정부장관, 법무부장관 및 보건복지부장관이 된다.

③ 보궐위원의 임기는 2년으로 한다.

④ 공무원인 위원의 임기는 1년으로 한다.

⑤ 사회보장위원회는 위원장 1명, 부위원장 3명과 행정안전부장관, 고용노동부장관, 여성가족부장관, 국토교통부장관을 포함한 30명 이내의 위원으로 구성한다.

☞ 해설: 사회보장기본법 제21조(위원회의 구성 등) 참조

• 사회보장에 관한 주요 시책을 심의 · 조정하기 위하여 국무총리 소속으로 사회보장

위원회를 둔다.

• 위원장은 국무총리가 되고 부위원장은 기획재정부장관, 교육부장관 및 보건복지부
장관이 된다.

• 보궐위원의 임기는 전임자 임기의 남은 기간으로 한다.

• 위원의 임기는 2년으로 한다. 다만, 공무원인 위원의 임기는 그 재임 기간으로 한다.

정답 ③

제4장

—

사회보장급여의 이용·제공 및 수급권자발굴에 관한법률
(약칭: 사회보장급여법)

1. 사회보장급여법의 개요

1) 사회보장급여법의 의의 ★★

(1) 목적(제1조)

이 법은 사회보장기본법에 따른 사회보장급여의 이용 및 제공에 관한 기준과 절차 등 기본적 사항을 규정하고, 지원을 받지 못하는 지원대상자를 발굴하여 지원함으로써 사회보장급여를 필요로 하는 사람의 인간다운 생활을 할 권리를 최대한 보장하고, 사회보장급여가 공정하고 효과적으로 제공되도록 하며, 사회보장제도가 지역사회에서 통합적으로 시행될 수 있도록 그 기반을 구축하는 것을 목적으로 한다.

(2) 기본원칙(제4조)

① 사회보장급여가 필요한 사람은 누구든지 자신의 의사에 따라 사회보장급여를 신청할 수 있으며, 보장기관은 이에 필요한 안내와 상담 등의 지원을 충분히 제공하여야 한다.

② 보장기관은 지원이 필요한 국민이 급여대상에서 누락되지 아니하도록 지원대상자

를 적극 발굴하여 이들이 필요한 사회보장급여를 적절하게 제공받을 수 있도록 노력하여야 한다.

③ 보장기관은 국민의 다양한 복지욕구를 충족시키고 생애주기별 필요에 맞는 사회보장급여가 공정·투명·적정하게 제공될 수 있도록 노력하여야 한다.

④ 보장기관은 사회보장급여와 사회복지법인, 사회복지시설 등 사회보장 관련 민간법인·단체·시설이 제공하는 복지혜택 또는 서비스를 효과적으로 연계하여 제공할 수 있도록 노력하여야 한다.

⑤ 보장기관은 국민이 사회보장급여를 편리하게 이용할 수 있도록 사회보장 정책 및 관련 제도를 수립·시행하기 위하여 노력하여야 한다.

⑥ 보장기관은 지역의 사회보장 수준이 균등하게 실현될 수 있도록 노력하여야 한다.

2) 용어의 정의 및 다른 법률과의 관계 ★★

(1) 용어의 정의(제2조)

① 사회보장급여: 보장기관이 사회보장기본법에 따라 제공하는 현금, 현물, 서비스·이용권을 말한다.

② 수급권자: 사회보장기본법에 따른 사회보장급여를 제공받을 권리를 가진 사람을 말한다.

③ 수급자: 사회보장급여를 받고 있는 사람을 말한다.

④ 지원대상자: 사회보장급여를 필요로 하는 사람을 말한다.

⑤ 보장기관: 관계 법령 등에 따라 사회보장급여를 제공하는 국가기관과 지방자치단체를 말한다.

(2) 다른 법률과의 관계(제3조)

사회보장급여의 이용 및 제공에 필요한 기준, 방법, 절차와 지원대상자의 발굴 및 지원 등에 관하여는 다른 법률에 특별한 규정이 있는 경우를 제외하고는 이 법에 따른다.

2. 사회보장급여

1) 사회보장급여의 이용 ★★

(1) 사회보장급여의 신청(제5조)

① 지원대상자와 그 친족, 민법에 따른 후견인, 청소년 기본법에 따른 청소년상담사·청소년지도사, 지원대상자를 사실상 보호하고 있는 자 등은 지원대상자의 주소지 관할 보장기관에 사회보장급여를 신청할 수 있다.

② 보장기관의 업무담당자는 지원대상자가 누락되지 아니하도록 하기 위하여 관할 지역에 거주하는 지원대상자에 대한 사회보장급여의 제공을 직권으로 신청할 수 있다. 이 경우 지원대상자의 동의를 받아야 하며, 동의를 받은 경우에는 지원대상자가 신청한 것으로 본다.

③ 보장기관의 업무담당자는 신청시 신청인 또는 지원대상자에 대하여 조사의 목적, 조사 정보의 범위 및 이용방법, 신고의무, 정보의 보유기간 및 파기사항을 고지하여야 한다.

(2) 사회보장요구의 조사(제6조)

보장기관의 장은 사회보장급여의 신청을 받으면 다음의 사항을 조사하여야 한다.

① 지원대상자의 사회보장 요구와 관련된 사항

② 지원대상자의 건강상태, 가구 구성 등 생활 실태에 관한 사항

(3) 사회보장급여 제공의 결정(제9조)

① 보장기관의 장이 조사를 실시한 경우에는 사회보장급여의 제공 여부 및 제공 유형을 결정하되, 제공하고자 하는 사회보장급여는 지원대상자가 현재 제공받고 있는 사회보장급여와 보장내용이 중복되도록 하여서는 아니 된다.

② 보장기관의 장은 사회보장급여의 제공 결정에 필요한 경우 지원대상자와 그 친족, 그 밖에 관계인의 의견을 들을 수 있다.

③ 보장기관의 장은 결정된 사회보장급여의 제공 여부와 그 유형 및 변경사항 신고의무 등을 서면(신청인의 동의에 의한 전자문서를 포함한다)으로 신청인에게 통지하

여야 하며, 필요한 경우 구두 등의 방법을 병행할 수 있다.

2) 지원대상자의 발굴 ★★

(1) 정보공유 등의 협조 요청(제11조)

보장기관의 장은 관할 지역에 거주하는 지원대상자를 발굴하기 위하여 다음에 해당하는 관계 기관·법인·단체·시설의 장에게 소관 업무의 수행과 관련하여 취득한 정보의 공유, 지원대상자의 거주지 등 현장조사 시 소속 직원의 동행 등 필요한 사항에 대한 협조를 요청할 수 있다. 이 경우 관계 기관·법인·단체·시설의 장은 정당한 사유가 없으면 이에 따라야 한다.

① 사회복지법인 및 사회복지시설, 국민연금공단, 국민건강보험공단, 보건소

② 학교, 경찰서, 소방대, 그 밖에 대통령령으로 정하는 기관·법인·단체·시설

(2) 발굴조사의 실시 및 실태점검(제12조의2)

① 보장기관의 장은 지원대상자에 대한 발굴조사를 분기마다 정기적으로 실시하여야 한다. 다만, 긴급복지지원법에 따라 발굴조사를 실시한 경우에는 그러하지 아니하다.

② 보건복지부장관은 지원대상자 발굴체계의 운영 실태를 매년 정기적으로 점검하고 개선방안을 마련하여야 한다.

(3) 지원대상자 발견 시 신고의무(제13조)

① 누구든지 출산, 양육, 실업, 노령, 장애, 질병, 빈곤 및 사망 등의 사회적 위험으로 인하여 사회보장급여를 필요로 하는 지원대상자를 발견하였을 때에는 <u>보장기관에 알려야 한다.</u>

② 다음의 어느 하나에 해당하는 사람은 그 직무상 사회적 위험으로 인하여 사망 또는 중대한 정신적·신체적 장애를 입을 위기에 처한 지원대상자를 발견한 경우 <u>지체 없이 보장기관에 알리고, 지원대상자가 신속하게 지원을 받을 수 있도록 노력하여야 한다.</u>

  – 사회복지시설의 장과 종사자, 장애인활동지원기관의 장 및 종사자와 활동지원인력

- 의료법의 의료인과 의료기관의 장, 의료기사 등에 관한 법률의 의료기사
- 응급의료에 관한 법률의 응급구조사, 소방기본법 에 따른 구조대 및 구급대의 대원
- 국가공무원법에 따른 경찰공무원, 지방공무원법에 따른 자치경찰공무원
- 정신보건센터의 장과 종사자, 어린이집의 원장 등 보육교직원
- 유아교육법에 따른 교직원 및 같은 법에 따른 강사 등
- 초 · 중등교육법에 따른 교직원, 전문상담교사 등, 산학겸임교사 등
- 학원의 운영자 · 강사 · 직원, 교습소의 교습자 · 직원
- 성폭력피해상담소의 장과 그 종사자, 성폭력피해자보호시설의 장과 종사자
- 성매매방지 및 피해자보호 지원시설의 장과 그 종사자 및 성매매피해상담소의 장과 종사자
- 가정폭력 관련 상담소의 장과 그 종사자 및 가정폭력피해자 보호시설의 장과 종사자
- 건강가정지원센터의 장과 종사자
- 장기요양기관의 장과 그 종사자, 재가장기요양기관의 장과 종사자
- 보건소의 방문간호 업무 종사자, 다문화가족지원센터의 장과 종사자
- 행정리의 이장 및 행정동의 하부조직으로 두는 통의 통장

3) 수급권자 등의 지원 ★★★

(1) 지원계획의 수립 및 시행(제15조)

① 보장기관의 장은 사회보장급여의 제공을 결정한 때에는 필요한 경우 다음의 사항이 포함된 수급권자별 사회보장급여 제공계획을 수립하여야 한다. 이 경우 수급권자 또는 그 친족이나 그 밖의 관계인의 의견을 고려하여야 한다.
- 사회보장급여의 유형 · 방법 · 수량 및 제공기간, 사회보장급여를 제공할 기관 및 단체
- 동일한 수급권자에 대하여 사회보장급여를 제공할 보장기관 또는 관계 기관 · 법인 · 단체 · 시설이 둘 이상인 경우 상호간 연계방법
- 사회보장관련 민간 · 법인 · 단체 · 시설이 제공하는 복지혜택과 연계가 필요한

경우 연계방법

② 보장기관의 장은 지원계획에 따라 사회보장급여가 제공될 수 있도록 노력하여야 하며, 필요한 경우 사회보장급여 제공결과를 정기적으로 평가하고 그 결과에 따라 지원계획을 변경할 수 있다.

(2) 이의신청(제17조)

① 이 법에 따른 처분에 이의가 있는 수급권자등은 그 처분을 받은 날로부터 90일 이내에 처분을 결정한 보장기관의 장에게 이의신청을 할 수 있다. 다만, 정당한 사유로 인하여 그 기간 내에 이의신청을 할 수 없음을 증명한 때에는 그 사유가 소멸한 때부터 60일 이내에 이의신청을 할 수 있다.

② 보장기관의 장은 이의신청을 받은 날부터 10일 이내에 그 이의신청에 대하여 결정하고 그 결과를 신청인에게 지체 없이 통지하여야 한다. 다만, 부득이한 사유로 정하여진 기간 이내에 결정할 수 없을 때에는 그 기간의 만료일 다음 날부터 기산하여 10일 이내의 범위에서 연장할 수 있으며, 연장 사유를 신청인에게 통지하여야 한다.

(3) 사회보장급여 부정수급 실태조사(제19조의2)

① 보건복지부장관은 속임수 등의 부정한 방법으로 사회보장급여를 받거나 타인으로 하여금 사회보장급여를 받게 한 경우에 대하여 보장기관이 효과적인 대책을 세울 수 있도록 그 발생 현황, 피해사례 등에 관한 실태조사를 3년마다 실시하고, 그 결과를 공개하여야 한다.

② 보건복지부장관은 제1항에 따른 실태조사를 위하여 필요한 경우 관계 중앙행정기관의 장, 공공기관의 운영에 관한 법률에 따른 공공기관의 장, 그 밖에 관련 시설·법인·단체의 장에게 필요한 자료의 제출 또는 의견의 진술 등을 요청할 수 있다. 이 경우 관계 중앙행정기관의 장 등은 특별한 사유가 없으면 그 요청에 따라야 한다.

3. 사회보장에 관한 지역계획 및 운영체계 등

1) 지역사회보장계획 ★★★

(1) 지역사회보장계획의 수립(제35조)

① 특별시장·광역시장·도지사·특별자치도지사 및 시장·군수·구청장은 지역사회보장에 관한 계획을 <u>4년</u>마다 수립하고, 매년 지역사회보장계획에 따라 <u>연차별 시행계획</u>을 수립하여야 한다. 이 경우 사회보장기본법에 따른 사회보장에 관한 기본계획과 연계되도록 하여야 한다.

② 시장·군수·구청장은 해당 시·군·구의 지역사회보장계획(연차별 시행계획을 포함한다)을 지역주민 등 이해관계인의 의견을 들은 후 수립하고, 지역사회보장협의체의 심의와 해당 시·군·구 의회의 보고를 거쳐 시·도지사에게 제출하여야 한다.

③ 시·도지사는 제출받은 시·군·구의 지역사회보장계획을 지원하는 내용 등을 포함한 특별시·광역시·도·특별자치도 지역사회보장계획을 수립하여, 시·도사회보장위원회의 심의와 해당 시·도 의회의 보고를 거쳐 <u>보건복지부장관</u>에게 제출하여야 한다.

이 경우 보건복지부장관은 제출된 계획을 사회보장위원회에 보고하여야 한다.

(2) 지역사회보장계획의 내용(제36조)

① 시·군·구 지역사회보장계획은 다음의 사항을 포함하여야 한다.
  - 지역사회보장 수요의 측정, 목표 및 추진전략
  - 지역사회보장의 목표를 점검할 수 있는 지표의 설정 및 목표
  - 지역사회보장의 분야별 추진전략, 중점 추진사업 및 연계협력 방안
  - 지역사회보장 전달체계의 조직과 운영, 사회보장급여의 사각지대 발굴 및 지원 방안
  - 지역내 부정수급 발생현황 및 방지대책 등

② 시·도 지역사회보장계획은 다음의 사항을 포함하여야 한다.
  - 시·군·구의 사회보장이 균형적이고 효과적인 추진을 지원하기 위한 목표 및

전략

- 지역사회보장지표의 설정 및 목표
- 시ㆍ군ㆍ구에서 사회보장급여가 효과적으로 이용 및 제공될 수 있는 기반 구축 방안
- 시ㆍ군ㆍ구 사회보장급여 담당 인력의 양성 및 전문성 제고 방안
- 지역사회보장에 관한 통계자료의 수집 및 관리 방안
- 시ㆍ군ㆍ구 부정수급 방지대책을 지원하기 위한 방안 등

(3) 지역사회보장계획 시행결과의 평가(제39조)

① 보건복지부장관은 시ㆍ도 지역사회보장계획의 시행결과를, 시ㆍ도지사는 시ㆍ군ㆍ구 지역사회보장계획의 시행결과를 각각 보건복지부령으로 정하는 바에 따라 평가할 수 있다.

② 시ㆍ도지사는 평가를 시행한 경우 그 결과를 보건복지부장관에게 제출하여야 한다. 보건복지부장관은 이를 종합ㆍ검토하여 사회보장위원회에 보고하여야 한다.

③ 보건복지부장관 또는 시ㆍ도지사는 필요한 경우 평가결과를 지원에 반영할 수 있다.

2) 지역사회보장 운영체계 ★★★

(1) 시ㆍ도사회보장위원회(제40조)

① 시ㆍ도지사는 시ㆍ도의 사회보장 증진을 위하여 시ㆍ도사회보장위원회를 둔다.

② 시ㆍ도사회보장위원회는 다음의 업무를 심의ㆍ자문한다.

- 시ㆍ도의 지역사회보장계획 수립ㆍ시행 및 평가에 관한 사항
- 시ㆍ도의 지역사회보장조사 및 지역사회보장지표에 관한 사항
- 시ㆍ도의 사회보장급여 제공에 관한 사항, 시ㆍ도의 사회보장 추진과 관련한 중요 사항 등

③ 시ㆍ도사회보장위원회는 다음사람 중 시ㆍ도지사가 임명 또는 위촉한 사람으로 구성한다.

- 사회보장에 관한 전문적 지식이나 경험을 가진 사람
- 사회보장 관련 기관 및 단체의 대표자

- 사회보장을 필요로 하는 사람의 이익 등을 대표하는 사람

- 지역사회보장협의체의 대표자, 비영리민간단체에서 추천한 사람

- 사회복지공동모금지회에서 추천한 사람, 사회보장에 관한 업무를 담당하는 공무원

④ 다음의 어느 하나에 해당하는 사람은 시·도사회보장위원회의 위원이 될 수 없다.

- 미성년자, 피성년후견인, 피한정후견인, 파산선고를 받고 복권되지 아니한 사람

- 법원의 판결에 따라 자격이 상실되거나 정지된 사람

- 금고 이상의 실형을 선고받고 그 집행이 끝나거나 집행이 면제된 날부터 3년이 지나지 아니한 사람

- 금고 이상의 형의 집행유예를 선고받고 그 유예기간 중에 있는 사람 등

(2) 지역사회보장협의체(제41조)

① 시장·군수·구청장은 지역의 사회보장을 증진하고, 사회보장과 관련된 서비스를 제공하는 관계 기관·법인·단체·시설과 연계·협력을 강화하기 위하여 해당 시·군·구에 지역사회보장협의체를 둔다.

② 지역사회보장협의체는 다음의 업무를 심의·자문한다.

- 시·군·구의 지역사회보장계획 수립·시행 및 평가에 관한 사항

- 시·군·구의 지역사회보장조사 및 지역사회보장지표에 관한 사항

- 시·군·구의 사회보장급여 제공에 관한 사항, 시·군·구의 사회보장 추진에 관한 사항 등

③ 지역사회보장협의체의 위원은 다음의 사람 중 시장·군수·구청장이 임명 또는 위촉한다.

- 사회보장에 관한 학식과 경험이 풍부한 사람

- 지역의 사회보장 활동을 수행하거나 서비스를 제공하는 기관·법인·단체·시설의 대표자

- 비영리민간단체에서 추천한 사람, 읍면동단위 지역사회보장협의체의 위원장

- 사회보장에 관한 업무를 담당하는 공무원

④ 지역사회보장협의체의 업무를 효율적으로 수행하기 위하여 지역사회보장협의체

에 실무협의체를 둔다.

⑤ 보장기관의 장은 지역사회보장협의체의 효율적 운영을 위하여 필요한 인력 및 운영비 등 재정을 지원할 수 있다.

⑥ 지역사회보장협의체, 실무협의체의 조직·운영에 필요한 사항은 보건복지부령으로 정하는 바에 따라 해당 시·군·구의 조례로 정한다.

⑦ 읍·면·동 사회보장관련 업무의 원활한 수행을 위하여 읍·면·동 단위에 지역사회보장협의체를 둔다.

(3) 사회복지전담공무원(제43조)

① 사회복지사업에 관한 업무를 담당하게 하기 위하여 시·도, 시·군·구, 읍·면·동 또는 사회보장사무 전담기구에 사회복지전담공무원을 둘 수 있다.

② 사회복지전담공무원은 사회복지사의 자격을 가진 사람으로 하며, 그 임용 등에 필요한 사항은 대통령령으로 정한다.

③ 사회복지전담공무원은 사회보장급여에 관한 업무 중 취약계층에 대한 상담과 지도, 생활실태의 조사 등 보건복지부령으로 정하는 사회복지에 관한 전문적 업무를 담당한다.

④ 국가는 사회복지전담공무원의 보수 등에 드는 비용의 전부 또는 일부를 보조할 수 있다.

(4) 통합사례관리(제4조의2)

① 보건복지부장관, 시·도지사 및 시장·군수·구청장은 지원대상자의 사회보장 수준을 높이기 위하여 지원대상자의 다양하고 복합적인 특성에 따른 상담과 지도, 사회보장에 대한 욕구조사, 서비스 제공 계획의 수립을 실시하고, 그 계획에 따라 지원대상자에게 보건·복지·고용·교육 등에 대한 사회보장급여 및 민간 법인·단체·시설 등이 제공하는 서비스를 종합적으로 연계·제공하는 통합사례관리를 실시할 수 있다.

② 통합사례관리를 실시하기 위하여 필요한 경우에는 시·군·구에 통합사례관리사를 둘 수 있다.

③ 보건복지부장관은 통합사례관리 사업의 전문적인 지원을 위하여 해당 업무를 공 공 또는 민간 기관·단체 등에 위탁하여 실시할 수 있다.

3) 기타 ★★

(1) 비밀유지의무(제49조)

다음의 업무에 종사하거나 종사하였던 사람은 직무상 알게 된 비밀을 다른 사람에게 누설하거나 직무상 목적 외의 용도로 이용하여서는 아니 된다.

① 신청, 조사, 결정, 확인조사, 환수 등 급여의 제공 및 관리 등에 관한 업무

② 사회보장정보의 처리 등에 관한 업무

③ 통합사례관리에 관한 업무

(2) 사회보장급여의 압류 금지(제50조)

사회보장급여로 지급된 금품과 이를 받을 권리는 압류하지 못한다.

(3) 신고포상금의 지급 등(제53조의2)

① 보장기관의 장은 다음 각 호의 어느 하나에 해당하는 자를 신고한 사람에게 예산의 범위에서 포상금을 지급할 수 있다. 다만, 공무원이 그 직무와 관련하여 신고한 경우에는 포상금을 지급하지 아니한다.

　– 제22조 제1항의 부정수급자

　– 법령에 위반되거나 부당한 방법으로 사회보장급여를 제공한 사회복지법인, 사회복지시설 등 사회보장 관련법인·단체·시설

② 보장기관의 장은 부정수급자 등에 대한 신고가 활성화될 수 있도록 부정수급 및 신고포상금 제도에 관한 사항을 홍보하여야 한다.

01) 사회보장급여의 이용·제공 및 수급권자발굴에 관한 법률의 내용으로 옳은 것을 모두 고른 것은?　　　　　　　　　　　　　　　　　　　　(17회 기출)

> ㄱ. "지원대상자"란 사회보장급여를 필요로 하는 사람을 말한다.
> ㄴ. "보장기관"이란 관계 법령 등에 따라 사회보장급여를 제공하는 국가기관과 지방자치단체를 말한다.
> ㄷ. 통합사례관리를 실시하기 위하여 필요한 경우에는 특별자치시 및 시·군·구에 통합사례관리사를 둘 수 있다.

① ㄱ　　　　② ㄷ　　　　③ ㄱ, ㄷ　　　　④ ㄴ, ㄷ　　　　⑤ ㄱ, ㄴ, ㄷ

☞ 해설: 사회보장급여의 이용·제공 및 수급권자발굴에 관한 법률 제2조 참조
• 사회보장급여: 보장기관이 사회보장기본법에 따라 제공하는 현금, 현물, 서비스·이용권을 말한다.
• 수급권자: 사회보장기본법에 따른 사회보장급여를 제공받을 권리를 가진 사람을 말한다.
• 수급자: 사회보장급여를 받고 있는 사람을 말한다.
• 지원대상자: 사회보장급여를 필요로 하는 사람을 말한다.
• 보장기관: 관계 법령 등에 따라 사회보장급여를 제공하는 국가기관과 지방자치단체를 말한다.　　　　　　　　　　　　　　　　　　　　　　정답 ⑤

02) 사회보장급여의 이용·제공 및 수급권자발굴에 관한 법률상 사회복지전담공무원에 관한 설명으로 옳지 않은 것은?　　　　　　　　　　　　　　(11회 기출)
① 전담공무원은 사회복지사 자격을 가진 자로 한다.
② 전담공무원은 지역사회보장협의체의 위원이 될 수 있다.
③ 전담공무원을 임용·배치하는 경우에는 보건복지부장관에게 보고하여야 한다.
④ 국가는 전담공무원의 보수 등에 드는 비용의 전부를 부담하여야 한다.
⑤ 전담공무원은 사회복지를 필요로 하는 사람 등에 대하여 상담과 지도를 한다.

☞ 해설: 사회보장급여의 이용·제공 및 수급권자발굴에 관한 법률 제43조 제4항 참조
• 국가는 전담공무원의 보수 등에 드는 비용의 전부 또는 일부를 보조할 수 있다.　　정답 ④

제5장
|
사회복지사업법(1)

1. 사회복지사업법의 개요

1) 목적(제1조) ★★★

사회복지사업에 관한 기본적 사항을 규정하여 사회복지를 필요로 하는 사람에 대하여 인간의 존엄성과 인간다운 생활을 할 권리를 보장하고 사회복지의 전문성을 높이며, 사회복지사업의 공정·투명·적정을 도모하고, 지역사회복지의 체계를 구축하고, 사회복지서비스의 질을 높여 사회복지의 증진에 이바지함을 목적으로 한다.

2) 기본이념(제1조의2)

① 사회복지를 필요로 하는 사람은 누구든지 자신의 의사에 따라 서비스를 신청하고 제공받을 수 있다.
② 사회복지법인 및 사회복지시설은 공공성을 가지며 사회복지사업을 시행하는 데 있어서 공공성을 확보하여야 한다.
③ 사회복지사업을 시행하는 데 있어서 사회복지를 제공하는 자는 사회복지를 필요로 하는 사람의 인권을 보장하여야 한다.

④ 사회복지서비스를 제공하는 자는 필요한 정보를 제공하는 등 사회복지서비스를 이용하는 사람의 선택권을 보장하여야 한다.

3) 용어의 정의(제2조) ★★★

① 사회복지사업: 사회복지사업법에서 규정하고 있는 사회복지관련 법률(가~퍼)에 의한 보호·선도(善導) 또는 복지에 관한 사업과 사회복지상담, 직업지원, 무료 숙박, 지역사회복지, 의료복지, 재가복지(在家福祉), 사회복지관 운영, 정신질환자 및 한센병력자의 사회복귀에 관한 사업 등 각종 복지사업과 이와 관련된 자원봉사 활동 및 복지시설의 운영 또는 지원을 목적으로 하는 사업을 말한다.
② 지역사회복지: 주민의 복지증진과 삶의 질 향상을 위하여 지역사회 차원에서 전개하는 사회복지를 말한다.
③ 사회복지법인: 사회복지사업을 할 목적으로 설립된 법인을 말한다.
④ 사회복지시설: 사회복지사업을 할 목적으로 설치된 시설을 말한다.
⑤ 사회복지관: 지역사회를 기반으로 일정한 시설과 전문 인력을 갖추고 지역주민의 참여와 협력을 통하여 지역사회의 복지문제를 예방하고 해결하기 위하여 종합적인 복지서비스를 제공하는 시설을 말한다.
⑥ 사회복지서비스: 국가·지방자치단체 및 민간부문의 도움을 필요로 하는 모든 국민에게 사회보장기본법 제3조 제4호(사회서비스)에 따른 사회서비스 중 사회복지사업을 통한 서비스를 제공하여 삶의 질이 향상되도록 제도적으로 지원하는 것을 말한다.
⑦ 보건의료서비스: 국민의 건강을 보호·증진하기 위하여 보건의료인이 하는 모든 활동을 말한다.

4) 사회복지사업주체의 책무 등 ★★

(1) 복지와 인권증진의 책임(제4조)

① 국가와 지방자치단체는 사회복지서비스를 증진하고, 서비스를 이용하는 사람에 대하여 인권침해를 예방하고 차별을 금지하며 인권을 옹호할 책임을 진다.
② 국가와 지방자치단체는 사회복지서비스와 보건의료서비스를 함께 필요로 하는 사

람에게 이들 서비스가 연계되어 제공되도록 노력하여야 한다.

③ 국가와 지방자치단체, 그 밖에 사회복지사업을 하는 자는 사회복지를 필요로 하는 사람에 대하여 그 사업과 관련한 상담, 작업치료(作業治療), 직업훈련 등을 실시하고 필요한 경우에는 주민의 복지 욕구를 조사할 수 있다.

④ 국가와 지방자치단체는 도움을 필요로 하는 국민이 본인의 선호와 필요에 따라 적절한 사회복지서비스를 제공받을 수 있도록 사회복지서비스 수요자 등을 고려하여 사회복지시설이 균형 있게 설치되도록 노력하여야 한다.

⑤ 국가와 지방자치단체는 민간부문의 사회복지 증진활동이 활성화되고 국가 및 지방자치단체의 사회복지사업과 민간부문의 사회복지 증진활동이 원활하게 연계될 수 있도록 노력하여야 한다.

⑥ 국가와 지방자치단체는 사회복지를 필요로 하는 사람의 인권이 충분히 존중되는 방식으로 사회복지서비스를 제공하고 사회복지와 관련된 인권교육을 강화하여야 한다.

⑦ 국가와 지방자치단체는 사회복지서비스를 이용하는 사람이 긴급한 인권침해 상황에 놓인 경우 신속히 대응할 체계를 갖추어야 한다.

⑧ 국가와 지방자치단체는 시설 거주자 또는 보호자의 희망을 반영하여 지역사회보호체계에서 서비스가 제공될 수 있도록 노력하여야 한다.

⑨ 국가와 지방자치단체는 사회복지서비스를 필요로 하는 사람들에게 사회복지서비스의 실시에 대한 정보를 제공하여야 한다.

⑩ 국가와 지방자치단체는 사회복지서비스를 제공하는 자로부터 위법 또는 부당한 처분을 받아 권리나 이익을 침해당한 사람을 위하여 간이하고 신속한 구제조치를 마련하여야 한다.

(2) 인권존중 및 최대 봉사의 원칙(제5조)

① 이 법에 따라 복지업무에 종사하는 사람은 그 업무를 수행할 때에 사회복지를 필요로 하는 사람을 위하여 인권을 존중하고 차별 없이 최대로 봉사하여야 한다.

② 국가와 지방자치단체는 복지업무에 종사하는 사람이 그 업무를 수행할 때에 사회복지를 필요로 하는 사람의 인권을 침해하는 행위를 하는 경우에는 각 법률이 정

하는 바에 따라 처분하고 그 사실을 공표하는 등의 조치를 하여야 한다.

2. 사회복지사

1) 사회복지사의 자격 등 ★★★★

(1) 자격증의 발급 등(제11조)

① 보건복지부장관은 사회복지에 관한 전문지식과 기술을 가진 사람에게 사회복지사 자격증을 발급할 수 있다.

② 사회복지사의 등급은 1급 · 2급으로 하고 등급별 자격기준 및 자격증의 발급절차 등은 대통령령으로 정하며, 사회복지사1급 자격증을 받으려는 사람은 국가시험에 합격하여야 한다.

③ 사회복지사의 등급은 1급 · 2급으로 하되, 정신건강 · 의료 · 학교영역에 대해서는 영역별로 정신건강사회복지사, 의료사회복지사, 학교사회복지사의 자격을 부여할 수 있다. 단, 1급 사회복지사의 자격이 있는 사람 중에서 보건복지부령으로 정하는 수련기관에서 수련을 받은 사람에게 부여한다.

(2) 사회복지사의 결격사유(제11조의2)

① 피성년후견인 또는 피한정후견인

② 금고 이상의 형을 선고받고 그 집행이 끝나지 아니하였거나 그 집행을 받지 아니하기로 확정되지 아니한 사람

③ 법원의 판결에 따라 자격이 상실되거나 정지된 사람

④ 마약 · 대마 또는 향정신성 의약품의 중독자

⑤ 정신건강증진 및 정신질환자복지서비스지원에 관한 법률에 따른 정신질환자 다만, 전문의가 사회복지사로서 적합하다고 인정하는 사람을 제외한다.

(3) 사회복지사의 자격취소 등(제11조의3)

① 보건복지부장관은 사회복지사가 다음의 어느 하나에 해당하는 경우 그 자격을 취

소하거나 1년의 범위에서 정지시킬 수 있다.

- 거짓이나 그 밖의 부정한 방법으로 자격을 취득한 경우(취소사유)
- 사회복지사의 결격사유에 해당하게 된 경우(취소사유)
- 자격증을 대여 · 양도 또는 위조 · 변조한 경우(취소사유)
- 사회복지사의 업무수행 중 그 자격과 관련하여 고의나 중대한 과실로 다른 사람에게 손해를 입힌 경우
- 자격정지 처분을 3회 이상 받았거나, 정지 기간 종료 후 3년 이내에 다시 자격정지 처분에 해당하는 행위를 한 경우
- 자격정지 처분 기간에 자격증을 사용하여 자격 관련 업무를 수행한 경우

② 자격이 취소된 사람은 취소된 날부터 15일 내에 자격증을 보건복지부장관에게 반납하여야 한다.

③ 자격이 취소된 사람에게는 그 취소된 날로부터 2년 이내에 자격증을 교부하지 못한다.

(4) 유사명칭의 사용금지(제11조의4)

이 법에 따른 사회복지사가 아니면 사회복지사 또는 이와 유사한 명칭을 사용하지 못한다.

(5) 국가시험(제12조)

① 국가시험은 보건복지부장관이 시행하되, 시험의 관리는 대통령령으로 정하는 바에 따라 시험관리능력이 있다고 인정되는 관계 전문기관에 위탁할 수 있다.

② 보건복지부장관은 국가시험의 관리를 위탁하였을 때에는 그에 드는 비용을 예산의 범위에서 보조할 수 있다.

③ 시험의 관리를 위탁받은 기관은 보건복지부장관의 승인을 받아 정한 금액을 응시수수료로 받을 수 있다.

2) 사회복지사의 채용 및 교육 등(제13조) ★★★

(1) 사회복지사의 채용

사회복지법인 및 사회복지시설을 설치·운영하는 자는 대통령령으로 정하는 바에 따라 사회복지사를 그 종사자로 채용하여야 하고, 채용방법, 보고주기 등 보건복지부령으로 정하는 바에 따라 시·도지사 또는 시장·군수·구청장에게 사회복지사의 임면에 관한 사항을 보고하여야 한다. 다만, 대통령령으로 정하는 사회복지시설은 그러하지 아니한다.

① 사회복지사 의무채용(시행령 제6조 제1항)
  - 사회복지프로그램의 개발과 운영업무, 시설거주자의 생활지도업무
  - 사회복지를 필요로 하는 사람에 대한 상담업무

② 사회복지사 의무채용시설이 아닌 경우
  - 노인복지법에 따른 노인여가복지시설(노인복지관은 제외)
  - 장애인복지법에 따른 점자도서관과 점자도서 및 음성도서 출판시설
  - 영유아보육법에 따른 어린이집
  - 성매매방지 및 피해자보호 등에 관한 법률에 따른 성매매피해자 등을 위한 지원시설 및 성매매피해상담소
  - 정신건강증진 및 정신질환자 복지서비스 지원에 관한 법률에 따른 정신질환자 사회복귀시설 및 정신요양시설
  - 성폭력방지 및 피해자보호 등에 관한 법률에 따른 성폭력피해상담소

(2) 사회복지사의 보수교육

① 보건복지부장관은 사회복지사의 자질 향상을 위하여 필요하다고 인정하면 사회복지사에게 교육을 받도록 명할 수 있다. 다만, 사회복지법인 또는 사회복지시설에 종사하는 사회복지사는 정기적으로 인권에 관한 내용이 포함된 보수교육(補修敎育)을 받아야 한다.

② 사회복지법인 또는 사회복지시설을 운영하는 자는 그 법인 또는 시설에 종사하는 사회복지사에 대하여 교육을 이유로 불리한 처분을 하여서는 아니 된다.

③ 보건복지부장관은 교육을 보건복지부령으로 정하는 기관 또는 단체에 위탁할 수 있다.

(3) 사회복지의 날(제15조의2)

국가는 국민의 사회복지에 대한 이해를 증진하고 사회복지사업 종사자의 활동을 장려하기 위하여 매년 9월 7일을 "사회복지의 날"로 하고, 사회복지의 날부터 1주간을 "사회복지주간"으로 하며, 국가와 지방자치단체는 사회복지의 날의 취지에 적합한 행사 등 사업을 하도록 노력하여야 한다.

3. 사회복지법인

1) 설립허가 및 정관 ★★★★★

(1) 설립허가(제16조)

사회복지법인을 설립하려는 자는 대통령령으로 정하는 바에 따라 시·도지사의 허가를 받아야 하며, 허가를 받은 자는 법인의 주된 사무소의 소재지에서 설립등기를 하여야 한다.

(2) 법인의 정관(제17조)

① 법인의 정관에는 다음의 사항이 포함되어야 한다.

- 목적, 명칭, 주된 사무소의 소재지, 사업의 종류, 자산 및 회계에 관한 사항
- 임원의 임면(任免) 등에 관한 사항, 회의에 관한 사항
- 수익(收益)을 목적으로 하는 사업이 있는 경우 그에 관한 사항
- 정관의 변경에 관한 사항, 공고 및 공고방법에 관한 사항
- 존립시기와 해산 사유를 정한 경우에는 그 시기와 사유 및 남은 재산의 처리방법

② 법인이 정관을 변경하려는 경우에는 시·도지사의 인가를 받아야 한다. 다만, 보건복지부령으로 정하는 경미한 사항의 경우에는 그러하지 아니하다.

2) 법인의 임원관련 사항 ★★★★

(1) 법인의 임원(제18조)

① 법인은 대표이사를 포함한 이사 7명 이상과 감사 2명 이상을 두어야 한다.

② 법인은 이사 정수의 <u>3분의 1</u>(소수점 이하는 버린다) 이상을 다음의 어느 하나에 해당하는 기관이 3배수로 추천한 사람 중에서 선임하여야 한다.

　－ 사회보장위원회(광역자치단체), 지역사회보장협의체(기초자치단체)

③ 이사회의 구성에 있어서 대통령령으로 정하는 특별한 관계에 있는 사람이 이사 현원(現員)의 <u>5분의 1</u>을 초과할 수 없다.

④ 이사의 임기는 <u>3년</u>으로 하고 감사의 임기는 2년으로 하며, 각각 연임할 수 있으며, 외국인이사는 이사 현원의 <u>2분의 1</u> 미만이어야 한다.

⑤ 법인은 임원을 임면하는 경우에는 보건복지부령으로 정하는 바에 따라 지체 없이 시·도지사에게 보고하여야 한다.

⑥ 감사는 이사와 특별한 관계에 있는 사람이 아니어야 하며, <u>감사 중 1명은 법률 또는 회계에 관한 지식이 있는 사람 중에서 선임하여야 한다.</u> 다만, 대통령령으로 정하는 일정 규모 이상의 법인은 시·도지사의 추천을 받아 주식회사의 외부감사에 관한 법률에 따른 감사인에 속한 사람을 감사로 선임하여야 한다.

⑦ 시도사회보장위원회와 지역사회보장협의체는 이사를 추천하기 위하여 매년 다음의 어느 하나에 해당하는 사람으로 이사후보군을 구성하여 공고하여야 한다. 다만, 사회복지법인의 대표자, 사회복지사업을 하는 비영리법인 및 단체의 대표자, 지역사회보장협의체의 대표자는 제외한다.

　－ 사회복지 또는 보건의료에 관한 학식과 경험이 풍부한 사람

　－ 사회복지를 필요로 하는 사람의 이익 등을 대표하는 사람

　－ 비영리민간단체에서 추천한 사람

　－ 사회복지공동모금회에서 추천한 사람

(2) 임원선임관련 금품 등 수수금지(제18조의2)

누구든지 임원의 선임과 관련 금품 및 향응 또는 그 밖의 재산상 이익을 주고받거나 약속을 하여서는 안 된다.

(3) 임원의 결격사유(제19조)

① 미성년자, 피성년후견인 또는 피한정후견인, 파산선고를 받고 복권되지 아니한 사람

② 법원의 판결에 따라 자격이 상실되거나 정지된 사람, 금고 이상의 실형을 선고받고 그 집행이 끝나거나 집행이 면제된 날부터 3년이 지나지 아니한 사람

③ 금고 이상의 형의 집행유예를 선고받고 그 유예기간 중에 있는 사람

④ 사회복지사업 또는 그 직무와 관련하여 아동복지법 제71조, 보조금 관리에 관한 법률 또는 형법의 죄를 범하거나 이 법을 위반하여 다음의 어느 하나에 해당하는 사람

　－ 100만원 이상의 벌금형을 선고받고 그 형이 확정된 후 5년이 지나지 아니한 사람

　－ 형의 집행유예를 선고받고 그 형이 확정된 후 7년이 지나지 아니한 사람

　－ 징역형을 선고받고 집행이 끝나거나 집행이 면제된 날부터 7년이 지나지 아니한 사람

⑤ 성폭력범죄의 처벌 등에 관한 특례법 제2조의 성폭력범죄 또는 아동·청소년의 성보호에 관한 법률 의 아동·청소년대상 성범죄를 저지른 사람으로서 형 또는 치료감호를 선고받고 확정된 후 그 형 또는 치료감호의 전부 또는 일부의 집행이 끝나거나 집행이 유예·면제된 날부터 10년이 지나지 아니한 사람

⑥ 임원의 해임명령에 따라 해임된 날부터 5년이 지나지 아니한 사람

⑦ 사회복지분야의 6급 이상 공무원으로 재직하다 퇴직한 지 3년이 경과하지 아니한 사람 중에서 퇴직 전 5년 동안 소속하였던 기초자치단체가 관할하는 법인의 임원이 되고자 하는 사람

(4) 임원의 보충(제20조)

이사 또는 감사 중에 결원이 생겼을 때에는 <u>2개월</u> 이내에 보충하여야 한다.

(5) 임원의 겸직금지(제21조)

이사는 법인이 설치한 사회복지시설의 장을 제외한 그 시설의 직원을 겸할 수 없으며, 감사는 법인의 이사, 법인이 설치한 사회복지시설의 장 또는 그 직원을 겸할 수 없다.

(6) 임원의 해임명령(제22조)

① 시·도지사는 임원이 다음의 어느 하나에 해당할 때에는 법인에 그 임원의 해임을 명할 수 있다.

- 시·도지사의 명령을 정당한 이유 없이 이행하지 아니하였을 때
- 회계부정이나 인권침해 등 현저한 불법행위 또는 그 밖의 부당행위 등이 발견되었을 때
- 법인의 업무에 관하여 시·도지사에게 보고할 사항에 대하여 고의로 보고를 지연하거나 거짓으로 보고를 하였을 때
- 제18조(임원의 결격사유) 제2항·제3항 또는 제7항을 위반하여 선임된 사람
- 임원의 겸직금지를 위반한 사람, 직무집행 정지명령을 이행하지 아니한 사람
- 그 밖에 이 법 또는 이 법에 따른 명령을 위반하였을 때

② 해임명령은 시·도지사가 해당 법인에게 그 사유를 들어 시정을 요구한 날부터 15일이 경과하여도 이에 응하지 아니한 경우에 한한다. 다만, 시정을 요구하여도 시정할 수 없는 것이 명백하거나 회계부정, 횡령, 뇌물수수 등 비리의 정도가 중대한 경우에는 시정요구 없이 임원의 해임을 명할 수 있으며, 그 세부적 기준은 대통령령으로 정한다.

(7) 임원의 직무집행 정지(제22조의2)

시·도지사는 해임명령을 하기 위하여 사실 여부에 대한 조사나 감사가 진행 중인 경우 및 해임명령 기간 중인 경우에는 해당 임원의 직무집행을 정지시킬 수 있으며, 임원의 직무집행 정지사유가 소멸되면 즉시 직무집행 정지명령을 해제하여야 한다.

(8) 임시이사의 선임(제22조의3)

① 법인이 기간 내에 결원된 이사를 보충하지 아니하여 법인의 정상적인 운영이 어렵다고 판단되는 경우 시·도지사는 지체 없이 이해관계인의 청구 또는 직권으로 임시이사를 선임하여야 한다.

② 임시이사는 사유가 해소될 때까지 재임하며, 시·도지사는 임시이사가 선임되었음에도 불구하고 해당 법인이 정당한 사유 없이 이사회 소집을 기피할 경우 이사

회 소집을 권고할 수 있다.

(9) 임시이사의 해임(제22조의4)

① 시·도지사는 다음의 어느 하나에 해당하는 경우 이해관계인의 청구 또는 직권으로 임시이사를 해임할 수 있다. 이 경우 임시이사를 해임하는 때에는 지체 없이 그 후임자를 선임하여야 한다.

- 임시이사 선임사유가 해소된 경우
- 임시이사가 제9조 제1항의 어느 하나에 해당하는 경우
- 임시이사가 직무를 태만히 하여 법인의 정상화가 어려운 경우
- 임시이사가 제22조 제1항의 어느 하나에 해당하는 경우

② 법인은 제1항에 따라 해임된 임시이사를 이사로 선임할 수 없다.

제6장
|
사회복지사업법(2)

1. 사회복지서비스 및 법인의 재산 등

1) 사회복지서비스 ★★★

(1) 사회복지서비스제공의 원칙(제5조의2)

① 사회복지서비스를 필요로 하는 사람에 대한 사회복지서비스 제공은 현물(現物)로
   제공하는 것을 원칙으로 한다.

② 시장·군수·구청장은 국가 또는 지방자치단체 외의 자로 하여금 사회복지서비스
   제공을 실시하게 하는 경우에는 보호대상자에게 사회복지서비스 이용권(바우처)
   을 지급하여 국가 또는 지방자치단체 외의 자로부터 그 이용권으로 서비스 제공을
   받게 할 수 있다.

③ 국가와 지방자치단체는 사회복지서비스의 품질향상과 원활한 제공을 위하여 필요
   한 시책을 마련하여야 한다.

④ 국가와 지방자치단체는 사회복지서비스의 품질을 관리하기 위하여 사회복지서비
   스를 제공하는 기관·법인·시설·단체의 서비스 환경, 서비스 제공 인력의 전문
   성 등을 평가할 수 있다.

⑤ 보건복지부장관은 제4항에 따른 평가를 위하여 평가기관을 설치 · 운영하거나, 평가의 전부 또는 일부를 관계 기관 또는 단체에 위탁할 수 있다.

(2) 재가복지서비스의 종류(제41조의2)

① 국가나 지방자치단체는 보호대상자가 다음의 어느 하나에 해당하는 재가복지서비스를 제공받도록 할 수 있다.
- 가정봉사서비스: 가사 및 개인 활동을 지원하거나 정서활동을 지원하는 서비스
- 주간 · 단기 보호서비스: 주간 · 단기 보호시설에서 급식 및 치료 등 일상생활의 편의를 낮 동안 또는 단기간 동안 제공하거나 가족에 대한 교육 및 상담을 지원하는 서비스

② 시장 · 군수 · 구청장 사회보장급여의 이용 · 제공 및 수급권자 발굴에 관한 법률에 따른 보호대상자별 서비스 제공 계획에 따라 보호대상자에게 사회복지서비스를 제공하는 경우 시설 입소에 우선하여 재가복지서비스를 제공하도록 하여야 한다.

(3) 가정봉사원의 양성(제41조의4)

국가나 지방자치단체는 재가복지서비스를 필요로 하는 가정이나 시설에서 보호대상자가 일상생활을 위하여 필요한 각종 편의를 제공하는 가정봉사원을 양성하도록 노력하여야 한다.

2) 사회복지법인의 재산 등 ★★★

(1) 법인의 재산 등(제23조)

① 법인은 사회복지사업의 운영에 필요한 재산을 소유하여야 한다.
② 법인의 재산은 보건복지부령으로 정하는 바에 따라 기본재산과 보통재산으로 구분하며, 기본재산은 그 목록과 가액(價額)을 정관에 적어야 한다.
③ 법인은 기본재산에 관하여 다음 각 호의 어느 하나에 해당하는 경우에는 시 · 도지사의 허가를 받아야 한다. 다만, 보건복지부령으로 정하는 사항에 대하여는 그러하지 아니하다.
- 매도 · 증여 · 교환 · 임대 · 담보제공 또는 용도변경을 하려는 경우

– 보건복지부령으로 정하는 금액 이상을 1년 이상 장기차입(長期借入)하려는 경우

(2) 재산취득 보고(제24조)

① 법인이 매수 · 기부채납(寄附採納), 후원 등의 방법으로 재산을 취득하였을 때에는 지체 없이 이를 법인의 재산으로 편입 조치하여야 한다.

② 이 경우 법인은 그 취득 사유, 취득재산의 종류 · 수량 및 가액을 매년 시 · 도지사에게 보고하여야 한다.

(3) 남은 재산의 처리(제27조)

① 해산한 법인의 남은 재산은 정관으로 정하는 바에 따라 국가 또는 지방자치단체에 귀속된다.

② 국가 또는 지방자치단체에 귀속된 재산은 사회복지사업에 사용하거나 유사한 목적을 가진 법인에 무상으로 대여하거나 무상으로 사용 · 수익하게 할 수 있다. 다만, 해산한 법인의 이사본인 및 그와 대통령령으로 정하는 특별한 관계에 있는 사람이 이사로 있는 법인에 대하여는 그러하지 아니하다.

2. 사회복지법인의 설립허가 취소 등

1) 법인의 설립허가 취소(제26조) ★★★

① 시 · 도지사는 법인이 다음의 어느 하나에 해당할 때에는 기간을 정하여 시정명령을 하거나 설립허가를 취소할 수 있다.

 – 거짓이나 그 밖의 부정한 방법으로 설립허가를 받았을 때(허가취소: 강제규정)
 – 법인 설립 후 기본재산을 출연하지 아니한 때(허가취소: 강제규정)
 – 설립허가 조건을 위반하였을 때, 목적달성이 불가능하게 되었을 때
 – 목적사업 외의 사업을 하였을 때, 임원정수를 위반한 때
 – 정당한 사유 없이 설립허가를 받은 날부터 6개월 이내에 목적사업을 시작하지 아니하거나 1년 이상 사업실적이 없을 때

– 법인이 운영하는 시설에서 반복적 또는 집단적 성폭력범죄가 발생한 때

– 위반하여 이사를 선임한 때, 임원의 해임명령을 이행하지 아니한 때

– 그 밖에 이 법 또는 이 법에 따른 명령이나 정관을 위반하였을 때

② 법인이 설립허가를 취소하는 경우는 다른 방법으로 감독 목적을 달성할 수 없거나 시정을 명한 후 6개월 이내에 법인이 이를 이행하지 아니한 경우로 한정한다.

2) 법인의 수익사업(제28조) ★★

① 법인은 목적사업의 경비에 충당하기 위하여 필요할 때에는 법인의 설립 목적 수행에 지장이 없는 범위에서 수익사업을 할 수 있다.

② 법인은 수익사업에서 생긴 수익을 법인 또는 법인이 설치한 사회복지시설의 운영 외의 목적에 사용할 수 없으며, 수익사업에 관한 회계는 법인의 다른 회계와 구분하여 처리하여야 한다.

3) 법인의 합병(제30조)

① 법인은 시·도지사의 허가를 받아 이 법에 따른 다른 법인과 합병할 수 있다. 다만, 주된 사무소가 서로 다른 시·도에 소재한 법인 간의 합병의 경우에는 보건복지부장관의 허가를 받아야 한다.

② 법인이 합병하는 경우 합병 후 존속하는 법인이나 합병으로 설립된 법인은 합병으로 소멸된 법인의 지위를 승계한다.

4) 동일명칭 사용 금지(제31조)

이 법에 따른 사회복지법인이 아닌 자는 사회복지법인이라는 명칭을 사용하지 못한다.

3. 사회복지시설

1) 사회복지시설의 설치·운영 등 ★★★★

(1) 사회복지시설의 설치(제34조)

① 국가나 지방자치단체는 사회복지시설을 설치·운영할 수 있다.

② 국가 또는 지방자치단체 외의 자가 시설을 설치·운영하려는 경우에는 보건복지부령으로 정하는 바에 따라 시장·군수·구청장에게 신고하여야 한다.
다만, 폐쇄명령을 받고 3년이 지나지 아니한 자, 개인 또는 그 개인이 임원인 법인에 해당하는 자는 시설의 설치·운영 신고를 할 수 없다.

③ 시설을 설치·운영하는 자는 보건복지부령으로 정하는 재무·회계에 관한 기준에 따라 시설을 투명하게 운영하여야 한다.

④ 국가나 지방자치단체가 설치한 시설은 필요한 경우 사회복지법인이나 비영리법인에 위탁하여 운영하게 할 수 있다.

(2) 보험가입 의무(제34조의3)

① 시설의 운영자는 다음의 손해배상책임을 이행하기 위하여 손해보험회사의 책임보험에 가입하거나 "사회복지사 등의 처우 및 지위 향상을 위한 법률"에 따른 한국사회복지공제회의 책임공제에 가입하여야 한다.
 - 화재로 인한 손해배상책임
 - 화재 외의 안전사고로 인하여 생명·신체에 피해를 입은 보호대상자에 대한 손해배상책임

② 국가나 지방자치단체는 예산의 범위에서 책임보험 또는 책임공제의 가입에 드는 비용의 전부 또는 일부를 보조할 수 있다.

(3) 시설의 안전점검 등(제34조의4)

① 시설의 장은 시설에 대하여 정기 및 수시 안전점검을 실시하여야 하며, 정기 또는 수시 안전점검을 한 후 그 결과를 시장·군수·구청장에게 제출하여야 한다.

② 시장·군수·구청장은 제2항에 따른 결과를 받은 후 필요한 경우에는 시설의 운영자에게 시설의 보완 또는 개수(改修)·보수를 요구할 수 있으며, 이 경우 시설의 운영자는 요구에 따라야 한다.

③ 국가나 지방자치단체는 예산의 범위에서 안전점검, 시설의 보완 및 개수·보수에 드는 비용의 전부 또는 일부를 보조할 수 있다.

(4) 사회복지관의 설치 등(제34조의5)

① 사회복지관은 지역사회의 특성과 지역주민의 복지욕구를 고려하여 서비스 제공 등 지역복지증진을 위한 사업을 실시할 수 있다.

② 사회복지관은 모든 지역주민을 대상으로 사회복지서비스를 실시하되, 다음의 지역주민에게 우선 제공하여야 한다.

  – 국민기초생활 보장법에 따른 수급자 및 차상위계층

  – 장애인, 노인, 한부모가족 및 다문화가족, 직업 및 취업 알선이 필요한 사람

  – 보호와 교육이 필요한 유아·아동 및 청소년

  – 그 밖에 사회복지관의 사회복지서비스를 우선 제공할 필요가 있다고 인정되는 사람

(5) 시설의 장(제35조)

시설의 장은 상근(常勤)하여야 하며, 다음의 어느 하나에 해당하는 사람은 시설의 장이 될 수 없다.

① 임원의 결격사유의 어느 하나에 해당하는 사람

② 해임명령에 따라 해임된 날부터 5년이 지나지 아니한 사람

③ 사회복지분야의 6급 이상 공무원으로 재직하다 퇴직한 지 2년이 경과하지 아니한 사람 중에서 퇴직 전 3년 동안 소속 기초자치단체가 관할하는 시설의 장이 되고자 하는 사람

(6) 시설의 종사자(제35조의2)

사회복지법인과 시설을 설치·운영하는 자는 시설에 근무할 종사자를 채용할 수 있으나 다음의 어느 하나에 해당하는 사람은 사회복지법인이나 사회복지시설의 종사자가 될 수 없다.

① 미성년자, 피성년후견인 또는 피한정후견인, 파산선고를 받고 복권되지 아니한 사람

② 재직하는 동안 시설이용자를 대상으로 성폭력범죄 및 아동·청소년대상 성범죄를 저질러 금고 이상의 형 또는 치료감호를 선고받고 그 형이 확정된 사람

(7) 운영위원회(제36조)

① 시설의 장은 시설의 운영에 관한 사항을 심의하기 위하여 시설에 운영위원회를 두어야 한다. 다만, 보건복지부령으로 정하는 경우에는 복수의 시설에 공동으로 운영위원회를 둘 수 있다.

② 운영위원회의 위원은 다음의 어느 하나에 해당하는 사람 중에서 관할 시장·군수·구청장이 임명하거나 위촉한다.

- 시설의 장, 시설 거주자 대표, 시설 거주자의 보호자 대표, 시설 종사자의 대표
- 해당 시·군·구 소속의 사회복지업무를 담당하는 공무원, 후원자 대표 또는 지역주민
- 공익단체에서 추천한 사람, 그 밖에 시설의 운영 또는 사회복지에 관하여 전문적인 지식과 경험이 풍부한 사람

③ 시설의 장은 다음의 사항을 운영위원회에 보고하여야 한다.

- 시설의 회계 및 예산·결산에 관한 사항, 후원금 조성 및 집행에 관한 사항
- 그 밖에 시설운영과 관련된 사건·사고에 관한 사항

(8) 시설의 휴지·재개·폐지·신고 등(제38조)

신고를 한 자는 지체 없이 시설의 운영을 시작하여야 하며, 시설의 운영자는 그 운영을 일정 기간 중단하거나 다시 시작하거나 시설을 폐지하려는 경우에는 보건복지부령으로 정하는 바에 따라 시장·군수·구청장에게 신고하여야 한다.

(9) 시설의 개선, 사업의 정지, 시설의 폐쇄 등(제40조)

보건복지부장관, 시·도지사 또는 시장·군수·구청장은 시설이 다음 각 호의 어느 하나에 해당할 때에는 그 시설의 개선, 사업의 정지, 시설의 장의 교체를 명하거나 시설의 폐쇄를 명할 수 있다.

(10) 시설 수용인원의 제한(제41조)

각 시설의 수용인원은 <u>300명</u>을 초과할 수 없다. 다만, 대통령령으로 정하는 경우에는 그러하지 아니하다.

(11) 시설의 서비스 최저기준(제43조)

보건복지부장관은 시설에서 제공하는 서비스의 최저기준을 마련하여야 하며, 시설운영자는 서비스의 최저기준이상의 수준을 유지하여야 한다.

(12) 시설의 평가(제43조의2)

보건복지부장관과 시·도지사는 보건복지부령으로 정하는 바에 따라 시설을 정기적으로 평가하고, 그 결과를 공표하거나 시설의 감독·지원 등에 반영할 수 있으며 시설 거주자를 다른 시설로 보내는 등의 조치를 할 수 있다.

2) 보조금 등 및 후원금 관리 ★★

(1) 보조금 등(제42조)

① 국가나 지방자치단체는 사회복지사업을 하는 자 중 대통령령으로 정하는 자에게 운영비 등 필요한 비용의 전부 또는 일부를 보조할 수 있으며, 보조금은 그 목적 외의 용도에 사용할 수 없다.

② 국가나 지방자치단체는 보조금을 받은 자가 다음의 어느 하나에 해당할 때에는 이미 지급한 보조금의 전부 또는 일부의 반환을 명할 수 있다. 다만, 거짓이나 그 밖의 부정한 방법으로 보조금을 받았을 때, 사업 목적 외의 용도에 보조금을 사용하였을 때의 경우에는 반환을 명하여야 한다.

③ 보조금과 관련하여 이 법에서 규정한 사항 외에는 보조금 관리에 관한 법률 및 지방재정법을 따른다.

(2) 국유·공유 재산의 우선매각(제42조의2) ★★

국가나 지방자치단체는 사회복지사업과 관련한 시설을 설치하거나 사업을 육성하기 위하여 필요하다고 인정하면 국유재산법과 공유재산 및 물품 관리법에도 불구하고 사회복지법인 또는 사회복지시설에 국유·공유 재산을 우선매각하거나 임대할 수 있다.

(3) 지방자치단체에 대한 지원금(제42조의3)

보건복지부장관은 시·도지사 및 시장·군수·구청장에게 사회복지사업의 수행에 필요한 비용을 지원할 수 있으며, 사회보장급여의 이용 · 제공 및 수급권자 발굴에 관한 법률에 따른 평가결과를 반영하여 지원을 할 수 있다.

(4) 비용의 징수(제44조)

이 법에 따른 복지조치에 필요한 비용을 부담한 지방자치단체의 장이나 그 밖에 시설을 운영하는 자는 그 혜택을 받은 본인 또는 그 부양의무자로부터 대통령령으로 정하는 바에 따라 그가 부담한 비용의 전부 또는 일부를 징수할 수 있다.

(5) 후원금의 관리(제45조)

사회복지법인의 대표이사와 시설의 장은 아무런 대가 없이 무상으로 받은 금품이나 그 밖의 자산의 수입 · 지출 내용을 공개하여야 하며 그 관리에 명확성이 확보되도록 하여야 한다.

4. 법정단체 및 수급자의 권리보호

1) 사회복지협의회(제33조) ★★

(1) 사회복지에 관한 다음의 업무를 수행하기 위하여 전국 단위의 한국사회복지협의회와 시 · 도 단위의 시 · 도 사회복지협의회를 두며, 필요한 경우에는 시 · 군 · 구 단위의 시 · 군 · 구 사회복지협의회를 둘 수 있다.

① 사회복지에 관한 조사 · 연구 및 정책 건의, 사회복지 관련 기관 · 단체 간의 연계 · 협력 · 조정
② 사회복지 소외계층 발굴 및 민간사회복지자원과의 연계 · 협력
③ 대통령령으로 정하는 사회복지사업의 조성 등

(2) 중앙협의회, 시 · 도 협의회 및 시 · 군 · 구협의회는 사회복지법인으로 하되, 법인은 사회복지사업의 운영에 필요한 재산을 소유하여야 한다는 규정은 적용하지 아니한다.

2) 한국사회복지사협회(제46조) ★★

(1) 협회의 설치

사회복지사는 사회복지에 관한 전문지식과 기술을 개발·보급하고, 사회복지사의 자질 향상을 위한 교육훈련을 실시하며, 사회복지사의 복지증진을 도모하기 위하여 한국사회복지사협회를 설립한다.

(2) 협회의 조직

협회는 법인으로 하되, 협회의 조직·운영 등에 필요한 사항은 대통령령으로 정하며, 협회에 관하여 이 법에서 규정한 사항을 제외하고는 민법 중 사단법인에 관한 규정을 준용한다.

3) 수급자의 권리보호 ★★★

(1) 비밀누설의 금지(제47조)

사회복지사업 또는 사회복지업무에 종사하였거나 종사하고 있는 사람은 그 업무 수행 과정에서 알게 된 다른 사람의 비밀을 누설하여서는 아니 된다.

(2) 압류 금지(제48조)

이 법에 따라 지급된 금품과 이를 받을 권리는 압류하지 못한다.

(3) 청문(제49조)

보건복지부장관, 시·도지사 또는 시장·군수·구청장은 사회복지사의 자격취소, 법인의 허가의 취소, 시설의 폐쇄를 하려면 청문을 하여야 한다.

01) 사회복지사업법상 사회복지법인(이하 "법인"이라 한다)에 관한 설명으로 옳은 것은? (17회 기출)

① 법인을 설립하려는 자는 시장·군수·구청장의 허가를 받아야 한다.

② 법인은 대표이사를 제외하고 이사 7명 이상을 두어야 한다.

③ 이사의 임기는 4년으로 하고 연임할 수 있다.

④ 법인은 수익사업에서 생긴 수익을 법인 또는 법인이 설치한 사회복지시설의 운영 외의 목적에 사용할 수 없다.

⑤ 이사는 법인이 설치한 사회복지시설의 장 또는 그 시설의 장을 겸할 수 있다.

☞ 해설: (오답 풀이)

① 법인을 설립하려는 자는 시·도지사의 허가를 받아야 한다.

② 법인은 대표이사를 포함한 이사 7명 이상과 감사 2명 이상을 두어야 한다.

③ 이사의 임기는 3년으로 하고 연임할 수 있다.

⑤ 이사는 법인이 설치한 사회복지시설의 장은 겸할 수 있지만 그 시설의 장은 겸할 수 없다.

정답 ④

02) 사회복지사업법의 내용으로 옳지 않은 것은?   (17회 기출)

① 사회복지서비스를 제공하는 자는 사회복지서비스를 이용하는 사람의 선택권을 보
    장하여야 한다.

② 사회복지서비스를 필요로 하는 사람에 대한 사회복지서비스제공은 현금으로 제공
    하는 것이 원칙이다.

③ 국가는 매년 9월 7일을 사회복지의 날로 한다.

④ 보건복지부장관은 사회복지사가 법원의 판결에 따라 자격이 정지된 경우에는 그
    자격을 취소하여야 한다.

⑤ 시장군수구청장은 정당한 이유 없이 사회복지시설의 설치를 지연시키는 조치를
    하여서는 아니 된다.

☞ 해설: 제5조의2(사회복지서비스 제공의 원칙) 제1항 참조

• 사회복지서비스를 필요로 하는 사람(보호대)에 대한 사회복지서비스 제공은 현물
(現物)로 제공하는 것을 원칙으로 한다.

정답 ②

제7장
|
국민연금법(1)

1. 국민연금법의 개요

1) 목적(제1조)

국민의 노령, 장애 또는 사망에 대하여 연금급여를 실시함으로써 국민의 생활 안정과 복지 증진에 이바지하는 것을 목적으로 한다.

2) 용어의 정의 등(제3조) ★★★

(1) 용어의 정의

① 근로자: 직업의 종류가 무엇이든 사업장에서 노무를 제공하고 그 대가로 임금을 받아 생활하는 자를 말한다.

② 사용자(使用者): 해당 근로자가 소속되어 있는 사업장의 사업주를 말한다.

③ 소득: 일정한 기간 근로를 제공하여 얻은 수입에서 대통령령으로 정하는 비과세소득을 제외한 금액, 사업 · 자산을 운영하여 얻는 수입에서 필요경비를 제외한 금액을 말한다.

④ 평균소득월액: 매년 사업장가입자 및 지역가입자 전원(全員)의 기준소득월액을 평

균한 금액을 말한다.

⑤ 기준소득월액: 연금보험료와 급여를 산정하기 위하여 국민연금가입자의 소득월액을 기준으로 하여 정하는 금액을 말한다.

⑥ 연금보험료: 사업장가입자의 경우에는 부담금 및 기여금의 합계액을, 지역가입자·임의가입자 및 임의계속가입자의 경우에는 본인이 내는 금액을 말한다.

⑦ 부담금: 사업장가입자의 사용자가 부담하는 금액을 말한다.

⑧ 기여금: 사업장가입자가 부담하는 금액을 말한다.

⑨ 사업장: 근로자를 사용하는 사업소 및 사무소를 말한다.

⑩ 가입대상기간: 18세부터 초진일 혹은 사망일까지 기간으로 다음의 기간을 제외한 기간을 말한다. 즉, 제6조 단서에 따라 가입 대상에서 제외되는 기간, 18세 이상 27세 미만인 기간 중 지역가입자에서 제외되는 기간, 18세 이상 27세 미만인 기간 중 연금보험료를 내지 아니한 기간

(2) 법의 적용

① 법을 적용할 때 배우자, 남편 또는 아내에는 사실상 혼인관계에 있는 자를 포함한다.

② 수급권을 취득할 당시 가입자 또는 가입자였던 자의 태아가 출생하면 그 자녀는 가입자 또는 가입자였던 자에 의하여 생계를 유지하고 있던 자녀로 본다.

3) 국민연금의 가입대상(제6조) ★★

국내에 거주하는 국민으로서 18세 이상 60세 미만인 자는 국민연금 가입 대상이 된다. 다만, 공무원연금법, 군인연금법, 사립학교교직원 연금법 및 별정우체국법을 적용받는 공무원, 군인, 교직원 및 별정우체국 직원, 그 밖에 대통령령으로 정하는 자는 제외한다.

4) 가입자의 종류(제7조) ★★★

(1) 사업장가입자(제8조)

① 사업의 종류, 근로자의 수 등을 고려하여 당연적용사업장의 18세 이상 60세 미만인 근로자와 사용자는 당연히 사업장가입자가 된다.

② 국민연금에 가입된 사업장에 종사하는 18세 미만 근로자는 사업장가입자가 되는 것으로 본다. 다만, 본인이 원하지 아니하면 사업장가입자가 되지 아니할 수 있다.

③ 국민기초생활 보장법에 따른 생계급여 수급자 또는 의료급여 수급자는 본인의 희망에 따라 사업장가입자가 되지 아니할 수 있다.

(2) 지역가입자(제9조)

사업장가입자가 아닌 자로서 18세 이상 60세 미만인 자는 당연히 지역가입자가 된다.

(3) 임의가입자(제10조)

① 사업장가입자, 지역가입자 외의 자로서 18세 이상 60세 미만인 자는 보건복지부령으로 정하는 바에 따라 국민연금공단에 가입을 신청하면 임의가입자가 될 수 있다.

② 임의가입자는 보건복지부령에 따라 국민연금공단에 신청하여 탈퇴할 수 있다.

(4) 임의계속가입자(제13조)

① 국민연금 가입자 또는 가입자였던 자로서 60세가 된 자에 해당하는 자는 65세가 될 때까지 보건복지부령으로 정하는 바에 따라 국민연금공단에 가입을 신청하면 임의계속가입자가 될 수 있다. 이 경우 가입 신청이 수리된 날에 그 자격을 취득한다.

② 임의계속가입자는 보건복지부령으로 정하는 바에 따라 국민연금공단에 신청하면 탈퇴할 수 있다.

5) 가입자 자격의 취득시기(제11조) ★★★

(1) 사업장가입자

① 사업장에 고용된 때 또는 그 사업장의 사용자가 된 때, 당연적용사업장으로 된 때에는 해당하게 된 날에 그 자격을 취득한다.

(2) 지역가입자

① 사업장가입자의 자격을 상실한 때, 가입대상 제외자에 해당하지 아니하게 된 때, 배

우자가 별도의 소득이 있게 된 때, 18세 이상 27세 미만인자가 소득이 있게 된 때에는 해당하게 된 날에 그 자격을 취득한다.

② 다만, 배우자가 별도의 소득이 있게 된 때, 18세 이상 27세 미만인자가 소득이 있게 된 때를 알 수 없는 경우에는 신고를 한 날에 그 자격을 취득한다.

(3) 임의가입자
① 가입 신청이 수리된 날에 자격을 취득한다.

6) 가입자 자격의 상실시기(제12조) ★★★
(1) 사업장가입자
① 사망한 때, 국적을 상실하거나 국외로 이주한 때, 사용관계가 끝난 때, 60세가 된 때에는 해당하게 된 날의 다음 날에 자격을 상실한다.
② 다만, 국민연금 가입 대상 제외자에 해당하게 된 때에는 그에 해당하게 된 날에 그 자격을 상실한다.

(2) 지역가입자
① 사망한 때, 국적을 상실하거나 국외로 이주한 때, 배우자로서 별도의 소득이 없게 된 때, 60세가 된 때에는 해당하게 된 날의 다음 날에 자격을 상실한다.
② 다만, 국민연금 가입 대상 제외자에 해당하게 된 때, 사업장가입자의 자격을 취득한 때에는 그에 해당하게 된 날에 자격을 상실한다.

(3) 임의가입자
① 사망한 때, 국적을 상실하거나 국외로 이주한 때, 탈퇴 신청이 수리된 때, 60세가 된 때, 대통령령으로 정하는 기간 이상 계속하여 연금보험료를 체납한 때에는 해당하게 된 날의 다음 날에 자격을 상실한다.
② 다만, 사업장가입자 또는 지역가입자의 자격을 취득한 때, 국민연금 가입 대상 제외자에 해당하게 된 때에는 그에 해당하게 된 날에 그 자격을 상실한다.

7) 국민연금의 급여 ★★★

(1) 연금급여의 지급(제50조)

① 급여는 수급권자의 청구에 따라 공단이 지급한다.

② 연금액은 지급사유에 따라 기본연금액과 부양가족연금액을 기초로 산정한다.

(2) 기본연금액(제51조)

수급권자의 기본연금액은 다음의 금액을 합한 금액에 1천분의 1천200을 곱한 금액으로 한다. 다만, 가입기간이 20년을 초과하면 그 초과하는 1년마다 본문에 따라 계산한 금액에 1천분의 50을 곱한 금액을 더한다.

(3) 부양가족연금액(제52조) ★★

부양가족연금액은 수급권자를 기준으로 하는 다음의 자로서 수급권자에 의하여 생계를 유지하고 있는 자에 대하여 규정된 각각의 금액으로 한다.

① 배우자: 연 15만원, ② 19세 미만이거나 장애등급 2급 이상인 자녀: 연 10만원, ③ 60세 이상이거나 장애등급 2급 이상인 부모: 연 10만원

2. 국민연금급여의 종류

1) 노령연금 ★★★★

(1) 노령연금의 수급권자(제61조)

① 노령연금: 가입기간이 10년 이상인 가입자 또는 가입자였던 자에 대하여는 60세(특수직종근로자는 55세)가 된 때부터 그가 생존하는 동안 노령연금을 지급한다.

② 조기노령연금: 가입기간이 10년 이상인 가입자 또는 가입자였던 자로서 55세 이상인 자가 대통령령으로 정하는 소득이 있는 업무에 종사하지 아니하는 경우 본인이 희망하면 60세가 되기 전이라도 본인이 청구한 때부터 그가 생존하는 동안 일정한 금액의 연금을 받을 수 있다.

(2) 노령연금의 금액(제63조)

① 노령연금: 다음의 구분에 따른 금액에 부양가족연금액을 더한 금액으로 한다.

- 가입기간이 20년 이상인 경우: 기본연금액

- 가입기간이 10년 이상 20년 미만인 경우: 기본연금액의 1천분의 500에 해당하는 금액에 가입기간 10년을 초과하는 1년마다 기본연금액의 1천분의 50에 해당하는 금액을 더한 금액

② 조기노령연금: 가입기간에 따라 노령연금액 중 부양가족연금액을 제외한 금액에 수급연령별로 다음의 구분에 따른 비율을 곱한 금액에 부양가족연금액을 더한 금액으로 한다.

- 55세부터 지급: 1천분의 700

- 56세부터 지급: 1천분의 760

- 57세부터 지급: 1천분의 820

- 58세부터 지급: 1천분의 880

- 59세부터 지급: 1천분의 940

노령연금지급연령의 변경(법률 제5623호, 2007)

> **• 부칙 제8조(급여의 지급연령에 관한 적용례)**
>
> 지급연령은 그 지급연령에 관한 각각의 규정에도 불구하고 그 지급연령에 1953년부터 1956년까지 출생자는 1세를, 1957년부터 1960년까지 출생자는 2세를, 1961년부터 1964년까지 출생자는 3세를, 1965년부터 1968년까지 출생자는 4세를, 1969년 이후 출생자는 5세를 각각 더한 연령을 적용한다.
>
> **• 주요 내용정리**
>
> 주요 내용으로 보험료를 9%를 유지하는 조건으로 1) 지급연령의 연장: 2013에는 61세, 이후 5년마다 1년씩 연장하여 2033년에는 65세 되어야 노령연금을 받을 수 있도록 하였음 2) 소득대체율의 인하: 2008년부터 50%로 인하되었으며, 2009년부터 매년 0.5%씩 점차적으로 낮춰 2028년에는 40%가 되도록 함

2) 분할연금 ★★

① 분할연금 수급권자 등(제64조)

혼인 기간이 5년 이상인 자가 배우자와 이혼하였을 것, 배우자였던 사람이 노령연금 수급권자일 것, 60세가 되었을 것 등의 요건을 모두 갖추면 그때부터 그가 생존하는 동안 배우자였던 자의 노령연금을 분할한 일정한 금액의 연금을 받을 수 있다.

② 분할연금액은 배우자였던 자의 노령연금액 중 혼인 기간에 해당하는 연금액을 균등하게 나눈 금액으로 한다.

3) 장애연금 ★★

(1) 장애연금의 수급권자(제67조)

① 가입자 또는 가입자였던 자가 질병이나 부상으로 신체상 또는 정신상의 장애가 있고 해당 질병 또는 부상의 초진일 당시 18세 이상이고 노령연금의 지급 연령 미만일 것

② 장애 정도에 관한 장애등급은 1급, 2급, 3급 및 4급으로 구분하되, 등급 구분의 기준과 장애 정도의 심사에 관한 사항은 대통령령으로 정한다.

(2) 장애연금액(제68조)

① 1급: 기본연금액에 부양가족연금액을 더한 금액

② 2급: 기본연금액의 1천분의 800에 해당하는 금액에 부양가족연금액을 더한 금액

③ 3급: 기본연금액의 1천분의 600에 해당하는 금액에 부양가족연금액을 더한 금액

④ 4급: 기본연금액의 1천분의 2천250에 해당하는 금액을 일시보상금으로 지급

4) 유족연금 ★★

(1) 유족연금의 수급권자(제72조)

① 노령연금 수급권자, 가입기간이 10년 이상인 가입자 또는 가입자였던 자

② 연금보험료를 낸 기간이 가입대상기간의 3분의 1 이상인 가입자 또는 가입자였던 자

③ 사망일 5년 전부터 사망일까지의 기간 중 연금보험료를 낸 기간이 3년 이상인 가
입자 또는 가입자였던 자. 다만, 가입대상기간 중 체납기간이 3년 이상인 사람은
제외한다.

④ 장애등급이 2급 이상인 장애연금 수급권자

(2) 유족의 범위 등(제73조)

① 유족연금을 지급받을 수 있는 유족은 사망할 당시 그에 의하여 생계를 유지하고
있던 자
  - 배우자, 자녀. 다만, 25세 미만이거나 장애등급 2급 이상인 자만 해당한다.
  - 부모(배우자의 부모 포함). 다만, 60세 이상이거나 장애등급 2급 이상인 자만 해
    당한다.
  - 손자녀. 다만, 19세 미만이거나 장애등급 2급 이상인 자만 해당한다.
  - 조부모(배우자의 조부모를 포함한다) 다만, 60세 이상이거나 장애등급 2급 이상
    인 자만 해당한다.

② 유족연금은 순위에 따라 최우선 순위자에게만 지급하며, 같은 순위의 유족이 2명
이상이면 그 유족연금액을 똑같이 나누어 지급한다.

(3) 유족연금액(제74조)

유족연금액은 가입기간에 따라 다음의 금액에 부양가족연금액을 더한 금액으로 한
다. 다만, 노령연금 수급권자가 사망한 경우의 유족연금액은 사망한 자가 지급받던
노령연금액을 초과할 수 없다.

① 가입기간이 10년 미만이면 기본연금액의 1천분의 400에 해당하는 금액

② 가입기간이 10년 이상 20년 미만이면 기본연금액의 1천분의 500에 해당하는 금액

③ 가입기간이 20년 이상이면 기본연금액의 1천분의 600에 해당하는 금액

5) 반환일시금 및 사망일시금 ★★

(1) 반환일시금(제77조)

① 가입자 또는 가입자였던 자가 다음의 어느 하나에 해당하게 되면 본인이나 그 유

족의 청구에 의하여 반환일시금을 지급받을 수 있다.

- 가입기간이 10년 미만인 자가 60세가 된 때, 국적을 상실하거나 국외로 이주한 때
- 가입자 또는 가입자였던 자가 사망한 때. 다만, 유족연금이 지급되는 경우에는 그러하지 아니하다.

② 반환일시금의 액수는 가입자 또는 가입자였던 자가 납부한 연금보험료에 대통령령으로 정하는 이자를 더한 금액으로 한다.

(2) 사망일시금(제80조)

가입자 또는 가입자였던 자가 사망한 때에 유족이 없으면 그 배우자·자녀·부모·손자녀·조부모·형제자매 또는 4촌 이내 방계혈족(傍系血族)에게 사망일시금을 지급한다.

제8장
|
국민연금법(2)

1. 비용부담 및 연금보험료의 징수 등

1) 비용부담

(1) 국고부담(제87조)

국가는 매년 연금공단 및 건강보험공단이 국민연금사업을 관리 · 운영하는 데에 필요한 비용의 전부 또는 일부를 부담한다.

(2) 연금보험료의 지원(제100조의3)

국가는 사업장가입자로서 국민인 근로자가 다음의 요건을 모두 충족하는 경우에는 연금보험료 중 기여금 및 부담금의 일부를 예산의 범위에서 지원할 수 있다.

2) 연금보험료의 부과 · 징수 등(제88조)

① 보건복지부장관은 국민연금사업 중 연금보험료의 징수에 관하여 이 법에서 정하는 사항을 건강보험공단에 위탁한다.

② 공단은 국민연금사업에 드는 비용에 충당하기 위하여 가입자와 사용자에게 가입

기간 동안 매월 연금보험료를 부과하고, <u>건강보험공단이 이를 징수한다.</u>

③ 사업장가입자의 연금보험료 중 기여금은 사업장가입자 본인이, 부담금은 사용자가 각각 부담하되, 그 금액은 각각 기준소득월액의 1천분의 45에 해당하는 금액으로 한다.

④ 지역가입자, 임의가입자 및 임의계속가입자의 연금보험료는 지역가입자, 임의가입자 또는 임의계속가입자 본인이 부담하되, 그 금액은 기준소득월액의 1천분의 90으로 한다.

3) 연금보험료 납부의 예외(제91조)

(1) 납부 의무자는 사업장가입자 또는 지역가입자가 다음 각 호의 어느 하나에 해당하는 사유로 연금보험료를 낼 수 없으면 대통령령으로 정하는 바에 따라 그 사유가 계속되는 기간에는 연금보험료를 내지 아니할 수 있다.

① 사업 중단, 실직 또는 휴직 중인 경우, 병역법에 따른 병역의무를 수행하는 경우

② 초·중등교육법 및 고등교육법에 따른 학교에 재학 중인 경우

③ 형의 집행 및 수용자의 처우에 관한 법률에 따라 교정시설에 수용 중인 경우

④ 보호감호시설이나 치료감호법에 따른 치료감호시설에 수용 중인 경우

⑤ 1년 미만 행방불명된 경우, 재해·사고 등으로 소득이 감소되거나 그 밖에 소득이 있는 업무에 종사하지 아니하는 경우로서 대통령령으로 정하는 경우

(2) 연금보험료를 내지 아니한 기간은 가입기간에 산입하지 아니한다.

4) 가입기간의 계산 및 합산

(1) 국민연금 가입기간의 계산(제17조)

① 국민연금 가입기간은 월 단위로 계산하되, 가입자의 자격을 취득한 날이 속하는 달의 다음 달부터 자격을 상실한 날의 전날이 속하는 달까지로 한다.

다만, 다음의 어느 하나에 해당하는 경우 자격을 취득한 날이 속하는 달은 가입기간에 산입한다.

– 가입자가 자격을 취득한 날이 그 속하는 달의 초일인 경우

- 임의계속가입자의 자격을 취득한 경우

- 가입자가 희망하는 경우

② 가입기간을 계산할 때 연금보험료를 내지 아니한 기간은 가입기간에 산입하지 아니한다. 다만, 사용자가 근로자의 임금에서 기여금을 공제하고 연금보험료를 내지 아니한 경우에는 그 내지 아니한 기간의 2분의 1에 해당하는 기간을 근로자의 가입기간으로 산입한다. 이 경우 1개월 미만의 기간은 1개월로 한다.

(2) 기간의 합산(제20조)

① 가입자의 자격을 상실한 후 다시 그 자격을 취득한 자에 대하여는 전후(前後)의 가입기간을 합산한다.

② 가입자의 가입 종류가 변동되면 그 가입자의 가입기간은 각 종류별 가입기간을 합산한 기간으로 한다.

(3) 군복무기간에 대한 가입기간 추가 산입(제18조)

① 다음의 어느 하나에 해당하는 자가 노령연금 수급권을 취득한 때에는 6개월을 가입기간에 추가로 산입한다. 다만, 병역법에 따른 병역의무를 수행한 기간이 6개월 미만인 경우에는 그러하지 아니한다.

- 병역법에 따른 현역병, 병역법에 따른 전환복무를 한 사람

- 병역법에 따른 상근예비역, 병역법 에 따른 사회복무요원

② 가입기간을 추가로 산입하는데 필요한 재원은 국가가 전부를 부담한다.

(4) 출산에 대한 가입기간 추가 산입(제19조)

① 2 이상의 자녀가 있는 가입자 또는 가입자였던 자가 노령연금수급권을 취득한 때에는 다음에 따른 기간을 가입기간에 추가로 산입한다. 다만, 추가로 산입하는 기간은 50개월을 초과할 수 없다.

- 자녀가 2명인 경우: 12개월

- 자녀가 3명 이상인 경우: 둘째 자녀에 대하여 인정되는 12개월에 2자녀를 초과하는 자녀 1명마다 18개월을 더한 개월 수

② 부모가 모두 가입자 또는 가입자였던 자인 경우 부와 모의 합의에 따라 2명 중 1명의 가입기간에만 산입하되, 합의하지 아니한 경우에는 균등 배분하여 각각의 가입기간에 산입한다.

③ 가입기간을 추가로 산입하는데 필요한 재원은 국가가 전부 또는 일부를 부담한다.

(5) 실업에 대한 가입기간 추가 산입(제19조의2)

① 다음의 요건을 모두 갖춘 사람이 고용보험법에 따른 구직급여를 받는 경우로서 구직급여를 받는 기간을 가입기간으로 산입하기 위하여 국민연금공단에 신청하는 때에는 그 기간을 가입기간에 추가로 산입한다. 다만, 추가로 산입하는 기간은 1년을 초과할 수 없다.

  - 18세 이상 60세 미만인 사람 중 가입자 또는 가입자였을 것
  - 대통령령이 정하는 재산·소득이 보건복지부장관이 정하여 고시하는 기준 이하일 것

② 산입되는 가입기간에 대하여는 고용보험법에 따른 구직급여의 산정 기초가 되는 임금일액을 월액으로 환산한 금액의 절반에 해당하는 소득으로 가입한 것으로 본다. 다만, 인정소득의 상한선 및 하한선은 보건복지부장관이 정하여 고시하는 금액으로 한다.

③ 가입자 또는 가입자였던 사람은 구직급여를 받는 기간을 가입기간으로 추가 산입하려는 경우 인정소득을 기준으로 연금보험료를 납부하여야 한다. 이 경우 국가는 연금보험료의 전부 또는 일부를 일반회계, 국민연금기금 및 고용보험기금에서 지원할 수 있다.

2. 관리운영체계 등

1) 관장(제2조)

국민연금사업은 보건복지부장관이 맡아 주관한다.

2) 국민연금공단

(1) 공단의 설립 등(제24조)

보건복지부장관의 위탁을 받아 목적을 달성하기 위한 사업을 효율적으로 수행하기 위하여 국민연금공단을 설립한다.

(2) 법인격(제26조)

공단은 법인으로 한다.

(3) 국민연금공단의 업무(제25조)

① 가입자에 대한 기록의 관리 및 유지, 연금보험료의 부과, 급여의 결정 및 지급

② 가입자, 가입자였던 자, 수급권자 및 수급자를 위한 자금의 대여와 복지시설의 설치 · 운영 등 복지사업

③ 가입자 및 가입자였던 자에 대한 기금증식을 위한 자금 대여사업

④ 가입 대상과 수급권자 등을 위한 노후준비서비스 사업

⑤ 국민연금제도 · 재정계산 · 기금운용에 관한 조사연구, 국민연금에 관한 국제협력

⑥ 그 밖에 이 법 또는 다른 법령에 따라 위탁받은 사항

⑦ 그 밖에 국민연금사업에 관하여 보건복지부장관이 위탁하는 사항

(4) 임원 및 임기(제30조, 제32조)

① 공단에 임원으로 이사장 1명, 상임이사 4명 이내, 이사 9명, 감사 1명을 두되, 이사에는 사용자 대표, 근로자 대표, 지역가입자 대표, 수급자대표 각 1명 이상과 당연직 이사로서 보건복지부에서 국민연금 업무를 담당하는 3급 국가공무원 또는 고위공무원단에 속하는 일반직 공무원 1명이 포함되어야 한다.

② 임원의 임기는 3년으로 한다. 다만, 당연직 이사의 임기는 그 재임기간으로 하고, 기금이사의 임기는 계약기간으로 한다.

3) 국민연금심의위원회(제5조)

(1) 소속

연금 사업에 관한 사항을 심의하기 위하여 <u>보건복지부</u>에 국민연금심의위원회를 둔다.

(2) 구성
국민연금심의위원회는 위원장·부위원장 및 위원으로 구성하되, 위원장은 보건복지부차관이 되고, 부위원장은 공익을 대표하는 위원 중에서 호선(互選)하며, 위원은 다음 구분에 따라 보건복지부장관이 지명하거나 위촉한다.

① 사용자를 대표하는 위원으로서 사용자 단체가 추천하는 자 4명
② 근로자를 대표하는 위원으로서 근로자 단체가 추천하는 자 4명
③ 지역가입자를 대표하는 위원으로서 다음의 자 11명
    – 농어업인 단체가 추천하는 자 2명
    – 농어업인 단체 외의 자영자(自營者) 관련 단체가 추천하는 자 2명
    – 소비자단체와 시민단체가 추천하는 자 2명
    – 수급자를 대표하는 위원 4명
    – 공익을 대표하는 위원으로서 국민연금에 관한 전문가 5명

4) 국민연금기금
(1) 기금의 설치 및 조성(제101조)
① 보건복지부장관은 국민연금사업에 필요한 재원을 원활하게 확보하고, 이 법에 따른 급여에 충당하기 위한 책임준비금으로서 국민연금기금을 설치한다.
② 기금은 연금보험료, 기금 운용 수익금, 적립금, 공단의 수입지출 결산상의 잉여금을 재원으로 조성한다.

(2) 기금의 관리 및 운용(제102조)
① 기금은 <u>보건복지부장관</u>이 관리·운용한다.
② 보건복지부장관은 국민연금 재정의 장기적인 안정을 유지하기 위하여 그 수익을 최대로 증대시킬 수 있도록 국민연금기금운용위원회에서 의결한 바에 따라 기금을 관리·운용하되, 가입자, 가입자였던 자 및 수급권자의 복지증진을 위한 사업에 대한 투자는 국민연금 재정의 안정을 해치지 아니하는 범위에서 하여야 한다.

(3) 국민연금기금운용위원회(제103조)

① 기금의 운용에 관한 다음의 사항을 심의·의결하기 위하여 <u>보건복지부</u>에 국민연금기금운용위원회를 둔다.

② 기금운용위원회는 위원장인 <u>보건복지부장관</u>, 당연직 위원인 <u>기획재정부차관·농림축산식품부차관·산업통상자원부차관, 고용노동부차관</u>과 공단이사장 및 위원장이 위촉하는 위원으로 구성한다.

③ 위원의 임기는 2년으로 하고, 1차만 연임할 수 있다. 다만, 위원장과 당연직 위원의 임기는 그 재임 기간으로 한다.

④ 위원장은 운용위원회의 회의를 소집하고 그 의장이 되며, 운용위원회의 회의는 연4회 이상 개최하여야 하며, 재적 위원 과반수의 출석으로 개회하고, 출석 위원 과반수의 찬성으로 의결한다. 이 경우 출석하지 아니한 위원은 의결권을 행사하지 아니한 것으로 본다.

3. 국민연금 수급자의 권리보호 등

1) 국민연금 수급권의 보호(제58조)

① 수급권은 양도·압류하거나 담보로 제공할 수 없다.

② 수급권자에게 지급된 급여로서 대통령령으로 정하는 금액 이하 급여는 압류할 수 없다.

③ 급여수급전용계좌에 입금된 급여와 이에 관한 채권은 압류할 수 없다.

2) 심사청구 및 국민연금심사위원회

(1) 심사청구(제108조)

① 가입자의 자격, 기준소득월액, 연금보험료, 그 밖의 이 법에 따른 징수금과 급여에 관한 국민연금공단 또는 건강보험공단의 처분에 이의가 있는 자는 그 처분을 한 국민연금공단 또는 건강보험공단에 심사청구를 할 수 있다.

② 심사청구는 그 처분이 있음을 안 날부터 90일 이내에 문서로 하여야 하며, 처분이

있은 날부터 180일을 경과하면 이를 제기하지 못한다. 다만, 정당한 사유로 그 기간에 심사청구를 할 수 없었음을 증명하면 그 기간이 지난 후에도 심사 청구를 할 수 있다.

(2) 국민연금심사위원회 및 징수심사위원회(제109조)

심사청구 사항을 심사하기 위하여 연금공단에 국민연금심사위원회를 두고, 건강보험공단에 징수심사위원회를 둔다.

3) 재심사청구 및 국민연금재심사위원회

① 재심사청구(제110조)

심사청구에 대한 결정에 불복하는 자는 결정통지를 받은 날부터 90일 이내에 대통령령으로 정하는 사항을 적은 재심사청구서에 따라 국민연금재심사위원회에 재심사를 청구할 수 있다.

② 국민연금재심사위원회(제111조)

- 재심사청구 사항을 심사하기 위하여 보건복지부에 국민연금재심사위원회를 둔다.
- 위원장 1명을 포함한 20명 이내의 위원으로 구성한다. 이 경우 공무원이 아닌 위원이 전체위원의 과반수가 되도록 하여야 한다.

4) 시효(제115조)

연금보험료, 환수금, 그 밖의 이 법에 따른 징수금을 징수하거나 환수할 권리는 3년간, 급여를 받거나 과오납금을 반환받을 수급권자 또는 가입자 등의 권리는 5년간 행사하지 아니하면 각각 소멸시효가 완성된다.

01) 국민연금법의 내용으로 옳은 것은?   **(17회 기출)**

① 이 법을 적용할 때 배우자의 범위에는 사실상의 혼인관계에 있는 자는 제외된다.

② 수급권을 취득할 당시 가입자였던 자의 태아가 출생하면 그 자녀는 가입자였던 자에 의하여 생계를 유지하고 있던 자녀로 본다.

③ 지역가입자의 종류는 사업장가입자와 지역가입자의 2가지로 구분된다.

④ 지역가입자가 사업장가입자의 자격을 취득한 때에는 그에 해당하게 된 날의 다음 날에 지역가입자의 자격을 상실한다.

⑤ 수급권자가 사망한 경우 그 수급권자에게 미지급에게 미지급 급여가 있으면 그 급여를 받을 순위는 자녀, 배우자, 부모의 순으로 한다.

☞ 해설: (오답 풀이)

① 이 법을 적용할 때 배우자, 남편 또는 아내에는 사실상의 혼인관계에 있는 자를 포함한다(제3조).

③ 가입자는 사업장가입자, 지역가입자, 임의가입자 및 임의계속가입자로 구분한다(제7조).

④ 사업장가입자는 국민연금 가입 대상 제외자에 해당하게 된 때 경우에는 그에 해당하게 된 날에 자격을 상실한다(제12조 단서).

⑤ 유족연금의 받을 순위는 배우자, 자녀, 부모, 조부모, 형제자매의 순으로 한다(제73조).

정답 ②

02) 국민연금법상 유족연금에 관한 설명으로 옳지 않은 것은? (15회 기출)

① 노령연금 수급권자가 사망하면 그 유족에게 유족연금이 지급된다.

② 가입기간이 10년 이상인 가입자가 사망하면 그 유족에게 유족연금이 지급된다.

③ 유족연금 수급권자인 배우자가 재혼한 때에는 그 수급권은 소멸한다.

④ 자녀인 유족연금수급권자가 다른 사람에게 입양된 때에는 그 수급권은 소멸하지 않는다.

⑤ 장애등급이 3급인 장애연금 수급권자가 사망하면 그 유족에게 유족연금이 지급되지 아니 한다.

☞ 해설: 국민연금법 제75조(유족연금 수급권의 소멸) 참조

• 수급권자가 사망한 때, 배우자인 수급권자가 재혼한 때, 자녀나 손자녀인 수급권자가 파양된 때, 장애등급 2급 이상에 해당하지 아니한 자녀인 수급권자가 25세가 된 때 또는 장애등급 2급 이상에 해당하지 아니한 손자녀인 수급권자가 19세가 된 때

정답 ④

제9장
|
국민건강보험법

1. 국민건강보험법의 개요

1) 목적(제1조)

국민의 질병·부상에 대한 예방·진단·치료·재활과 출산·사망 및 건강증진에 대하여 보험급여를 실시함으로써 국민보건 향상과 사회보장 증진에 이바지함을 목적으로 한다.

2) 용어의 정의(제3조) ★★

① 근로자: 직업의 종류와 관계없이 근로의 대가로 보수를 받아 생활하는 사람으로서 공무원 및 교직원을 제외한 사람을 말한다.
② 사용자: 근로자가 소속되어 있는 사업장의 사업주, 공무원이 소속되어 있는 기관의 장으로서 대통령령으로 정하는 사람, 교직원이 소속되어 있는 사립학교를 설립·운영하는 자
③ 사업장: 사업소나 사무소를 말한다.
④ 공무원: 국가나 지방자치단체에서 상시 공무에 종사하는 사람을 말한다.

⑤ 교직원: 사립학교나 사립학교의 경영기관에서 근무하는 교원과 직원을 말한다.

3) 국민건강보험종합계획의 수립 등(제3조의2) ★★
① 보건복지부장관은 이 법에 따른 건강보험의 건전한 운영을 위하여 건강보험정책심의위원회의 심의를 거쳐 5년마다 국민건강보험종합계획을 수립하여야 한다.
② 보건복지부장관은 종합계획에 따라 매년 연도별 시행계획을 건강보험정책심의위원회의 심의를 거쳐 수립·시행하여야 한다.

4) 적용대상 등(제5조) ★★★
① 국내에 거주하는 국민은 건강보험의 가입자 또는 피부양자가 된다.
※ 제외자: 의료급여법에 따라 의료급여를 받는 사람, 독립유공자예우에 관한 법률 및 국가유공자 등 예우 및 지원에 관한 법률에 따라 의료보호를 받는 사람
② 피부양자는 다음의 어느 하나에 해당하는 사람 중 직장가입자에게 주로 생계를 의존하는 사람으로서 보수나 소득이 없는 사람을 말한다.
　－ 직장가입자의 배우자, 직장가입자의 직계존속(배우자의 직계존속을 포함한다)
　－ 직장가입자의 직계비속(배우자의 직계비속을 포함한다)과 그 배우자, 직장가입자의 형제·자매

5) 가입자의 종류(제6조) ★★★
(1) 직장가입자
모든 사업장의 근로자 및 사용자와 공무원 및 교직원은 직장가입자가 된다.
※ 제외자 : 고용 기간이 1개월 미만인 일용근로자, 병역법에 따른 현역병, 전환복무된 사람 및 군간부후보생, 선거에 당선되어 취임하는 공무원으로서 매월 보수 또는 보수에 준하는 급료를 받지 아니하는 사람

(2) 지역가입자
지역가입자는 직장가입자와 그 피부양자를 제외한 가입자를 말한다.

(3) 외국인에 대한 특례(제109조)

① 정부는 외국 정부가 사용자인 사업장의 근로자의 건강보험에 관하여는 외국 정부와 합의에 따라 이를 따로 정할 수 있다.

② 직장가입자에 해당하지 아니하는 국내체류 외국인 등이 보건복지부령으로 정하는 요건을 모두 갖춘 경우에는 공단에 신청하면 지역가입자가 될 수 있다.

6) 자격의 취득·변동 및 상실 ★★★

(1) 자격의 취득시기 등(제8조)

① 가입자는 국내에 거주하게 된 날에 직장가입자 또는 지역가입자의 자격을 얻는다. 다만, 다음의 어느 하나에 해당하는 사람은 그 해당되는 날에 각각 자격을 얻는다.

- 수급권자이었던 사람은 그 대상자에서 제외된 날
- 직장가입자의 피부양자이었던 사람은 그 자격을 잃은 날
- 유공자등 의료보호대상자이었던 사람은 그 대상자에서 제외된 날
- 보험자에게 건강보험의 적용을 신청한 유공자등 의료보호대상자는 그 신청한 날

② 자격을 얻은 경우 그 직장가입자의 사용자 및 지역가입자의 세대주는 그 명세를 보건복지부령으로 정하는 바에 따라 자격을 취득한 날부터 14일 이내에 보험자에게 신고하여야 한다.

(2) 자격의 상실 시기 등(제10조)

① 가입자는 다음의 어느 하나에 해당하게 된 날에 그 자격을 잃는다.

- 사망한 날의 <u>다음 날</u>, 국적을 잃은 날의 <u>다음 날</u>
- 국내에 거주하지 아니하게 된 날의 <u>다음 날</u>
- 직장가입자의 피부양자가 된 날, 수급권자가 된 날
- 건강보험을 적용받고 있던 사람이 유공자등 의료보호대상자가 되어 건강보험의 적용배제신청을 한 날

② 자격을 잃은 경우 직장가입자의 사용자와 지역가입자의 세대주는 그 명세를 보건복지부령으로 정하는 바에 따라 자격을 잃은 날부터 14일 이내에 보험자에게 신고하여야 한다.

2. 국민건강보험의 급여

1) 요양급여(제41조) ★★

① 가입자와 피부양자의 질병, 부상, 출산 등에 대하여 다음의 요양급여를 실시한다.
  - 진찰 · 검사, 약제(藥劑) · 처치 · 수술, 예방 · 재활, 입원, 간호, 이송(移送) 등
② 보건복지부장관은 요양급여의 기준을 정할 때 업무나 일상생활에 지장이 없는 질환에 대한 치료 등 보건복지부령으로 정하는 사항은 요양급여대상에서 제외되는 사항(비급여대상)으로 정할 수 있다.

2) 요양기관(제42조)

① 의료법에 따라 개설된 의료기관, 약사법에 따라 등록된 약국
② 약사법에 따라 설립된 한국희귀의약품센터
③ 지역보건법에 따른 보건소 · 보건의료원 및 보건지소
④ 농어촌 등 보건의료를 위한 특별조치법에 따라 설치된 보건진료소

3) 본인일부부담금(제44조) ★★

① 요양급여를 받는 자는 대통령령으로 정하는 바에 따라 비용의 일부를 본인이 부담한다. 이 경우 선별급여에 대해서는 다른 요양급여에 비해 본인일부부담금을 상향 조정할 수 있다.
② 본인이 연간 부담하는 본인일부부담금의 총액이 대통령령으로 정하는 금액(본인부담상한액)을 초과한 경우에는 공단이 그 초과 금액을 부담하여야 한다.
③ 본인부담상한액은 가입자의 소득수준 등에 따라 정한다.

4) 요양급여비용의 청구와 지급 등(제47조) ★★

① 요양기관은 공단에 요양급여비용의 지급을 청구할 수 있다. 이 경우 요양급여비용에 대한 심사청구는 공단에 대한 요양급여비용의 청구로 본다.
② 요양급여비용을 청구하려는 요양기관은 심사평가원에 요양급여비용의 심사청구를 하여야 하며, 심사청구를 받은 심사평가원은 이를 심사한 후 지체 없이 그 내용

을 공단과 요양기관에 알려야 한다.

③ 심사 내용을 통보받은 공단은 지체 없이 그 내용에 따라 요양급여비용을 요양기관에 지급한다. 이 경우 이미 낸 본인일부부담금이 통보된 금액보다 더 많으면 요양기관에 지급할 금액에서 더 많이 낸 금액을 공제하여 해당 가입자에게 지급하여야 한다.

5) 요양비(제49조)

공단은 가입자나 피부양자가 보건복지부령으로 정하는 긴급하거나 그 밖의 부득이한 사유로 요양기관과 비슷한 기능을 하는 기관으로서 보건복지부령으로 정하는 기관에서 질병·부상·출산 등에 대하여 요양을 받거나 요양기관이 아닌 장소에서 출산한 경우 그 요양급여에 상당하는 금액을 보건복지부령으로 정하는 바에 따라 가입자나 피부양자에게 요양비로 지급한다.

6) 부가급여(제50조)

공단은 이 법에서 정한 요양급여 외에 대통령령으로 정하는 바에 따라 임신·출산 진료비, 장제비, 상병수당, 그 밖의 급여를 실시할 수 있다.

7) 장애인에 대한 특례(제51조)

공단은 장애인복지법에 따라 등록한 장애인인 가입자 및 피부양자에게는 보장구(補裝具)에 대하여 보험급여를 할 수 있다.

8) 건강검진(제52조)

① 공단은 가입자와 피부양자에 대하여 질병의 조기 발견과 그에 따른 요양급여를 하기 위하여 건강검진을 실시한다.

② 건강검진의 종류: 일반건강검진, 암검진, 영유아 건강검진 등

3. 국민건강보험료

1) 보험료(제69조) ★★
① 공단은 건강보험사업에 드는 비용에 충당하기 위하여 보험료의 납부의무자로부터 보험료를 징수한다.
② 보험료는 가입자의 자격을 취득한 날이 속하는 달의 다음 달부터 가입자의 자격을 잃은 날의 전날이 속하는 달까지 징수한다. 다만, 가입자의 자격을 매월 1일에 취득한 경우에는 그 달부터 징수한다.

2) 직장가입자의 보험료 ★★
(1) 월별 보험료 산정(제69조 제4항)
① 보수월액보험료: 보수월액에 보험료율을 곱하여 얻은 금액
② 소득월액보험료: 소득월액에 보험료율의 100분의 50을 곱하여 얻은 금액

(2) 보험료 부담(제76조)
직장가입자의 보수월액보험료는 직장가입자와 다음의 구분에 따른 자가 각각 보험료액의 100분의 50씩 부담한다. 다만, 직장가입자가 교직원으로서 사립학교에 근무하는 교원이면 보험료액은 그 직장가입자가 100분의 50을, 사용자가 100분의 30을, 국가가 100분의 20을 각각 부담한다.

3) 지역가입자의 보험료 ★★
① 월별 보험료 산정(제69조 제5항): 월별 보험료액은 세대 단위로 산정하되, 지역가입자가 속한 세대의 월별 보험료액은 보험료부과점수에 보험료 부과점수 당 금액을 곱한 금액으로 한다.
② 보험료 부과점수(제72조): 지역가입자의 소득 · 재산 · 생활수준 · 경제활동참가율 등을 고려하여 정하되, 대통령령으로 정하는 기준에 따라 상 · 하한을 정할 수 있다.
③ 보험료 부담(제76조 제3항): 지역가입자의 보험료는 그 가입자가 속한 세대의 지역가입자 전원이 연대하여 부담한다.

④ 보험료의 납부의무(제77조 제2항): 지역가입자의 보험료는 그 가입자가 속한 세대의 지역가입자 전원이 연대하여 납부한다. 다만, 소득·생활수준·경제활동참가율 등을 고려하여 대통령령으로 정하는 기준에 해당하는 미성년자는 납부의무를 부담하지 아니한다.

4) 보험료의 면제 및 경감 ★★★

(1) 보험료의 면제(제74조)

① 직장가입자가 국외에서 업무에 종사하고 있는 경우, 현역병, 전환복무된 사람 및 무관후보생, 교도소, 기타 이에 준하는 시설에 수용되어 있을 때에는 그 가입자의 보험료를 면제한다. 다만, 직장가입자가 국외에서 업무에 종사하고 있는 경우에는 국내에 거주하는 피부양자가 없을 때에만 보험료를 면제한다.

② 지역가입자가 국외에서 업무에 종사하고 있는 경우, 현역병, 전환복무된 사람 및 무관후보생, 교도소, 기타 이에 준하는 시설에 수용되어 있을 때에는 그 가입자가 속한 세대의 보험료를 산정할 때 그 가입자의 보험료부과점수를 제외한다.

(2) 보험료의 경감(제75조)

다음의 어느 하나에 해당하는 가입자 중 보건복지부령으로 정하는 가입자에 대하여는 그 가입자 또는 그 가입자가 속한 세대의 보험료의 일부를 경감할 수 있다.

① 섬·벽지(僻地)·농어촌 등 대통령령으로 정하는 지역에 거주하는 사람

② 65세 이상인 사람, 장애인복지법에 따라 등록한 장애인, 휴직자

③ 국가유공자 등 예우 및 지원에 관한 법률에 따른 국가유공자

4. 관리운영체계 및 수급자의 권리보호 등

1) 관리운영체계 ★★

(1) 관장 및 보험자

① 관장(제2조): 이 법에 따른 건강보험사업은 보건복지부장관이 맡아 주관한다.

② 보험자(제13조): 건강보험의 보험자는 국민건강보험공단으로 한다.

(2) 국민건강보험공단

① 건강보험공단의 주요 업무(제14조)
- 가입자 및 피부양자의 자격 관리, 보험료와 그 밖에 이 법에 따른 징수금의 부과 · 징수
- 보험급여의 관리, 가입자 및 피부양자의 건강 유지와 증진을 위하여 필요한 예방사업
- 보험급여 비용의 지급, 자산의 관리 · 운영 및 증식사업, 의료시설의 운영 등

(3) 건강보험심사평가원

① 건강보험심사평가원의 설립(제62조): 요양급여비용을 심사하고 요양급여의 적정성을 평가하기 위하여 건강보험심사평가원을 설립한다.
② 건강보험심사평가원의 법인격(제64조): 건강보험심사평가원은 법인으로 한다.
③ 심사평가원의 업무 등(제63조)
- 요양급여비용의 심사, 요양급여의 적정성 평가, 심사기준 및 평가기준의 개발
- 업무와 관련된 조사연구 및 국제협력, 다른 법률에 따라 지급되는 급여비용의 심사 또는 의료의 적정성 평가에 관하여 위탁받은 업무 등

(4) 건강보험공단의 재정(제35조, 제36조, 제39조)

공단의 회계연도는 정부의 회계연도에 따르며, 직장가입자와 지역가입자의 재정을 통합하여 운영한다. 공단은 건강보험사업 및 징수위탁근거법의 위탁에 따른 국민연금사업 · 고용보험사업 · 산업재해보상보험사업 · 임금채권보장사업에 관한 회계를 공단의 다른 회계와 구분하여 각각 계리하여야 한다.

2) 수급자의 권리보호 등 ★★★

(1) 수급권의 보호(59조)

보험급여를 받을 권리는 양도하거나 압류할 수 없으며, 요양비등 수급계좌에 입금된

요양비 등은 압류할 수 없다.

(2) 이의신청(제87조)

① 가입자 및 피부양자의 자격, 보험료 등, 보험급여, 보험급여 비용에 관한 공단의 처분에 이의가 있는 자는 공단에 이의신청을 할 수 있다.

② 요양급여비용 및 요양급여의 적정성 평가 등에 관한 심사평가원의 처분에 이의가 있는 공단, 요양기관 또는 그 밖의 자는 심사평가원에 이의신청을 할 수 있다.

③ 이의신청은 처분이 있음을 안 날부터 90일 이내에 문서로 하여야 하며 처분이 있은 날부터 180일을 지나면 제기하지 못한다. 다만, 정당한 사유로 그 기간에 이의신청을 할 수 없었음을 소명한 경우에는 그러하지 아니하다.

④ 요양기관이 심사평가원의 확인에 대하여 이의신청을 하려면 통보받은 날부터 30일 이내에 하여야 한다.

(3) 심판청구(제88조)

이의신청에 대한 결정에 불복하는 자는 건강보험분쟁조정위원회에 심판청구를 할 수 있으며, 심판청구를 하려는 자는 대통령령으로 정하는 심판청구서를 처분을 한 공단 또는 심사평가원에 제출하거나 건강보험분쟁조정위원회에 제출하여야 한다.

(4) 건강보험분쟁조정위원회(제89조)

① 심판청구를 심리·의결하기 위하여 보건복지부에 건강보험분쟁조정위원회를 둔다.

② 분쟁조정위원회는 위원장을 포함하여 60명 이내의 위원으로 구성하고, 위원장을 제외한 위원 중 1명은 당연직위원으로 한다. 이 경우 공무원이 아닌 위원이 전체 위원의 과반수가 되도록 하여야 한다.

③ 분쟁조정위원회의 회의는 위원장, 당연직위원 및 위원장이 매 회의마다 지정하는 7명의 위원을 포함하여 총 9명으로 구성하되, 공무원이 아닌 위원이 과반수가 되도록 하여야 한다.

④ 분쟁조정위원회를 실무적으로 지원하기 위하여 분쟁조정위원회에 사무국을 둔다.

(5) 행정소송(제90조)

공단 또는 심사평가원의 처분에 이의가 있는 자와 심판청구에 대한 결정에 불복하는 자는 행정소송법에서 정하는 바에 법원에 행정소송을 제기할 수 있다.

3) 시효(제91조) ★★

① 보험료, 연체금 및 가산금을 징수할 권리, 보험료, 보험급여를 받을 권리 등은 3년 동안 행사하지 아니하면 소멸시효가 완성된다.

② 시효의 중단: 보험료의 고지 또는 독촉, 보험급여 또는 보험급여 비용의 청구

01) 국민건강보험법상 가입자가 자격을 상실하는 시기로 옳은 것은? (17회 기출)

① 사망한 날의 다음날
② 국적을 잃은 날
③ 국내에 거주하지 아니하게 된 날
④ 직장가입자의 피부양자가 된 다음날
⑤ 수급권자가 된 다음 날

☞ 해설: 국민건강보험법 제10조(자격의 상실 시기 등) 참조
• 해당일의 다음날에 자격 상실
  사망한 날의 다음 날, 국적을 잃은 날의 다음 날, 국내에 거주하지 아니하게 된 날의
  다음 날
• 해당일에 자격 상실
  직장가입자의 피부양자가 된 날, 수급권자가 된 날, 건강보험을 적용받고 있던 사
  람이 유공자 등 의료보호대상자가 되어 건강보험의 적용배제신청을 한 날

정답 ①

02) 국민건강보험법령상 직장가입자의 피부양자가 될 수 없는 자는? (단, 직장가입자에게
　　주로 생계를 의존하고, 그와 동거하며 보수나 소득이 없는 자에 한함)

(15회 기출)

① 직장가입자의 배우자의 자매
② 직장가입자의 배우자
③ 직장가입자의 자녀
④ 직장가입자의 부모
⑤ 직장가입자의 조부모

☞ 해설: 국민건강보험법 제5조(적용대상 등) 제2항 참조

• 피부양자는 다음 각 호의 어느 하나에 해당하는 사람 중 직장가입자에게 주로 생계를 의존하는 사람으로서 소득 및 재산이 보건복지부령으로 정하는 기준 이하에 해당하는 사람을 말한다.

  1. 직장가입자의 배우자

  2. 직장가입자의 직계존속(배우자의 직계존속을 포함한다)

  3. 직장가입자의 직계비속(배우자의 직계비속을 포함한다)과 그 배우자

  4. 직장가입자의 형제 · 자매

정답 ①

제10장
|
산업재해보상보험법

1. 산업재해보상보험법의 개요

1) 목적(제1조)

산업재해보상보험 사업을 시행하여 근로자의 업무상의 재해를 신속하고 공정하게 보상하며, 재해근로자의 재활 및 사회 복귀를 촉진하기 위하여 이에 필요한 보험시설을 설치·운영하고, 재해 예방과 그 밖에 근로자의 복지 증진을 위한 사업을 시행하여 근로자 보호에 이바지한다.

2) 용어의 정의(제5조) ★★★

① 유족: 사망한 자의 배우자(사실상 혼인 관계에 있는 자를 포함한다. 이하 같다)·자녀·부모·손자녀·조부모 또는 형제자매를 말한다.

② 치유: 부상 또는 질병이 완치되거나 치료의 효과를 더 이상 기대할 수 없고 그 증상이 고정된 상태에 이르게 된 것을 말한다.

③ 장해: 부상 또는 질병이 치유되었으나 정신적 또는 육체적 훼손으로 인하여 노동능력이 상실되거나 감소된 상태를 말한다.

④ 중증요양상태: 업무상의 부상 또는 질병에 따른 정신적 또는 육체적 훼손으로 노동능력이 상실되거나 감소된 상태로서 그 부상 또는 질병이 치유되지 아니한 상태를 말한다.

⑤ 진폐(塵肺): 분진을 흡입하여 폐에 생기는 섬유증식성(纖維增殖性) 변화를 주된 증상으로 하는 질병을 말한다.

3) 적용 범위(제6조)

이 법은 근로자를 사용하는 모든 사업 또는 사업장에 적용한다.

※ 적용제외 사업: 위험률·규모 및 장소 등을 고려하여 대통령령으로 정하는 사업

4) 보험 관계의 성립·소멸(제7조)

이 법에 따른 보험 관계의 성립과 소멸에 대하여는 보험료징수법으로 정하는 바에 따른다.

2. 산재보험의 급여 및 보험료

1) 보험급여의 종류와 산정기준(제36조) ★★

(1) 보험급여의 종류

요양급여, 휴업급여, 장해급여, 간병급여, 유족급여, 상병(傷病)보상연금, 장의비(葬儀費), 직업재활급여 등이 있다.

(2) 보험급여의 산정

해당 근로자의 평균임금을 산정하여야 할 사유가 발생한 날부터 1년이 지난 이후에는 매년 전체 근로자의 임금 평균액의 증감률에 따라 평균임금을 증감하되, 그 근로자의 연령이 60세에 도달한 이후에는 소비자물가변동률에 따라 평균임금을 증감한다.

2) 업무상의 재해의 인정 기준(제37조) ★★★★

(1) 인정기준

근로자가 다음의 어느 하나에 해당하는 사유로 부상·질병 또는 장해가 발생하거나 사망하면 업무상의 재해로 본다. 다만, 업무와 재해 사이에 상당인과관계(相當因果關係)가 없는 경우에는 그러하지 아니하다.

① 업무상 사고

- 근로자가 근로계약에 따른 업무나 그에 따르는 행위를 하던 중 발생한 사고
- 사업주가 제공한 시설물 등 이용 중 시설물 등의 결함이나 관리소홀로 발생한 사고
- 사업주가 제공한 교통수단이나 그에 준하는 교통수단을 이용하는 등 사업주의 지배·관리 하에서 출퇴근 중 발생한 사고
- 사업주가 주관하거나 사업주의 지시에 따라 참여한 행사나 행사준비 중에 발생한 사고
- 휴게시간 중 사업주의 지배관리 하에 있다고 볼 수 있는 행위로 발생한 사고
- 그 밖에 업무와 관련하여 발생한 사고

② 업무상 질병

- 업무수행 과정에서 물리적 인자, 화학물질, 분진, 병원체, 신체에 부담을 주는 업무 등 근로자의 건강에 장해를 일으킬 수 있는 요인을 취급하거나 그에 노출되어 발생한 질병
- 업무상 부상이 원인이 되어 발생한 질병, 그 밖에 업무와 관련하여 발생한 질병

(2) 제외사항

근로자의 고의·자해행위나 범죄행위 또는 그것이 원인이 되어 발생한 부상·질병·장해 또는 사망은 업무상의 재해로 보지 아니한다. 다만, 그 부상·질병·장해 또는 사망이 정상적인 인식능력 등이 뚜렷하게 저하된 상태에서 한 행위로 발생한 경우로서 대통령령으로 정하는 사유가 있으면 업무상의 재해로 본다.

(3) 업무상질병판정위원회(제38조)

업무상 질병의 인정 여부를 심의하기 위하여 공단 소속에 업무상질병판정위원회를 둔다.

3) 산업재해보상보험급여의 종류 ★★★★

(1) 요양급여(제40조)

① 요양급여는 근로자가 업무상의 사유로 부상을 당하거나 질병에 걸린 경우에 그 근로자에게 지급할 수 있으며, 산재보험 의료기관에서 요양을 하게 한다. 다만, 부득이한 경우에는 요양을 갈음하여 요양비를 지급할 수 있다.

② 부상 또는 질병이 3일 이내 요양으로 치유될 수 있으면 요양급여를 지급하지 아니한다.

(2) 휴업급여(제52조)

휴업급여는 업무상 사유로 부상을 당하거나 질병에 걸린 근로자에게 요양으로 취업하지 못한 기간에 대하여 지급하되, 1일당 지급액은 평균임금의 100분의 70에 상당하는 금액으로 한다. 다만, 취업하지 못한 기간이 3일 이내이면 지급하지 아니한다.

(3) 장해급여(제57조)

① 장해급여는 근로자가 업무상의 사유로 부상을 당하거나 질병에 걸려 치유된 후 신체 등에 장해가 있는 경우에 그 근로자에게 지급한다.

② 장해보상연금 또는 장해보상일시금은 수급권자의 선택에 따라 지급한다.

(4) 간병급여(제61조)

간병급여는 요양급여를 받은 자 중 치유 후 의학적으로 상시 또는 수시로 간병이 필요하여 실제로 간병을 받는 자에게 지급한다.

(5) 유족급여(제62조)

① 유족급여는 근로자가 업무상의 사유로 사망한 경우에 유족에게 지급한다. 유족급여는 유족보상연금이나 유족보상일시금으로 하되, 유족보상일시금은 근로자가 사망할 당시 유족보상연금을 받을 수 있는 자격이 있는 자가 없는 경우에 지급한다.

② 유족보상연금을 받을 수 있는 자격이 있는 자가 원하면 유족보상일시금의 100분의 50에 상당하는 금액을 일시금으로 지급하고 유족보상연금은 100분의 50을 감

액하여 지급한다.

(6) 상병보상연금(제66조)

요양급여를 받는 근로자가 요양을 시작한 지 2년이 지난 날 이후에 다음의 요건 모두에 해당하는 상태가 계속되면 휴업급여 대신 상병보상연금을 그 근로자에게 지급한다.

① 그 부상이나 질병이 치유되지 아니한 상태일 것
② 그 부상이나 질병에 따른 중증요양상태의 정도가 대통령령으로 정하는 기준에 해당할 것
③ 요양으로 인하여 취업하지 못하였을 것

(7) 장의비(제71조)

장의비는 근로자가 업무상의 사유로 사망한 경우에 지급하되, 평균임금의 120일분에 상당하는 금액을 그 장제(葬祭)를 지낸 유족에게 지급한다. 다만, 장제를 지낼 유족이 없거나 그 밖에 부득이한 사유로 유족이 아닌 자가 장제를 지낸 경우에는 평균임금의 120일분에 상당하는 금액의 범위에서 실제 드는 비용을 그 장제를 지낸 자에게 지급한다.

(8) 직업재활급여(제72조)

① 장해급여 또는 진폐보상연금을 받은 자나 장해급여를 받을 것이 명백한 자로서 대통령령으로 정하는 자 중 취업을 위하여 직업훈련이 필요한 자에 대하여 실시하는 직업훈련에 드는 비용 및 직업훈련수당
② 업무상의 재해가 발생할 당시의 사업에 복귀한 장해급여자에 대하여 사업주가 고용을 유지하거나 직장적응훈련 또는 재활운동을 실시하는 경우에 각각 지급하는 직장복귀지원금, 직장적응훈련비 및 재활운동비

(9) 직업훈련수당(제74)

직업훈련수당은 직업훈련을 받는 훈련대상자에게 그 직업훈련으로 인하여 취업하지 못하는 기간에 대하여 지급하되, 1일당 지급액은 최저임금액에 상당하는 금액으로

한다. 다만, 휴업급여나 상병보상연금을 받는 훈련대상자에게는 직업훈련수당을 지급하지 아니한다.

(10) 특별급여

① 장해특별급여(제78조): 보험가입자의 고의 또는 과실로 발생한 업무상의 재해로 근로자가 대통령령으로 정하는 장해등급 또는 진폐장해등급에 해당하는 장해를 입은 경우에 수급권자가 민법에 따른 손해배상청구를 갈음하여 장해특별급여를 청구하면 장해급여 또는 진폐보상연금 외에 대통령령으로 정하는 장해특별급여를 지급할 수 있다.

② 유족특별급여(제79조): 보험가입자의 고의 또는 과실로 발생한 업무상의 재해로 근로자가 사망한 경우에 수급권자가 민법에 따른 손해배상청구를 갈음하여 유족특별급여를 청구하면 유족급여 또는 진폐유족연금 외에 대통령령으로 정하는 유족특별급여를 지급할 수 있다.

4) 산재보험료 ★★★

(1) 보험료(제4조)

이 법에 따른 보험사업의 비용에 충당하기 위하여 징수하는 보험료나 그 외 징수금에 관하여는 고용보험 및 산업재해보상보험의 보험료징수 등에 관한 법률에서 정하는 바에 따른다.

(2) 국가의 부담 및 지원(제3조)

국가는 회계연도마다 예산의 범위에서 보험사업의 사무 집행에 드는 비용을 일반회계에서 부담하여야 하며, 회계연도마다 예산의 범위에서 보험사업에 드는 비용의 일부를 지원할 수 있다.

(3) 산업재해보상보험 및 예방기금의 설치 및 조성(제95조)

① 고용노동부장관은 보험사업, 산업재해 예방 사업에 필요한 재원을 확보하고, 보험급여에 충당하기 위하여 산업재해보상보험 및 예방기금을 설치한다.

② 기금은 보험료, 기금운용 수익금, 적립금, 기금의 결산상 잉여금, 정부 또는 정부
아닌 자의 출연금 및 기부금, 차입금, 그 밖의 수입금을 재원으로 하여 조성한다.
③ 정부는 산업재해 예방 사업을 수행하기 위하여 회계연도마다 기금지출예산 총액
의 100분의 3의 범위에서 정부의 출연금으로 세출예산에 계상(計上)하여야 한다.

3. 관리운영체계 및 수급자의 권리보호

1) 관리운영체계 ★★
(1) 산재보험의 관장(제2조)
이 법에 따른 산업재해보상보험사업은 고용노동부장관이 관장한다.

(2) 근로복지공단의 설립(제10조)
고용노동부장관의 위탁을 받아 목적을 달성하기 위한 사업을 효율적으로 수행하기
위하여 근로복지공단을 설립하며, 공단은 법인으로 한다.
① 공단의 사업(제11조)
- 보험가입자와 수급권자에 관한 기록의 관리ㆍ유지, 보험료징수법에 따른 보험
료와 그 밖의 징수금의 징수, 재활보조기구의 연구개발ㆍ검정 및 보급
- 보험급여의 결정과 지급, 보험급여 결정 등에 관한 심사 청구의 심리ㆍ결정
- 산재보험 시설의 설치ㆍ운영, 업무상 재해를 입은 근로자 등의 진료ㆍ요양 및
재활 등
② 공단은 사업 상 의료기관, 연구기관 등을 설치ㆍ운영할 수 있으며, 사업의 수행에
필요한 자문을 위하여 공단에 관계 전문가 등으로 구성되는 보험급여자문위원회
를 둘 수 있다.

2) 심사청구(제103조) ★★
(1) 심사의 청구
① 다음의 어느 하나에 해당하는 공단의 결정 등에 불복하는 자는 공단에 심사청구를

할 수 있다.

- 보험급여에 관한 결정, 진료비에 관한 결정, 약제비에 관한 결정, 진료계획 변경 조치
- 보험급여의 일시지급에 관한 결정, 부당이득의 징수에 관한 결정 등

② 심사청구는 그 보험급여 결정 등을 한 공단의 소속 기관을 거쳐 공단에 제기하여야 하며, 보험급여 결정 등이 있음을 안 날부터 90일 이내에 하여야 한다.

③ 심사청구서를 받은 공단의 소속 기관은 5일 이내에 의견서를 첨부하여 공단에 보내야 하며, 보험급여 결정 등에 대하여는 행정심판법에 따른 행정심판을 제기할 수 없다.

(2) 산업재해보상보험심사위원회(제104조)

심사 청구를 심의하기 위하여 근로복지공단에 관계 전문가 등으로 구성되는 산업재해보상보험심사위원회를 둔다.

3) 재심사청구(제106조) ★★

(1) 재심사의 청구

① 심사청구에 대한 결정에 불복하는 자는 산업재해보상보험재심사위원회에 재심사청구를 할 수 있다. 다만, 판정위원회의 심의를 거친 보험급여에 관한 결정에 불복하는 자는 심사 청구를 하지 아니하고 재심사 청구를 할 수 있다.

② 재심사청구는 그 보험급여 결정 등을 한 공단의 소속 기관을 거쳐 산업재해보상보험재심사위원회에 제기하여야 한다.

③ 재심사청구는 심사 청구에 대한 결정이 있음을 안 날부터 90일 이내에 제기하여야 한다. 다만, 심사 청구를 거치지 아니하고 재심사 청구를 하는 경우에는 보험급여에 관한 결정이 있음을 안 날부터 90일 이내에 제기하여야 한다.

(2) 산업재해보상보험재심사위원회(제107조)

① 재심사 청구를 심리 · 재결하기 위하여 고용노동부에 산업재해보상보험재심사위원회를 두며, 위원장 1명을 포함한 60명 이내의 위원으로 구성하되, 위원 중 2명은

상임위원으로, 1명은 당연직위원으로 한다.

② 재심사위원회의 위원 중 5분의 2에 해당하는 위원은 근로자 단체 및 사용자 단체가 각각 추천하는 자로 구성한다. 이 경우 근로자 단체 및 사용자 단체가 추천한 자는 같은 수로 하여야 한다.

③ 재심사위원회의 위원장 및 위원은 고용노동부장관의 제청으로 대통령이 임명한다. 다만, 당연직위원은 고용노동부장관이 소속 3급의 일반직 공무원 또는 고위공무원단에 속하는 일반직 공무원 중에서 지명하는 자로 한다.

④ 재심사위원회 위원의 임기는 3년으로 하되 연임할 수 있고, 위원장이나 위원의 임기가 끝난 경우 그 후임자가 임명될 때까지 그 직무를 수행한다.

4) 시효(제112조) ★★

(1) 다음의 권리는 3년간 행사하지 아니하면 시효로 소멸한다.

① 보험급여를 받을 권리, 산재보험 의료기관의 권리, 약국의 권리

② 보험가입자의 권리, 국민건강보험공단 등의 권리

(2) 소멸시효에 관하여는 이 법에 규정된 것 외에는 민법에 따른다.

01) 산업재해보상보험법상 보험급여의 종류별로 명시되지 않은 것은? (17회 기출)

① 휴업급여　　　　　② 구직급여　　　　　③ 유족급여
④ 상병보상연금　　　⑤ 장해급여

☞ 해설: 산업재해보상보험법 제36조(보험급여의 종류와 산정 기준 등) 참조
• 산재보험급여의 종류: 요양급여, 휴업급여, 장해급여, 간병급여, 유족급여, 직업재활급여상병(傷病) 보상연금, 장의비(葬儀費) 등
• 구직급여는 고용보험법상 급여의 종류에 해당된다.

정답 ②

02) 산업재해보상보험법상 용어에 관한 설명으로 옳지 않은 것은? (15회 기출)
① 업무상의 사유에 따른 근로자의 부상 · 질병 · 장해 또는 사망은 업무상의 재해이다.
② 근로자란 근로기준법에 따른 근로자를 말한다.
③ 사실혼 관계에 있는 배우자는 유족에 포함되지 않는다.
④ 치유란 부상 또는 질병이 완치되거나 치료의 효과를 더 이상 기대할 수 없고 그 증상이 고정된 상태에 이르게 된 것을 말한다.
⑤ 진폐(塵肺)란 분진을 흡입하여 폐에 생기는 섬유증식성(纖維增殖性) 변화를 주된 증상으로 하는 질병을 말한다.

☞ 해설: 산업재해보상보험법 제5조(정의) 참조
1. "업무상의 재해"란 업무상의 사유에 따른 근로자의 부상 · 질병 · 장해 또는 사망을 말함
2. "근로자"란 근로기준법에 따른 근로자를 말함
3. "유족"이란 사망한 자의 배우자(사실상 혼인 관계에 있는 자 포함) · 자녀 · 부모 · 손자녀 · 조부모 또는 형제자매를 말함

4. "치유"란 부상 또는 질병이 완치되거나 치료의 효과를 더 이상 기대할 수 없고 그 증상이 고정된 상태에 이르게 된 것을 말함

5. "장해"란 부상 또는 질병이 치유되었으나 정신적 또는 육체적 훼손으로 인하여 노동능력이 상실되거나 감소된 상태를 말함

6. "중증요양상태"란 업무상의 부상 또는 질병에 따른 정신적 또는 육체적 훼손으로 노동능력이 상실되거나 감소된 상태로서 그 부상 또는 질병이 치유되지 아니한 상태를 말함

7. "진폐(塵肺)"란 분진을 흡입하여 폐에 생기는 섬유증식성(纖維增殖性) 변화를 주된 증상으로 하는 질병을 말함

8. "출퇴근"이란 취업과 관련하여 주거와 취업장소 사이의 이동 또는 한 취업 장소에서 다른 취업 장소로의 이동을 말함

정답 ③

제11장
|
고용보험법

1. 고용보험법의 개요

1) 목적(제1조)
이 법은 고용보험의 시행을 통하여 실업의 예방, 고용의 촉진 및 근로자의 직업능력의 개발과 향상을 꾀하고, 국가의 직업지도와 직업소개 기능을 강화하며, 근로자가 실업한 경우에 생활에 필요한 급여를 실시하여 근로자의 생활안정과 구직 활동을 촉진함으로써 경제·사회 발전에 이바지하는 것을 목적으로 한다.

2) 용어의 정의(제2조) ★★★
① 피보험자: 고용보험 및 산업재해보상보험의 보험료징수 등에 관한 법률에 따라 보험에 가입되거나 가입된 것으로 보는 근로자, 보험료징수법에 따라 고용보험에 가입하거나 가입된 것으로 보는 자영업자를 말한다.
② 이직(離職): 피보험자와 사업주 사이의 고용관계가 끝나게 되는 것을 말한다.
③ 실업: 근로의사와 능력이 있음에도 불구하고 취업하지 못한 상태에 있는 것을 말한다.

④ 실업의 인정: 직업안정기관의 장이 수급자격자가 실업한 상태에서 적극적으로 직업을 구하기 위하여 노력하고 있다고 인정하는 것을 말한다.

⑤ 보수: 소득세법에 따른 근로소득에서 대통령령으로 정하는 금품을 뺀 금액을 말한다.

⑥ 일용근로자: 1개월 미만 동안 고용되는 자를 말한다.

3) 가입대상 ★★★

(1) 적용 범위(제8조)

이 법은 근로자를 사용하는 모든 사업 또는 사업장에 적용한다. 다만, 산업별 특성 및 규모 등을 고려하여 대통령령으로 정하는 사업에 대하여는 적용하지 아니한다.

(2) 적용 제외(제10조)

① 65세 이후에 고용되거나 자영업을 개시한 자(고용안정 · 직업능력개발 사업은 적용)

② 소정(所定)근로시간이 대통령령으로 정하는 시간 미만인 자

③ 국가공무원법과 지방공무원법에 따른 공무원

④ 사립학교교직원 연금법의 적용을 받는 자와 그 밖에 대통령령으로 정하는 자

4) 피보험자 ★★★

(1) 피보험자격의 취득일(제13조)

① 피보험자는 이 법이 적용되는 사업에 고용된 날에 피보험자격을 취득한다. 다만, 다음의 경우에는 각각 그 해당되는 날에 피보험자격을 취득한 것으로 본다.

  - 적용 제외 근로자였던 자가 이 법의 적용을 받게 된 경우에는 그 적용을 받게 된 날
  - 보험료징수법에 따른 보험관계 성립일 전에 고용된 근로자의 경우에는 그 보험관계가 성립한 날

② 자영업자인 피보험자는 보험관계가 성립한 날에 피보험자격을 취득한다.

(2) 피보험자격의 상실일(제14조)

① 피보험자는 다음의 어느 하나에 해당하는 날에 각각 그 피보험자격을 상실한다.

- 피보험자가 이직한 경우에는 이직한 날의 <u>다음 날</u>
- 피보험자가 사망한 경우에는 사망한 날의 <u>다음 날</u>
- 피보험자가 적용제외 근로자에 해당하게 된 경우에는 그 적용 제외 대상자가 된 날
- 보험료징수법에 따라 보험관계가 소멸한 경우에는 그 보험관계가 소멸한 날

② 자영업자인 피보험자는 보험료징수법의 규정에 따라 보험관계가 소멸한 날에 피보험자격을 상실한다.

2. 고용보험의 급여

1) 고용안정 · 직업능력개발사업

고용노동부장관은 피보험자 및 피보험자였던 자, 그 밖에 취업할 의사를 가진 자에 대한 실업의 예방, 취업의 촉진, 고용기회의 확대, 직업능력개발 · 향상의 기회 제공 및 지원, 그 밖에 고용안정과 사업주에 대한 인력 확보를 지원하기 위하여 고용안정 · 직업능력개발 사업을 실시한다.

2) 실업급여의 종류(제37조): 구직급여, 취업촉진수당 ★★★

① <u>구직급여</u>: 구직급여, 연장급여(훈련연장급여, 개별연장급여, 특별연장급여)
② <u>취업촉진수당</u>: 조기(早期)재취업수당, 직업능력개발수당, 광역구직활동비, 이주비

3) 구직급여 ★★★★

(1) 구직급여의 수급요건(제40조)

① 이직일 이전 <u>18개월간</u> 피보험 단위기간이 통산(通算)하여 <u>180일</u> 이상일 것
② 근로의 의사와 능력이 있음에도 불구하고 취업하지 못한 상태에 있을 것
③ 이직사유가 수급자격의 제한 사유에 해당하지 아니할 것
④ 재취업을 위한 노력을 적극적으로 할 것

⑤ 수급자격 인정신청일 이전 1개월 동안 근로일수가 10일 미만일 것(일용근로자였던 자)

⑥ 최종 이직일 이전 기준기간의 피보험 단위기간 180일 중 다른 사업에서 수급자격의 제한 사유에 해당하는 사유로 이직한 사실이 있는 경우에는 그 피보험 단위기간 중 90일 이상을 일용근로자로 근로하였을 것(일용근로자였던 자)

(2) 피보험 단위기간(제41조)

피보험 단위기간은 피보험기간 중 보수 지급의 기초가 된 날을 합하여 계산한다. 다만, 자영업자인 피보험자의 피보험 단위기간은 그 수급자격과 관련된 폐업당시의 적용사업에의 보험가입 중에서 실제로 납부한 고용보험료에 해당하는 기간으로 한다.

(3) 실업의 신고(제42조)

구직급여를 지급받으려는 자는 이직 후 지체 없이 직업안정기관에 출석하여 실업을 신고하여야 하며, 실업의 신고에는 구직 신청과 수급자격의 인정신청을 포함하여야 한다.

(4) 수급자격의 인정(제43조)

구직급여를 지급받으려는 자는 직업안정기관의 장으로부터 수급 요건을 갖추었다는 사실의 인정을 받아야 한다.

(5) 실업의 인정(제44조)

구직급여는 수급자격자가 실업한 상태에 있는 날 중에서 직업안정기관의 장으로부터 실업의 인정을 받은 날에 대하여 지급한다.

(6) 급여의 기초가 되는 임금일액(제45조)

구직급여의 산정 기초가 되는 임금일액은 수급자격의 인정과 관련된 마지막 이직 당시 근로기준법에 따라 산정된 평균임금으로 한다.

(7) 구직급여일액(제46조)

① 그 수급자격자의 기초일액에 100분의 60을 곱한 금액

② 구직급여일액이 최저구직급여일액보다 낮은 경우에는 최저구직급여일액을 그 수급자격자의 구직급여일액으로 한다.

(8) 수급기간 및 수급일수(제48조)

구직급여는 이 법에 따로 규정이 있는 경우 외에는 그 구직급여의 수급자격과 관련된 이직일의 다음 날부터 계산하기 시작하여 12개월 내에 소정급여일수를 한도로 하여 지급한다.

(9) 대기기간(제49조)

실업의 신고일 부터 계산하기 시작하여 7일간은 대기기간으로 보아 구직급여를 지급하지 아니한다.

(10) 소정급여일수 및 피보험기간(제50조)

① 하나의 수급자격에 따라 구직급여를 지급받을 수 있는 날(소정급여일수)은 대기기간이 끝난 다음날부터 계산하기 시작하여 피보험기간과 연령에 따라 정한 일수가 되는 날까지로 한다.

② 수급자격자가 소정급여일수 내에 임신·출산·육아, 그 밖에 대통령령으로 정하는 사유로 수급기간을 연장한 경우에는 그 기간만큼 구직급여를 유예하여 지급한다.

③ 피보험기간은 그 수급자격과 관련된 이직 당시의 적용 사업에서 고용된 기간으로 한다. 다만, 자영업자인 피보험자의 경우에는 그 수급자격과 관련된 폐업 당시의 적용 사업에의 보험가입기간 중에서 실제로 납부한 고용보험료에 해당하는 기간으로 한다.

(11) 이직사유에 따른 수급자격의 제한(제58조)

중대한 귀책사유(歸責事由)로 해고된 피보험자, 자기사정으로 이직한 피보험자 등

4) 연장급여 ★★★

① 훈련연장급여(제51조)

직업안정기관의 장은 수급자격자의 연령 · 경력 등을 고려할 때 재취업을 위하여 직업능력개발 훈련 등이 필요하면 그 수급자격자에게 직업능력개발 훈련 등을 받도록 지시할 수 있으며, 지급기간은 대통령령으로 정하는 기간을 한도로 한다.

② 개별연장급여(제52조)

직업안정기관의 장은 취업이 특히 곤란하고 생활이 어려운 수급자격자로서 대통령령으로 정하는 자에게는 60일의 범위 내에서 그가 실업의 인정을 받은 날에 대하여 소정급여일수를 초과하여 구직급여를 연장하여 지급할 수 있다.

③ 특별연장급여(제53조)

고용노동부장관은 실업의 급증 등 대통령령으로 정하는 사유가 발생한 경우에는 60일의 범위에서 수급자격자가 실업의 인정을 받은 날에 대하여 소정급여일수를 초과하여 구직급여를 연장하여 지급할 수 있다.

5) 취업촉진수당 ★★★

① 조기재취업수당(제64조)

수급자격자가 안정된 직업에 재취직하거나 스스로 영리를 목적으로 하는 사업을 영위하는 경우로서 대통령령으로 정하는 기준에 해당하면 지급한다.

② 직업능력개발수당(제65조)

수급자격자가 직업안정기관의 장이 지시한 직업능력개발 훈련 등을 받는 경우에 그 직업능력개발 훈련 등을 받는 기간에 대하여 지급한다.

③ 광역구직활동비(제66조)

수급자격자가 직업안정기관의 소개에 따라 광범위한 지역에 걸쳐 구직 활동을 하는 경우로서 대통령령으로 정하는 기준에 따라 직업안정기관의 장이 필요하다고 인정하면 지급할 수 있다.

④ 이주비(제67조)

수급자격자가 취업하거나 직업안정기관의 장이 지시한 직업능력개발 훈련 등을 받기 위하여 그 주거를 이전하는 경우로서 대통령령으로 정하는 기준에 따라 직업안정기관의 장이 필요하다고 인정하면 지급할 수 있다.

> **※ 상병급여(傷病給與) [질병 등의 특례(제63조)]**
> 수급자격자가 실업의 신고를 한 이후에 질병·부상 또는 출산으로 취업이 불가
> 능하여 실업의 인정을 받지 못한 날에 대하여는 그 수급자격자의 청구에 의하여
> 구직급여일액에 해당하는 금액을 구직급여에 갈음하여 지급할 수 있다. 다만,
> 구직급여의 지급이 정지된 기간에 대하여는 상병급여를 지급하지 아니한다.

6) 육아휴직급여(제70조) ★★★

① 고용노동부장관은 남녀고용평등과 일·가정 양립 지원에 관한 법률에 따른 육아
휴직을 30일 이상 부여받은 피보험자 중 다음의 요건을 모두 갖춘 피보험자에게
육아휴직급여를 지급한다.
   - 육아휴직을 시작한 날 이전에 피보험 단위기간이 통산하여 180일 이상일 것
   - 같은 자녀에 대하여 피보험자인 배우자가 30일 이상의 육아휴직을 부여받지 아
   니하거나 남녀고용평등과 일·가정 양립지원에 관한 법률에 따른 육아기 근로
   시간 단축을 30일 이상 실시하지 아니하고 있을 것
② 육아휴직 급여를 지급받으려는 사람은 육아휴직을 시작한 날 이후 1개월부터 끝
난 날 이후 12개월 이내에 신청하여야 한다.

7) 육아기 근로시간 단축 급여(제73조의2) ★★

① 고용노동부장관은 육아기 근로시간 단축을 30일 이상 실시한 피보험자 중 다음의
요건을 모두 갖춘 피보험자에게 육아기 근로시간 단축 급여를 지급한다.
② 육아기근로시간 단축을 시작한 날 이전에 피보험 단위기간이 통산하여 180일 이
상일 것
③ 육아기 근로시간 단축 급여를 지급받으려는 사람은 육아기 근로시간 단축을 시작
한 날 이후 1개월부터 끝난 날 이후 12개월 이내에 신청하여야 한다.

8) 출산전후휴가 급여(제75조) ★★

(1) 개요

고용노동부장관은 남녀고용평등과 일·가정 양립 지원에 관한 법률에 따라 피보험자가 근로기준법에 따른 출산전후휴가 또는 유산·사산휴가를 받은 경우로써 다음의 요건을 모두 갖춘 경우에 출산전후휴가 급여 등을 지급한다.

① 휴가가 끝난 날 이전에 따른 피보험 단위기간이 통산하여 180일 이상일 것

② 휴가를 시작한 날 이후 1개월부터 휴가가 끝난 날 이후 12개월 이내에 신청할 것

(2) 지급 기간 등(제76조)

① 출산전후휴가 급여 등은 근로기준법에 따른 휴가 기간에 대하여 근로기준법의 통상임금에 해당하는 금액을 지급한다. 다만, 근로자의 수 등이 대통령령으로 정하는 기준에 해당하는 기업이 아닌 경우에는 휴가 기간 중 60일(한 번에 둘 이상의 자녀를 임신한 경우에는 75일)을 초과한 일수로 한정한다.

② 출산전후휴가 급여 등의 지급 금액은 대통령령으로 정하는 바에 따라 그 상한액과 하한액을 정할 수 있다.

※ 자영업자인 피보험자에 대한 실업급여 적용의 특례 ★★

자영업자인 피보험자의 실업급여의 종류(제69조의2): 자영업자인 피보험자의 실업급여의 종류는 구직급여와 취업촉진수당이 있다. 다만, 연장급여와 조기재취업수당은 제외한다.

---

3. 고용보험의 재원 등

1) 보험료(제6조)

① 이 법에 따른 보험사업에 드는 비용을 충당하기 위하여 징수하는 보험료와 그 밖의 징수금에 대하여는 보험료징수법으로 정하는 바에 따른다.

② 보험료징수법에 따라 징수된 고용안정·직업능력개발 사업의 보험료 및 실업급여의 보험료는 각각 그 사업에 드는 비용에 충당한다. 다만, 실업급여의 보험료는 육

아휴직 급여 및 출산전·후 휴가 급여 등에 드는 비용에 충당할 수 있다.

③ 자영업자인 피보험자로부터 보험료징수법에 따라 징수된 고용안정·직업능력개
발 사업의 보험료 및 실업급여의 보험료는 각각 자영업자인 피보험자를 위한 그
사업에 드는 비용에 충당한다.

2) 국고의 부담(제5조)

국가는 매년 보험사업에 드는 비용의 일부를 일반회계에서 부담하여야 하며, 예산의
범위에서 보험사업의 관리·운영에 드는 비용을 부담할 수 있다.

3) 고용보험기금

(1) 기금의 설치 및 조성(제78조)

고용노동부장관은 보험사업에 필요한 재원에 충당하기 위하여 고용보험기금을 설치하
며, 기금은 보험료와 징수금·적립금·기금운용 수익금과 그 밖의 수입으로 조성한다.

(2) 기금의 관리·운용(제79조)

기금은 고용노동부장관이 관리·운용하며, 기금의 관리·운용에 관한 세부 사항은
국가재정법의 규정에 따른다.

4. 관리운영체계 및 수급자의 권리보호 등

1) 관리운영체계 ★★

(1) 보험의 관장(제3조)

고용보험은 고용노동부장관이 관장한다.

(2) 고용보험위원회(제7조)

이 법 및 보험료징수법의 시행에 관한 주요 사항을 심의하기 위하여 고용노동부에 고
용보험위원회를 둔다.

① 고용보험위원회의 심의사항

보험제도 및 보험사업의 개선에 관한 사항, 보험료징수법에 따른 보험료율의 결정에 관한 사항, 보험사업의 평가에 관한 사항, 기금운용 계획의 수립 및 기금의 운용 사항 등

② 고용보험위원회의 구성

- 위원회는 위원장 1명을 포함한 20명 이내의 위원으로 구성하며, 위원회의 위원장은 고용노동부차관이 된다.
- 위원은 근로자를 대표하는 사람, 사용자를 대표하는 사람, 공익을 대표하는 사람, 정부를 대표하는 사람 중에서 각각 같은 수(數)로 고용노동부장관이 임명하거나 위촉하는 사람이 된다.

2) 고용보험수급자의 권리보호 등 ★★★

(1) 심사청구와 재심사 청구(제87조)

① 피보험자격의 취득·상실에 대한 확인, 실업급여 및 육아휴직 급여와 출산전후휴가 급여 등에 관한 처분에 이의가 있는 자는 고용심사관에게 심사청구를 할 수 있고, 그 결정에 이의가 있는 자는 고용보험심사위원회에 재심사청구를 할 수 있다.

② 심사의 청구는 처분이 있음을 안 날부터 90일 이내에, 재심사의 청구는 심사청구에 대한 결정이 있음을 안 날부터 90일 이내에 각각 제기하여야 한다.

(2) 수급권의 보호

① 수급권의 보호(제38조): 실업급여를 받을 권리는 양도 또는 압류하거나 담보로 제공할 수 없다. 지정된 실업급여수급계좌의 예금 중 대통령령으로 정하는 액수 이하의 금액에 관한 채권은 압류할 수 없다.

② 불이익 처우의 금지(제105조): 사업주는 근로자가 확인의 청구를 한 것을 이유로 그 근로자에게 해고나 그 밖의 불이익한 처우를 하여서는 아니 된다.

③ 소멸시효(제107조): 지원금·실업급여·육아휴직 급여 또는 출산전후휴가 급여 등을 지급받거나 그 반환을 받을 권리는 3년간 행사하지 아니하면 시효로 소멸한다.

01) 고용보험법의 내용으로 옳지 않은 것은? (17회 기출)

① 일용근로자는 1개월 미만 동안 고용되는 자를 말한다.

② 실업급여에는 취업촉진수당이 포함되지 않는다.

③ 실업이란 근로의 의사와 능력이 있음에도 불구하고 취업하지 못한 상태에 있는 것을 말한다.

④ 구직급여를 지급받으려는 자는 이직 후 지체없이 직업안정기관에 출석하여 실업을 신고하여야 한다.

⑤ 65세 이후에 고용되거나 자영업을 개시한 자에 대한 고용안정 및 직업능력개발 사업에 관하여는 이 법을 적용한다.

☞ 해설: 고용보험법 제37조(실업급여의 종류) 참조

• 실업급여: 구직급여, 취업촉진수당

• 취업촉진수당: 조기(早期)재취업수당, 직업능력개발 수당, 광역 구직활동비, 이주비

정답 ②

02) 다음은 고용보험법상 이직한 피보험자의 구직급여 수급요건 중 하나이다. (   )에 들어갈 숫자를 옳게 짝지은 것은? (16회 기출)

이직일 이전 (ㄱ)개월간 피보험 단위기간이 통산하여 (ㄴ)일 이상일 것

① ㄱ: 6, ㄴ: 90

② ㄱ: 6, ㄴ: 120

③ ㄱ: 10, ㄴ: 180

④ ㄱ: 18, ㄴ: 120

⑤ ㄱ: 18, ㄴ: 180

☞ 해설: 고용보험법 제40조(구직급여의 수급 요건) 제1항 제1호 참조

- 이직일 이전 18개월간 제41조에 따른 피보험 단위기간이 통산(通算)하여 180일 이상일 것

정답 ⑤

1. 노인장기요양보험법의 개요

1) 목적(제1조)

고령이나 노인성 질병 등의 사유로 일상생활을 혼자서 수행하기 어려운 노인 등에게 제공하는 신체활동 또는 가사활동 지원 등의 장기요양급여에 관한 사항을 규정하여 노후의 건강증진 및 생활안정을 도모하고 그 가족의 부담을 덜어줌으로써 국민의 삶의 질을 향상하도록 함을 목적으로 한다.

2) 용어의 정의(제2조) ★★★

① 노인 등: 65세 이상의 노인 또는 65세 미만의 자로서 치매 · 뇌혈관성질환 등 대통령령으로 정하는 노인성 질병을 가진 자를 말한다.

② 장기요양급여: 6개월 이상 동안 혼자서 일상생활을 수행하기 어렵다고 인정되는 자에게 신체활동 · 가사활동의 지원 또는 간병 등의 서비스나 이에 갈음하여 지급하는 현금 등을 말한다.

③ 장기요양사업: 장기요양보험료, 국가 및 지방자치단체의 부담금 등을 재원으로 하

여 노인 등에게 장기요양급여를 제공하는 사업을 말한다.

④ 장기요양기관: 제31조에 따른 지정을 받은 기관으로서 장기요양급여를 제공하는 기관을 말한다.

⑤ 장기요양요원: 장기요양기관에 소속되어 노인 등의 신체활동 또는 가사활동 지원 등의 업무를 수행하는 자를 말한다.

3) 장기요양급여 제공의 기본원칙(제3조) ★★

① 장기요양급여는 노인 등이 자신의 의사와 능력에 따라 최대한 자립적으로 일상생활을 수행할 수 있도록 제공하여야 한다.

② 장기요양급여는 노인 등의 심신상태·생활환경과 노인 등 및 그 가족의 욕구·선택을 종합적으로 고려하여 필요한 범위 안에서 이를 적정하게 제공하여야 한다.

③ 장기요양급여는 노인 등이 가족과 함께 생활하면서 가정에서 장기요양을 받는 재가급여를 우선적으로 제공하여야 한다.

④ 장기요양급여는 노인 등의 심신상태나 건강 등이 악화되지 아니하도록 의료서비스와 연계하여 이를 제공하여야 한다.

4) 장기요양기본계획(제6조)

보건복지부장관은 노인 등에 대한 장기요양급여를 원활하게 제공하기 위하여 5년 단위로 연도별 장기요양급여 대상인원 및 재원조달계획과 장기요양기관 및 장기요양 전문인력 관리방안 등이 포함된 장기요양기본계획을 수립·시행하여야 한다.

5) 실태조사(제6조의 2)

보건복지부장관은 장기요양사업의 실태를 파악하기 위하여 3년마다 장기요양인정에 관한 사항 등에 관한 조사를 정기적으로 실시하고 그 결과를 공표하여야 한다.

6) 장기요양보험의 가입자(제7조) ★★

① 장기요양보험의 가입자는 국민건강보험법에 따른 가입자로 한다.

② 공단은 외국인근로자의 고용 등에 관한 법률에 따른 외국인근로자 등 대통령령으

로 정하는 외국인이 신청하는 경우 보건복지부령으로 정하는 바에 따라 장기요양
보험가입자에서 제외할 수 있다.

7) 보험료의 징수(제8조)

① 공단은 장기요양사업에 사용되는 비용에 충당하기 위하여 장기요양보험료를 징수
한다.

② 장기요양보험료는 국민건강보험법에 따른 보험료와 통합하여 징수한다. 이 경우
공단은 장기요양보험료와 건강보험료를 구분하여 고지하여야 한다.

③ 공단은 통합징수한 장기요양보험료와 건강보험료를 각각의 독립회계로 관리하여
야 한다.

8) 국가의 부담(제58조) ★★

① 국가는 매년 예산의 범위 안에서 당해 연도 장기요양보험료 예상수입액의 <u>100분
의 20</u>에 상당하는 금액을 공단에 지원한다.

② 국가와 지방자치단체는 대통령령으로 정하는 바에 따라 의료급여수급권자의 장기
요양급여비용, 의사소견서 발급비용, 방문간호지시서 발급비용 중 공단이 부담하
여야 할 비용 및 관리운영비의 전액을 부담한다.

2. 장기요양인정 등

1) 장기요양인정의 신청자격(제12조)

장기요양보험가입자 또는 그 피부양자, 의료급여법에 따른 수급권자

2) 장기요양인정의 신청 및 조사 ★★★

① 장기요양인정의 신청(제13조)

장기요양인정을 신청하는 자는 공단에 보건복지부령으로 정하는 바에 따라 장기요양
인정신청서에 의사 또는 한의사가 발급하는 소견서를 첨부하여 제출하여야 한다.

② 장기요양인정 신청의 조사(제14조)

공단은 신청서를 접수한 때 보건복지부령으로 정하는 바에 따라 소속 직원으로 하여금 다음의 사항을 조사하게 하여야 한다. 다만, 지리적 사정 등으로 직접 조사하기 어려운 경우 또는 조사에 필요하다고 인정하는 경우 특별자치도·시·군·구에 대하여 조사를 의뢰하거나 공동으로 조사할 것을 요청할 수 있다.

– 신청인의 심신상태, 신청인에게 필요한 장기요양급여의 종류 및 내용
– 그 밖에 장기요양에 관하여 필요한 사항으로서 보건복지부령으로 정하는 사항

3) 등급판정 등 ★★★

(1) 등급판정 등(제15조)

① 공단은 조사가 완료된 때 조사결과서, 신청서, 의사소견서, 그 밖에 심의에 필요한 자료를 등급판정위원회에 제출하여야 한다.

② 등급판정위원회는 신청인이 신청자격요건을 충족하고 6개월 이상 동안 혼자서 일상생활을 수행하기 어렵다고 인정하는 경우 심신상태 및 장기요양이 필요한 정도 등 대통령령으로 정하는 등급판정기준에 따라 수급자로 판정한다.

③ 등급판정위원회는 제2항에 따라 심의·판정을 하는 때 신청인과 그 가족, 의사소견서를 발급한 의사 등 관계인의 의견을 들을 수 있다.

④ 공단은 장기요양급여를 받고 있거나 받을 수 있는 자가 다음의 어느 하나에 해당하는 것으로 의심되는 경우에는 조사하여 그 결과를 등급판정위원회에 제출하여야 한다.

– 거짓이나 그 밖의 부정한 방법으로 장기요양인정을 받은 경우
– 고의로 사고를 발생하도록 하거나 본인의 위법행위에 기인하여 장기요양인정을 받은 경우

⑤ 등급판정위원회는 제4항에 따라 제출된 조사 결과를 토대로 제2항에 따라 다시 등급판정을 할 수 있다.

(2) 장기요양등급판정기간(제16조)

① 등급판정위원회는 신청인이 신청서를 제출한 날부터 30일 이내에 장기요양등급판

정을 완료하여야 한다. 다만, 신청인에 대한 정밀조사가 필요한 경우 등 기간 이내에 등급판정을 완료할 수 없는 부득이한 사유가 있는 경우 30일 이내의 범위에서 이를 연장할 수 있다.

(3) 장기요양인정서(제17조)
① 공단은 등급판정위원회가 장기요양인정 및 등급판정의 심의를 완료한 경우 지체 없이 다음의 사항이 포함된 장기요양인정서를 작성하여 수급자에게 송부하여야 한다.
  - 장기요양등급, 장기요양급여의 종류 및 내용
  - 그 밖에 장기요양급여에 관한 사항으로서 보건복지부령으로 정하는 사항
② 공단은 장기요양인정서를 송부하는 때 장기요양급여를 원활히 이용할 수 있도록 월 한도액 범위 안에서 표준장기요양이용계획서를 작성하여 이를 함께 송부하여야 한다.

3. 장기요양급여 및 장기요양기관

1) 장기요양급여 제공의 기본원칙(제3조)
① 장기요양급여는 노인 등의 심신상태·생활환경과 노인 등 및 그 가족의 욕구·선택을 종합적으로 고려하여 필요한 범위 안에서 이를 적정하게 제공하여야 한다.
② 장기요양급여는 노인 등이 가족과 함께 생활하면서 가정에서 장기요양을 받는 재가급여를 우선적으로 제공하여야 하며, 노인 등의 심신 상태나 건강 등이 악화되지 아니하도록 의료서비스와 연계하여 이를 제공하여야 한다.

2) 급여의 종류 ★★★★
(1) 재가급여
① 방문요양: 장기요양요원이 수급자의 가정 등을 방문하여 신체활동 및 가사활동 등을 지원하는 장기요양급여를 말한다.

② 방문목욕: 장기요양요원이 목욕설비를 갖춘 장비를 이용하여 수급자의 가정 등을 방문하여 목욕을 제공하는 장기요양급여를 말한다.

③ 방문간호: 장기요양요원인 간호사 등이 의사, 한의사 또는 치과의사의 지시서에 따라 수급자의 가정 등을 방문하여 간호, 진료의 보조, 요양에 관한 상담 또는 구강위생 등을 제공하는 장기요양급여를 말한다.

④ 주·야간보호: 수급자를 하루 중 일정한 시간 동안 장기요양기관에 보호하여 신체활동 지원 및 심신기능의 유지·향상을 위한 교육·훈련 등을 제공하는 장기요양급여를 말한다.

⑤ 단기보호: 수급자를 보건복지부령으로 정하는 범위 안에서 일정 기간 동안 장기요양기관에 보호하여 신체활동 지원 및 심신기능의 유지·향상을 위한 교육·훈련 등을 제공하는 장기요양급여를 말한다.

⑥ 기타 재가급여: 수급자의 일상생활·신체활동 지원 및 인지기능의 유지·향상에 필요한 용구를 제공하거나 가정을 방문하여 재활에 관한 지원 등을 제공하는 장기요양급여로서 대통령령으로 정하는 것을 말한다.

(2) 시설급여

장기요양기관에 장기간 동안 입소한 수급자에게 신체활동 지원 및 심신기능의 유지·향상을 위한 교육·훈련 등을 제공하는 장기요양급여를 말한다.

(3) 특별현금급여

① 가족요양비(제24조): 공단은 다음의 어느 하나에 해당하는 수급자가 가족 등으로부터 방문요양에 상당한 장기요양급여를 받은 때 대통령령으로 정하는 기준에 따라 당해 수급자에게 가족요양비를 지급할 수 있다.

- 도서·벽지 등 장기요양기관이 현저히 부족한 지역으로서 보건복지부장관이 정하여 고시하는 지역에 거주하는 자
- 천재지변이나 그 밖에 이와 유사한 사유로 인하여 장기요양기관이 제공하는 장기요양급여를 이용하기가 어렵다고 보건복지부장관이 인정하는 자
- 신체·정신 또는 성격 등 대통령령으로 정하는 사유로 인하여 가족 등으로부터

장기요양을 받아야 하는 자

② **특례요양비**(제25조): 공단은 수급자가 장기요양기관이 아닌 노인요양시설 등의 기관 또는 시설에서 재가급여 또는 시설급여에 상당한 장기요양급여를 받은 경우 대통령령으로 정하는 기준에 따라 당해 장기요양급여비용의 일부를 당해 수급자에게 특례요양비로 지급할 수 있다.

③ **요양병원간병비**(제26조): 공단은 수급자가 의료법에 따른 요양병원에 입원한 때 대통령령으로 정하는 기준에 따라 장기요양에 사용되는 비용의 일부를 요양병원간병비로 지급할 수 있다.

3) 재가 및 시설급여비용 ★★★

(1) 재가 및 시설급여비용의 청구 및 지급 등(제38조)

① 장기요양기관은 수급자에게 재가급여 또는 시설급여를 제공한 경우 공단에 장기요양급여비용을 청구하여야 한다.

② 공단은 장기요양기관으로부터 재가 또는 시설 급여비용의 청구를 받은 경우 이를 심사하여 장기요양에 사용된 비용 중 공단부담금을 당해 장기요양기관에 지급하여야 한다.

③ 공단은 장기요양기관의 장기요양급여평가 결과에 따라 장기요양급여비용을 가산 또는 감액 조정하여 지급할 수 있다.

(2) 본인부담금(제40조)

① 재가 및 시설 급여비용은 다음과 같이 수급자가 부담한다. 다만, 수급자 중 의료급여법에 따른 수급자는 그러하지 아니하다.
   - 재가급여: 당해 장기요양급여비용의 <u>100분의 15</u>
   - 시설급여: 당해 장기요양급여비용의 <u>100분의 20</u>

② 다음에 해당하는 자에 대하여는 본인부담금의 <u>100분의 60의 범위</u>에서 보건복지부장관이 정하는 바에 따라 차등하여 감경할 수 있다.
   - 의료급여법의 규정에 따른 수급권자
   - 소득·재산 등이 보건복지부장관이 정하여 고시하는 일정 금액 이하인 자. 다

만, 도서 · 벽지 · 농어촌 등의 지역에 거주하는 자에 대하여 따로 금액을 정할 수 있다.

- 천재지변 등 보건복지부령으로 정하는 사유로 인하여 생계가 곤란한 자

4) 장기요양기관 ★★

(1) 장기요양기관의 지정(제31조)

① 재가급여 또는 시설급여를 제공하는 장기요양기관을 운영하려는 자는 소재지를 관할 구역으로 하는 특별자치시장 · 특별자치도지사 · 시장 · 군수 · 구청장으로부터 지정을 받아야 한다.

② 장기요양기관으로 지정받으려는 자는 보건복지부령으로 정하는 장기요양에 필요한 시설 및 인력을 갖추어야 한다.

(2) 장기요양기관 지정의 유효기간(제32조의3)

제31조에 따른 장기요양기관 지정의 유효기간은 지정을 받은 날부터 6년으로 한다.

(3) 급여 외 행위의 제공 금지(제28조의2)

수급자 또는 장기요양기관은 장기요양급여를 제공받거나 제공할 경우 다음의 행위를 요구하거나 제공하여서는 아니 된다.

① 수급자의 가족만을 위한 행위

② 수급자 또는 그 가족의 생업을 지원하는 행위

③ 그 밖에 수급자의 일상생활에 지장이 없는 행위

(4) 청문(제63조)

특별자치시장 · 특별자치도지사 · 시장 · 군수 · 구청장은 다음호의 어느 하나에 해당하는 처분 또는 공표를 하려는 경우에는 청문을 하여야 한다.

① 제37조 제1항에 따른 장기요양기관 지정취소 또는 업무정지명령

② 제37조의3에 따른 위반사실 등의 공표

③ 제37조의5 제1항에 따른 장기요양급여 제공의 제한 처분

4. 관리운영체계 및 수급자의 권리보호 등

1) 관리운영체계 ★★

(1) 관장 및 보험자(제7조)

장기요양보험사업은 보건복지부장관이 관장하며, 장기요양보험사업의 <u>보험자</u>는 건강보험공단으로 한다.

(2) 관리운영기관(제48조)

장기요양사업의 관리운영기관은 건강보험공단으로 하며, 장기요양보험가입자 및 그 피부양자와 의료급여수급권자의 자격관리, 장기요양보험료의 부과 · 징수, 신청인에 대한 조사, 등급판정위원회의 운영 및 장기요양등급 판정 등의 업무를 담당한다.

(3) 장기요양위원회의 설치(제45조)

보건복지부장관 소속으로 두며, 장기요양보험료율, 가족요양비, 특례요양비 및 요양병원간병비의 지급기준, 재가 및 시설 급여비용, 그 밖에 대통령령으로 정하는 주요사항을 심의한다.

(4) 등급판정위원회(제52조)

① 장기요양인정 및 장기요양등급 판정 등을 심의하기 위하여 건강보험공단에 장기요양등급판정위원회를 두며, 등급판정위원회는 특별자치도 · 시 · 군 · 구 단위로 설치한다.

② 위원의 임기는 3년으로 하되 한차례 연임할 수 있다.

2) 수급자의 권리보호 ★★

(1) <u>심사청구</u>(제55조)

① 장기요양인정 · 장기요양등급 · 장기요양급여 · 부당이득 · 장기요양급여비용 또는 장기요양보험료 등에 관한 공단의 처분에 이의가 있는 자는 공단에 심사청구를 할 수 있다.

② 심사청구는 그 처분이 있음을 안 날부터 90일 이내에 문서(「전자정부법」 제2조 제7호에 따른 전자문서를 포함한다)로 하여야 하며, 처분이 있은 날부터 180일을 경과하면 이를 제기하지 못한다. 다만, 정당한 사유로 그 기간에 심사청구를 할 수 없었음을 증명하면 그 기간이 지난 후에도 심사청구를 할 수 있다.

③ 공단은 심사청구 사항을 심사하기 위하여 공단에 장기요양심사위원회를 둔다.

(2) 재심사청구(제56조)

① 심사청구에 대한 결정에 불복하는 자는 결정처분을 받은 날부터 90일 이내에 장기요양재심사위원회에 재심사를 청구할 수 있다.

② 재심사위원회는 보건복지부장관 소속으로 두고, 위원장 1인을 포함한 20인 이내의 위원으로 구성한다.

③ 재심사위원회의 위원은 관계 공무원, 법학, 그 밖에 장기요양사업 분야의 학식과 경험이 풍부한 자 중에서 보건복지부장관이 임명 또는 위촉한다. 이 경우 공무원이 아닌 위원이 전체 위원의 과반수가 되도록 하여야 한다.

(3) 행정심판과의 관계(제56조의2)

① 재심사위원회의 재심사에 관한 절차에 관하여는 행정심판법을 준용한다.

② 재심사청구 사항에 대한 재심사위원회의 재심사를 거친 경우에는 행정심판법에 따른 행정심판을 청구할 수 없다.

(4) 수급권의 보호(제66조)

① 장기요양급여를 받을 권리는 양도 또는 압류하거나 담보로 제공할 수 없다.

② 특별현금급여 수급계좌의 예금에 관한 채권은 압류할 수 없다.

01) 노인장기요양보험법상 장기요양인정을 신청할 수 있는 자격을 모두 고른 것은?

(17회 기출)

> ㄱ. 65세 미만의 자로서 대통령령으로 정하는 노인성 질병을 가진 자로 의료급
>   여법 제3조 제1항에 따른 수급권자
> ㄴ. 대통령령으로 정하는 노인성 질병이 없는 65세 미만의 외국인으로서 국민건
>   강보험법 제19조에 따른 건강보험의 가입자
> ㄷ. 65세 이상의 노인으로 국민건강보험법 제5조에 따른 건강보험 가입자의 피
>   부양자

① ㄱ   ② ㄷ   ③ ㄱ, ㄴ   ④ ㄱ, ㄷ   ⑤ ㄱ, ㄴ, ㄷ

☞ 해설: 노인장기요양보험법 제12조(장기요양인정의 신청자격) 참조
• 장기요양인정을 신청할 수 있는 자는 노인 등으로서 장기요양보험가입자 또는 그
  피부양자, 의료급여법 제3조 제1항에 따른 수급권자의 자격을 갖추어야 한다.

정답 ④

02) 노인장기요양보험법상 다음은 어떤 장기요양급여에 관한 설명인가? (15회 기출)

> 수급자를 하루 중 일정한 시간 동안 장기요양기관에 보호하여 신체활동지원 및
> 심신기능의 유지·향상을 위한 교육·훈련 등을 제공하는 장기요양급여

① 방문요양   ② 방문간호   ③ 주·야간보호
④ 단기보호   ⑤ 기타재가급여

☞ 해설: 노인장기요양보험법 제23조(장기요양급여의 종류) 재가급여 참조
- 방문요양: 장기요양요원이 수급자의 가정 등을 방문하여 신체활동 및 가사활동 등을 지원하는 장기요양급여
- 방문목욕: 장기요양요원이 목욕설비를 갖춘 장비를 이용하여 수급자의 가정 등을 방문하여 목욕을 제공하는 장기요양급여
- 방문간호: 장기요양요원인 간호사 등이 의사, 한의사 또는 치과의사의 지시서에 따라 수급자의 가정 등을 방문하여 간호, 진료의 보조, 요양에 관한 상담 또는 구강위생 등을 제공하는 장기요양급여
- 주·야간보호: 수급자를 하루 중 일정한 시간 동안 장기요양기관에 보호하여 신체활동지원 및 심신기능의 유지·향상을 위한 교육·훈련 등을 제공하는 장기요양급여
- 단기보호: 수급자를 일정 기간 동안 장기요양기관에 보호하여 신체활동 지원 및 심신기능의 유지·향상을 위한 교육·훈련 등을 제공하는 장기요양급여
- 기타재가급여: 수급자의 일상생활·신체활동 지원 및 인지기능의 유지·향상에 필요한 용구를 제공하거나 가정을 방문하여 재활에 관한 지원 등을 제공하는 장기요양급여

정답 ③

제13장
|
국민기초생활보장법(1)

1. 국민기초생활보장법의 개요

1) 목적(제1조)

국민기초생활보장법은 생활이 어려운 자에게 필요한 급여를 행하여 이들의 최저생활을 보장하고 자활을 조성하는 것을 목적으로 한다.

2) 용어의 정의(제2조)

① 보장기관: 급여를 실시하는 국가 또는 지방자치단체를 말한다.

② 부양의무자: 수급권자를 부양할 책임이 있는 사람으로서 수급권자의 1촌의 직계혈족 및 그 배우자를 말한다. 다만, 사망한 1촌의 직계혈족의 배우자는 제외한다.

③ 최저보장수준: 국민의 소득·지출 수준과 수급권자의 가구 유형 등 생활실태, 물가상승률 등을 고려하여 제6조에 따라 급여의 종류별로 공표하는 금액이나 보장수준을 말한다.

④ 최저생계비: 국민이 건강하고 문화적인 생활을 유지하기 위하여 필요한 최소한의 비용으로서 보건복지부장관이 계측하는 금액을 말한다.

⑤ 개별가구: 급여를 받거나 자격요건에 부합하는지에 관한 조사를 받는 기본단위로서 수급자 또는 수급권자로 구성된 가구를 말한다.

⑥ 소득인정액: 보장기관이 급여의 결정 및 실시 등에 사용하기 위하여 산출한 개별가구의 소득평가액과 재산의 소득환산액을 합산한 금액을 말한다.

⑦ 차상위계층: 수급권자(특례수급자로 보는 사람은 제외)에 해당하지 아니하는 계층으로서 소득인정액이 기준 중위소득의 100분의 50이하인 계층을 말한다.

⑧ 기준중위소득: 보건복지부장관이 급여의 기준 등에 활용하기 위하여 중앙생활보장위원회의 심의·의결을 거쳐 고시하는 국민 가구소득의 중위값을 말한다.

3) 최저보장수준의 결정 등(제6조)

① 보건복지부장관 또는 소관 중앙행정기관의 장은 급여의 종류별 수급자 선정기준 및 최저보장수준을 결정하여야 한다.

② 보건복지부장관 또는 소관 중앙행정기관의 장은 매년 8월 1일까지 중앙생활보장위원회의 심의·의결을 거쳐 다음 연도의 급여의 종류별 수급자 선정기준 및 최저보장수준을 공표하여야 한다.

4) 기준중위소득의 산정(제6조의2)

① 기준 중위소득은 통계청이 공표하는 통계자료의 가구 경상소득(근로소득, 사업소득, 재산소득, 이전소득을 합산한 소득을 말한다)의 중간값에 최근 가구소득 평균 증가율, 가구규모에 따른 소득수준의 차이 등을 반영하여 가구규모별로 산정한다.

② 그 밖에 가구규모별 소득수준 반영 방법 등 기준 중위소득의 산정에 필요한 사항은 중앙생활보장위원회에서 정한다.

5) 소득인정액의 산정(제6조의3)

① 개별가구의 소득평가액: 개별가구의 실제소득에도 불구하고 보장기관이 급여의 결정 및 실시 등에 사용하기 위하여 산출한 금액으로 근로소득, 사업소득, 재산소득, 이전소득을 합한 개별가구의 실제소득에서 장애·질병·양육 등 가구 특성에 따른 지출요인, 근로를 유인하기 위한 요인, 그 밖에 추가적인 지출요인에 해당하

는 금액을 감하여 산정한다.

② 재산의 소득환산액: 개별가구의 재산가액에서 기본재산액 및 부채를 공제한 금액에 소득환산율을 곱하여 산정한다. 이 경우 소득으로 환산하는 재산의 범위는 일반재산, 금융재산, 자동차 등이다.

2. 국민기초생활보장급여

1) 보장급여의 기본원칙(제3조)

① 보충성의 원칙: 이 법에 따른 급여는 수급자가 자신의 생활유지·향상을 위하여 그의 소득, 재산, 근로능력 등을 활용하여 최대한 노력하는 것을 전제로 이를 보충·발전시키는 것을 기본원칙으로 한다.

② 타 법률보호 우선의 원칙: 부양의무자의 부양과 다른 법령에 따른 보호는 이 법에 따른 급여에 우선하여 행하여지는 것으로 한다. 다만, 다른 법령에 따른 보호의 수준이 이 법에서 정하는 수준에 이르지 아니하는 경우에는 나머지 부분에 관하여 이 법에 따른 급여를 받을 권리를 잃지 아니한다.

2) 보장급여의 기준(제4조)

① 급여는 건강하고 문화적인 최저생활을 유지할 수 있는 것이어야 한다.

② 급여의 기준은 수급자의 연령, 가구 규모, 거주지역, 그 밖의 생활여건 등을 고려하여 급여의 종류별로 보건복지부장관이 정하거나 급여를 지급하는 중앙행정기관의 장이 보건복지부장관과 협의하여 정한다.

③ 보장기관은 이 법에 따른 급여를 개별가구 단위로 실시하되, 특히 필요하다고 인정하는 경우에는 개인 단위로 실시할 수 있다.

④ 지방자치단체인 보장기관은 해당 지방자치단체의 조례로 정하는 바에 따라 이 법에 따른 급여의 범위 및 수준을 초과하여 급여를 실시할 수 있다. 이 경우 해당 보장기관은 보건복지부장관 및 소관 중앙행정기관의 장에게 알려야 한다.

⑤ 주거급여 및 의료급여와 관련하여 다른 법률에 특별한 규정이 있는 경우를 제외하

고는 이 법이 정하는 바에 따른다.

3) 급여의 종류

(1) 생계급여(제8조)

① 수급자에게 의복, 음식물 및 연료비와 그 밖에 일상생활에 기본적으로 필요한 금품을 지급하여 그 생계를 유지하게 하는 것으로 한다.

② 수급권자는 부양의무자가 없거나, 부양의무자가 있어도 부양능력이 없거나 부양을 받을 수 없는 사람으로서 그 소득인정액이 중앙생활보장위원회의 심의·의결을 거쳐 결정하는 금액이하인 사람으로 한다. 이 경우 생계급여 선정기준은 기준 중위소득의 <u>100분의 30</u> 이상으로 한다.

③ 최저보장수준은 생계급여와 소득인정액을 포함하여 생계급여 선정기준 이상이 되도록 하여야 한다.

④ 보장시설에 위탁하여 생계급여를 실시하는 경우에는 보건복지부장관이 정하는 고시에 따라 그 선정기준 등을 달리 정할 수 있다.

(2) 주거급여(제11조)

① 수급자에게 주거 안정에 필요한 임차료, 수선유지비, 그 밖의 수급품을 지급하는 것으로 한다.

② 국토교통부장관의 소관으로 하며 주거급여의 선정기준은 기준중위소득의 <u>100분의 43</u> 이상으로 한다.

③ 주거급여에 관하여 필요한 사항은 따로 법률(주거급여법)에서 정한다.

(3) 교육급여(제12조)

① 수급자에게 입학금, 수업료, 학용품비, 그 밖의 수급품을 지급하는 것으로 하되, 학교의 종류·범위 등에 관하여 필요한 사항은 대통령령으로 정한다.

② 교육부장관의 소관으로 하며, 교육급여 수급권자는 부양의무자가 없거나, 부양의무자가 있어도 부양능력이 없거나 부양을 받을 수 없는 사람으로서 그 소득인정액이 중앙생활보장위원회의 심의·의결을 거쳐 결정하는 금액 이하인 사람으로 한다. 이

경우 교육급여 선정기준은 기준 중위소득의 <u>100분의 50</u> 이상으로 한다.

(4) 의료급여(제12조의3)

① 수급자에게 건강한 생활을 유지하는 데 필요한 각종 검사 및 치료 등을 지급하는 것으로 한다.

② 수급권자는 부양의무자가 없거나, 부양의무자가 있어도 부양능력이 없거나 부양을 받을 수 없는 사람으로서 그 소득인정액이 중앙생활보장위원회의 심의·의결을 거쳐 결정하는 금액이하인 사람으로 한다. 이 경우 의료급여 선정기준은 기준 중위소득의 <u>100분의 40</u> 이상으로 한다.

③ 의료급여에 필요한 사항은 따로 법률(의료급여법)에서 정한다.

(5) 해산급여(제13조)

① 생계급여, 주거급여, 의료급여 중 하나 이상의 급여를 받는 수급자에게 조산(助産)이나 분만 전과 분만 후에 필요한 조치와 보호를 실시하는 것으로 한다.

② 보건복지부령으로 정하는 바에 따라 보장기관이 지정하는 의료기관에 위탁하여 실시할 수 있다.

③ 필요한 수급품은 보건복지부령으로 정하는 바에 따라 수급자나 그 세대주 또는 세대주에 준하는 사람에게 지급한다. 다만, 제2항에 따라 그 급여를 의료기관에 위탁하는 경우에는 수급품을 그 의료기관에 지급할 수 있다.

(6) 장제급여(제14조)

① 생계급여, 주거급여, 의료급여 중 하나 이상의 급여를 받는 수급자가 사망한 경우 사체의 검안(檢案)·운반·화장 또는 매장, 그 밖의 장제조치를 하는 것으로 한다.

② 보건복지부령으로 정하는 바에 따라 실제로 장제를 실시하는 사람에게 장제에 필요한 비용을 지급하는 것으로 한다. 다만, 그 비용을 지급할 수 없거나 비용을 지급하는 것이 적당하지 아니하다고 인정하는 경우에는 물품을 지급할 수 있다.

(7) 자활급여(제15조)

① 수급자의 자활을 돕기 위하여 실시하는 급여를 말한다.

② 관련 공공기관 · 비영리법인 · 시설과 그 밖에 대통령령으로 정하는 기관에 위탁하여 실시할 수 있다. 이 경우 그에 드는 비용은 보장기관이 부담한다.

4) 생계급여의 방법 및 실시장소

(1) 생계급여의 방법(제9조)

① 현금급여의 원칙: 금전을 지급하는 것으로 한다. 다만, 금전으로 지급할 수 없거나 금전으로 지급하는 것이 적당하지 아니하다고 인정하는 경우에는 물품을 지급할 수 있다.

② 정기급여의 원칙: 수급품은 대통령령으로 정하는 바에 따라 매월 정기적으로 지급하여야 한다. 다만, 특별한 사정이 있는 경우에는 그 지급방법을 다르게 정하여 지급할 수 있다.

③ 직접지급의 원칙: 수급품은 수급자에게 직접 지급한다. 다만, 보장시설이나 타인의 가정에 위탁하여 생계급여를 실시하는 경우에는 그 위탁받은 사람에게 이를 지급할 수 있다. 이 경우 보장기관은 보건복지부장관이 정하는 바에 따라 정기적으로 수급자의 수급 여부를 확인하여야 한다.

④ 차등지급의 원칙: 보건복지부장관이 정하는 바에 따라 수급자의 소득인정액 등을 고려하여 차등지급할 수 있다.

⑤ 조건부수급의 원칙: 보장기관은 대통령령으로 정하는 바에 따라 근로능력이 있는 수급자에게 자활에 필요한 사업에 참가할 것을 조건으로 하여 생계급여를 실시할 수 있다. 이 경우 보장기관은 자활지원계획을 고려하여 조건을 제시하여야 한다.

(2) 생계급여를 실시할 장소(제10조)

① 수급자의 주거에서 실시한다. 다만, 수급자가 주거가 없거나 주거가 있어도 그곳에서는 급여의 목적을 달성할 수 없는 경우 또는 수급자가 희망하는 경우에는 수급자를 보장시설이나 타인의 가정에 위탁하여 급여를 실시할 수 있다.

② 수급자에 대한 생계급여를 타인의 가정에 위탁하여 실시하는 경우에는 거실의 임차료와 그 밖에 거실의 유지에 필요한 비용은 수급품에 가산하여 지급한다. 이 경

우 주거급여가 실시된 것으로 본다.

5) 보장급여의 실시

(1) 급여의 신청(제21조)

① 수급권자와 그 친족, 그 밖의 관계인은 관할 시장·군수·구청장에게 수급권자에 대한 급여를 신청할 수 있다. 차상위자가 급여를 신청하려는 경우에도 같다.

② 사회복지 전담공무원은 이 법에 따른 급여를 필요로 하는 사람이 누락되지 아니하도록 하기 위하여 관할지역에 거주하는 수급권자에 대한 급여를 직권으로 신청할 수 있다. 이 경우 수급권자의 동의를 구하여야 하며 수급권자의 동의는 수급권자의 신청으로 볼 수 있다.

③ 수급권자와 그 친족, 그 밖의 관계인이 급여신청을 할 때나 사회복지 전담공무원이 급여신청을 하는 것에 수급권자가 동의하였을 때에는 수급권자와 부양의무자는 금융정보, 신용정보, 보험정보 제공에 대하여 동의한다는 서면을 제출하여야한다.

(2) 신청에 의한 조사(제22조)

① 시장·군수·구청장은 급여신청이 있는 경우에는 사회복지 전담공무원으로 하여금 급여의 결정 및 실시 등에 필요한 사항을 조사하게 하거나 수급권자에게 보장기관이 지정하는 의료기관에서 검진을 받게 할 수 있다.

② 시장·군수·구청장은 신청한 수급권자 또는 그 부양의무자의 소득, 재산 및 건강상태 등을 확인하기 위하여 필요한 자료를 확보하기 곤란한 경우 보건복지부령으로 정하는 바에 따라 수급권자 또는 부양의무자에게 필요한 자료의 제출을 요구할 수 있다.

(3) 확인조사(제23조)

① 시장·군수·구청장은 수급자 및 수급자에 대한 급여의 적정성을 확인하기 위하여 매년 연간조사계획을 수립하고 관할구역의 수급자를 대상으로 신청에 의한 조사사항을 매년 1회 이상 정기적으로 조사하여야 하며, 특히 필요하다고 인정하는

경우에는 보장기관이 지정하는 의료기관에서 검진을 받게 할 수 있다. 다만, 보건
복지부장관이 정하는 사항은 분기마다 조사하여야 한다.

(4) 금융정보 등의 제공(제23조의2)

① 보건복지부장관은 금융실명거래 및 비밀보장에 관한 법률과 신용정보의 이용 및
보호에 관한 법률에도 불구하고 수급권자와 그 부양의무자가 제출한 동의 서면을
전자적 형태로 바꾼 문서에 의하여 금융기관 등의 장에게 금융정보·신용정보 또
는 보험정보의 제공을 요청할 수 있다.

② 보건복지부장관은 확인조사를 위하여 필요하다고 인정하는 경우 금융실명거래
및 비밀보장에 관한 법률과 신용정보의 이용 및 보호에 관한 법률에도 불구하고
대통령령으로 정하는 기준에 따라 인적사항을 적은 문서 또는 정보통신망으로 금
융기관 등의 장에게 수급자와 부양의무자의 금융정보 등을 제공하도록 요청할 수
있다.

(5) 급여의 결정 등(제26조)

① 시장·군수·구청장은 조사를 하였을 때에는 지체 없이 급여 실시 여부와 급여의
내용을 결정하여야 한다.

② 차상위계층을 조사한 시장·군수·구청장은 규정된 급여개시일이 속하는 달에 급
여 실시 여부와 급여 내용을 결정하여야 한다.

③ 시장·군수·구청장은 급여 실시 여부와 급여 내용을 결정하였을 때에는 그 결정
의 요지, 급여의 종류·방법 및 급여의 개시 시기 등을 서면으로 수급권자 또는 신
청인에게 통지하여야 한다.

④ 신청인에 대한 통지는 급여의 신청일부터 30일 이내에 하여야 한다. 다만, 다음의
어느 하나에 해당하는 경우에는 신청일부터 60일 이내에 통지할 수 있다. 이 경우
통지서에 그 사유를 구체적으로 밝혀야 한다.

(6) 급여의 실시 등(제27조)

① 급여 실시 및 급여 내용이 결정된 수급자에 대한 급여는 신청일부터 시작한다. 다

만, 보건복지부장관 또는 소관중앙행정기관의 장이 매년 결정·공표하는 급여의 종류별 수급자 선정기준의 변경으로 인하여 매년 1월에 새로 수급자로 결정되는 사람에 대한 급여는 해당 연도의 1월 1일을 그 급여개시일로 한다.

② 시장·군수·구청장은 급여 실시 여부의 결정을 하기 전이라도 수급권자에게 급여를 실시하여야 할 긴급한 필요가 있다고 인정할 때에는 규정된 급여의 일부를 실시할 수 있다.

제14장
|
국민기초생활보장법(2)

1. 자활사업

1) 한국자활복지개발원(제15조의2)

(1) 개요

① 수급자 및 차상위자의 자활촉진에 필요한 사업을 수행하기 위하여 한국자활복지
  개발원을 설립한다.

② 자활복지개발원은 법인으로 한다.

③ 자활복지개발원은 그 주된 사무소의 소재지에서 설립등기를 함으로써 성립한다.

④ 보건복지부장관은 자활복지개발원을 지도·감독하며 자활복지개발원에 대하여 업
  무·회계 및 재산에 관하여 필요한 사항을 보고하게 하거나 소속 공무원에게 자활
  복지개발원에 출입하여 장부, 서류, 그 밖의 물건을 검사하게 할 수 있다.

(2) 자활복지개발원의 업무(제15조의3)

① 자활지원사업의 개발 및 평가

② 자활 지원을 위한 조사·연구 및 홍보

③ 광역자활센터, 지역자활센터 및 자활기업의 기술·경영지도 및 평가

④ 자활 관련 기관 간의 협력체계 구축·운영

⑤ 자활 관련 기관 간의 정보네트워크 구축·운영

⑥ 취업·창업을 위한 자활촉진 프로그램 개발 및 지원

⑦ 고용지원서비스의 연계 및 사회복지서비스의 지원 대상자 관리

⑧ 수급자 및 차상위자의 자활촉진을 위한 교육·훈련, 광역자활센터 등 자활관련 기관의 종사자 및 참여자에 대한 교육·훈련 및 지원

⑨ 국가 또는 지방자치단체로부터 위탁받은 자활 관련 사업

⑩ 그 밖에 자활촉진에 필요한 사업으로서 보건복지부장관이 정하는 사업

2) 광역자활센터(제15조의10)

① 보장기관은 수급자 및 차상위자의 자활촉진에 필요한 다음의 사업을 수행하게 하기 위하여 사회복지법인, 사회적 협동조합 등 비영리법인과 단체의 신청을 받아 특별시·광역시·특별자치시·도·특별자치도 단위의 광역자활센터로 지정할 수 있다. 이 경우 보장기관은 법인 등의 지역사회복지사업 및 자활지원사업의 수행 능력·경험 등을 고려하여야 한다.

　－ 시·도 단위의 수급자 및 차상위자에 대한 취업·창업 지원 및 알선

　－ 지역자활센터 종사자 및 참여자에 대한 교육훈련 및 지원

　－ 지역특화형 자활프로그램 개발·보급 및 사업개발 지원 등

② 보장기관은 광역자활센터의 설치 및 운영에 필요한 경비의 전부 또는 일부를 보조할 수 있으며, 광역자활센터에 대하여 정기적으로 사업실적 및 운영 실태를 평가하고 수급자의 자활촉진을 달성하지 못하는 광역자활센터에 대하여는 그 지정을 취소할 수 있다.

3) 지역자활센터(제16조)

① 보장기관은 수급자 및 차상위자의 자활 촉진에 필요한 다음의 사업을 수행하게 하기 위하여 사회복지법인, 사회적협동조합 등 비영리법인과 단체의 신청을 받아 지역자활센터로 지정할 수 있다. 이 경우 보장기관은 법인 등의 지역사회복지사업

및 자활지원사업 수행능력 · 경험 등을 고려하여야 한다.
- 자활의욕 고취를 위한 교육, 자활을 위한 정보제공, 상담, 직업교육 및 취업알선
- 생업을 위한 자금융자 알선, 자영창업 지원 및 기술 · 경영지도
- 자활기업의 설립 · 운영 지원, 그밖에 자활을 위한 각종 사업
② 보장기관은 지역자활센터에 대하여 다음의 지원을 할 수 있다.
- 지역자활센터의 설립 · 운영비용 또는 제1항의 사업수행 비용의 전부 또는 일부
- 국유 · 공유 재산의 무상임대, 보장기관이 실시하는 사업의 우선 위탁

4) 자활기관협의체(제17조)

시장 · 군수 · 구청장은 자활지원사업의 효율적인 추진을 위하여 지역자활센터, 직업안정기관, 사회복지사업법의 사회복지시설의 장 등과 상시적인 협의체계를 구축하여야 한다.

5) 자활기업(제18조)

① 수급자 및 차상위자는 상호 협력하여 자활기업을 설립 · 운영할 수 있으며, 자활기업은 조합 또는 부가가치세법상의 사업자로 한다.
② 보장기관은 자활기업에게 직접 또는 중앙자활센터, 광역자활센터 및 지역자활센터를 통하여 다음의 지원을 할 수 있다.
- 자활을 위한 사업자금 융자, 국유지 · 공유지 우선 임대
- 국가나 지방자치단체가 실시하는 사업의 우선 위탁
- 국가나 지방자치단체의 조달구매 시 자활기업 생산품의 우선 구매

6) 자활지원계획의 수립(제28조)

① 시장 · 군수 · 구청장은 수급자의 자활을 체계적으로 지원하기 위하여 보건복지부장관이 정하는 바에 따라 조사 결과를 고려하여 수급자 가구별로 자활지원계획을 수립하고 그에 따라 이 법에 따른 급여를 실시하여야 한다.
② 보장기관은 수급자의 자활을 위하여 필요한 경우에는 사회복지사업법 등 다른 법률에 따라 보장기관이 제공할 수 있는 급여가 있거나 민간기관 등이 후원을 제공

하는 경우 자활지원계획에 따라 급여를 지급하거나 후원을 연계할 수 있다.

③ 시장·군수·구청장은 수급자의 자활여건 변화와 급여 실시 결과를 정기적으로 평가하고 필요한 경우 자활지원계획을 변경할 수 있다.

7) 청문(제31조)

보장기관은 지역자활센터의 지정을 취소하려는 경우와 급여의 결정을 취소하려는 경우에는 청문을 하여야 한다.

2. 보장기관 및 보장시설

1) 보장기관(제19조)

① 급여는 수급권자 또는 수급자의 거주지를 관할하는 시·도지사와 시장·군수·구청장이 실시한다. 다만, 주거가 일정하지 아니한 경우에는 수급권자 또는 수급자가 실제 거주하는 지역을 관할하는 시장·군수·구청장이 실시한다.

② 보건복지부장관, 소관 중앙행정기관의 장과 시·도지사는 수급자를 각각 국가나 해당 지방자치단체가 경영하는 보장시설에 입소하게 하거나 다른 보장시설에 위탁하여 급여를 실시할 수 있다.

③ 보장기관은 수급권자·수급자·차상위계층에 대한 조사와 수급자 결정 및 급여의 실시 등 이 법에 따른 보장업무를 수행하게 하기 위하여 사회복지사업법에 따른 사회복지 전담공무원을 배치하여야 한다. 이 경우 제15조에 따른 자활급여 업무를 수행하는 사회복지 전담공무원은 따로 배치하여야 한다.

2) 생활보장위원회(제20조)

생활보장사업의 기획·조사·실시 등에 관한 사항을 심의·의결하기 위하여 보건복지부와 시·도 및 시·군·구에 각각 생활보장위원회를 둔다. 다만, 시·도 및 시·군·구에 두는 생활보장위원회는 그 기능을 담당하기에 적합한 다른 위원회가 있고 그 위원회의 위원이 규정된 자격을 갖춘 경우에는 시·도 또는 시·군·구의 조례로 정하는 바에 따라 그 위원회가 생활보장위원회의 기능을 대신할 수 있다.

(1) 중앙생활보장위원회

① 보건복지부에 두는 중앙생활보장위원회는 다음의 사항을 심의 · 의결한다.

　　– 기초생활보장 종합계획의 수립, 소득인정액 산정방식과 기준 중위소득의 결정

　　– 급여의 종류별 수급자 선정기준과 최저보장수준의 결정

　　– 급여기준의 적정성 등 평가 및 실태조사에 관한 사항

　　– 급여의 종류별 누락 · 중복, 차상위계층의 지원사업 등에 대한 조정

　　– 자활기금의 적립 · 관리 및 사용에 관한 지침의 수립 등

② 중앙생활보장위원회는 위원장을 포함하여 16명 이내의 위원으로 구성하고 위원은 보건복지부장관이 다음의 어느 하나에 해당하는 사람 중에서 위촉 · 지명하며, 위원장은 보건복지부장관으로 한다.

　　– 공공부조 또는 사회복지와 관련된 학문을 전공한 전문가로서 대학의 조교수 이상인 사람 또는 연구원으로 재직 중인 사람 5명 이내, 공익을 대표하는 사람 5명 이내

　　– 관계 행정기관 소속 3급 이상 공무원 또는 고위공무원단 일반직공무원 5명 이내

(2) 지방생활보장위원회

시 · 도 및 시 · 군 · 구 생활보장위원회의 위원은 시 · 도지사 또는 시장 · 군수 · 구청장이 다음의 어느 하나에 해당하는 사람 중에서 위촉 · 지명하며, 위원장은 해당 시 · 도지사 또는 시장 · 군수 · 구청장으로 한다. 다만, 위원회가 생활보장위원회의 기능을 대신하는 경우 위원장은 조례로 정한다.

① 사회보장에 관한 학식과 경험이 있는 사람

② 공익을 대표하는 사람, 관계 행정기관 소속 공무원

3) 기초생활보장계획의 수립 및 평가(제20조의2)

① 소관 중앙행정기관의 장은 수급자의 최저생활을 보장하기 위하여 3년마다 소관별로 기초생활보장 기본계획을 수립하여 보건복지부장관에게 제출하여야 한다.

② 보건복지부장관 및 소관 중앙행정기관의 장은 실태조사 결과를 고려하여 급여기
준의 적정성 등에 대한 평가를 실시할 수 있으며, 이와 관련하여 전문적인 조사 ·
연구 등을 공공기관의 운영에 관한 법률에 따른 공공기관 또는 민간 법인 · 단체
등에 위탁할 수 있다.

③ 보건복지부장관은 기초생활보장 기본계획 및 평가결과를 종합하여 기초생활보장
종합계획을 수립하여 중앙생활보장위원회의 심의를 받아야 한다.

④ 보건복지부장관은 수급권자, 수급자 및 차상위계층 등의 규모 · 생활실태 파악, 최
저생계비 계측 등을 위하여 3년마다 실태조사를 실시 · 공표하여야 한다.

4) 보장시설

(1) 보장시설(제32조)

보장시설이란 규정된 급여를 실시하는 사회복지사업법에 따른 사회복지시설로서 다
음의 시설 중 보건복지부령으로 정하는 시설을 말한다.

① 장애인 거주시설, 노인주거복지시설 및 노인의료복지시설, 성폭력피해자보호시설

② 아동복지시설 및 통합 시설, 정신요양시설 및 정신재활시설, 한부모가족복지시설

③ 노숙인재활시설 및 노숙인요양시설, 가정폭력피해자 보호시설

④ 성매매피해자등을 위한 지원시설, 사회복지시설 중 결핵 및 한센병요양시설

(2) 보장시설장의 의무(제33조)

① 보장시설의 장은 보장기관으로부터 수급자에 대한 급여를 위탁받은 경우에는 정
당한 사유 없이 이를 거부하여서는 아니 된다.

② 보장시설의 장은 위탁받은 수급자에게 보건복지부장관 및 소관 중앙행정기관의
장이 정하는 최저기준 이상의 급여를 실시하여야 한다.

5) 보장비용

(1) 보장비용(제42조)

① 이 법에 따른 보장업무에 드는 인건비와 사무비

② 생활보장위원회의 운영에 드는 비용, 규정에 따른 급여 실시 비용 등

(2) 보장비용의 부담 구분(제43조)

① 국가 또는 시·도가 직접 수행하는 보장업무에 드는 비용은 국가 또는 시·도가 부담하며, 급여의 실시 비용은 국가 또는 해당 시·도가 부담한다.

② 시·군·구가 수행하는 보장업무에 드는 비용 중 제42조 제1호 및 제2호의 비용은 해당 시·군·구가 부담한다.

③ 시·군·구가 수행하는 보장업무에 드는 비용 중 제42조 제3호 및 제4호의 비용은 시·군·구의 재정여건, 사회보장비지출 등을 고려하여 국가, 시·도 및 시·군·구가 차등하여 분담한다.

- 국가는 시·군·구 보장비용의 총액 중 100분의 40 이상 100분의 90 이하를 부담한다.

- 시·도는 시·군·구 보장비용의 총액에서 가목의 국가 부담분을 뺀 금액 중 100분의 30 이상 100분의 70 이하를 부담하고, 시·군·구는 시·군·구 보장비용의 총액 중에서 국가와 시·도가 부담하는 금액을 뺀 금액을 부담한다.

(3) 비용의 징수(제46조)

① 수급자에게 부양능력을 가진 부양의무자가 있음이 확인된 경우에는 보장비용을 지급한 보장기관은 생활보장위원회의 심의·의결을 거쳐 그 비용의 전부 또는 일부를 그 부양의무자로부터 부양의무의 범위에서 징수할 수 있다.

② 속임수나 그 밖의 부정한 방법으로 급여를 받거나 타인으로 하여금 급여를 받게한 경우에는 보장비용을 지급한 보장기관은 그 비용의 전부 또는 일부를 그 급여를 받은 사람 또는 급여를 받게 한 자로부터 징수할 수 있다.

3. 수급자의 권리보호 등

1) 수급자의 권리와 의무

(1) 급여변경의 금지(제34조)

수급자에 대한 급여는 정당한 사유 없이 수급자에게 불리하게 변경할 수 없다.

(2) 압류금지(제35조)

① 수급자에게 지급된 수급품(제4조 제4항에 따라 지방자치단체가 실시하는 급여를 포함한다)과 이를 받을 권리는 압류할 수 없다.

② 급여수급계좌의 예금에 관한 채권은 압류할 수 없다.

(3) 양도금지(제36조)

수급자는 급여를 받을 권리를 타인에게 양도할 수 없다.

(4) 신고의 의무(제37조)

수급자는 거주지역, 세대의 구성 또는 임대차 계약내용이 변동되거나 다음의 사항이 현저하게 변동되었을 때에는 지체 없이 관할 보장기관에 신고하여야 한다.

① 부양의무자의 유무 및 부양능력 등 부양의무자와 관련된 사항

② 수급권자 및 부양의무자의 소득 · 재산에 관한 사항

③ 수급권자의 근로능력, 취업상태, 자활욕구 등 자활지원계획 수립에 필요한 사항

④ 그 밖에 수급권자의 건강상태, 가구 특성 등 생활실태에 관한 사항

2) 이의신청

(1) 시 · 도지사에 대한 이의신청(제38조): 1차

① 수급자나 급여 또는 급여 변경을 신청한 사람은 시장 · 군수 · 구청장(교육급여인 경우 시 · 도교육감)의 처분에 대하여 이의가 있는 경우에는 그 결정의 통지를 받은 날부터 90일 이내에 해당 보장기관을 거쳐 시 · 도지사에게 서면 또는 구두로 이의를 신청할 수 있다. 이 경우 구두로 이의신청을 접수한 보장기관의 공무원은 이의신청서를 작성할 수 있도록 협조하여야 한다.

② 이의신청을 받은 시장 · 군수 · 구청장은 10일 이내에 의견서와 관계 서류를 첨부하여 시 · 도지사에게 보내야 한다.

(2) 시 · 도지사의 처분 등(제39조)

① 시 · 도지사가 시장 · 군수 · 구청장으로부터 이의신청서를 받았을 때에는 30일 이

내에 필요한 심사를 하고 이의신청을 각하 또는 기각하거나 해당 처분을 변경 또는 취소하거나 그 밖에 필요한 급여를 명하여야 한다.

② 시·도지사는 처분 등을 하였을 때에는 지체 없이 신청인과 해당 시장·군수·구청장에게 각각 서면으로 통지하여야 한다.

(3) 보건복지부장관 등에 대한 이의신청(제40조): 2차

① 시·도지사의 처분 등에 대하여 이의가 있는 사람은 그 처분 등의 통지를 받은 날부터 90일 이내에 시·도지사를 거쳐 보건복지부장관(주거급여 또는 교육급여인 경우 소관중앙행정기관의 장)에게 서면 또는 구두로 이의를 신청할 수 있다. 이 경우 구두로 이의신청을 접수한 보장기관의 공무원은 이의신청서를 작성할 수 있도록 협조하여야 한다.

② 시·도지사는 이의신청을 받으면 10일 이내에 의견서와 관계 서류를 첨부하여 보건복지부장관 또는 소관 중앙행정기관의 장에게 보내야 한다.

(4) 이의신청의 결정 및 통지(제41조)

① 보건복지부장관 또는 소관 중앙행정기관의 장은 이의신청서를 받았을 때에는 30일 이내에 필요한 심사를 하고 이의신청을 각하 또는 기각하거나 해당 처분의 변경 또는 취소의 결정을 하여야 한다.

② 보건복지부장관 또는 소관 중앙행정기관의 장은 결정을 하였을 때에는 지체 없이 시·도지사 및 신청인에게 각각 서면으로 결정 내용을 통지하여야 한다. 이 경우 소관 중앙행정기관의 장이 결정 내용을 통지하는 때에는 그 사실을 보건복지부장관에게 알려야 한다.

01) 국민기초생활보장법의 내용으로 옳지 않은 것은?   (17회 기출)

① 수급자에 대한 급여는 정당한 사유 없이 수급자에게 불리하게 변경할 수 없다.

② 수급자란 이 법에 따른 급여를 받는 사람을 말한다.

③ 이 법에 따른 급여는 건강하고 문화적인 최저생활을 유지할 수 있는 것이어야 한다.

④ 수급자 및 차상위자는 상호 협력하여 자활기업을 설립·운영할 수 있다.

⑤ 교육급여는 보건복지부장관의 소관으로 한다.

☞ 해설: 국민기초생활보장법 제12조(교육급여) 참조

• 교육급여는 수급자에게 입학금, 수업료, 학용품비, 그 밖의 수급품을 지급하는 것
  으로 하되 학교의 종류·범위 등에 관하여 필요한 사항은 대통령령으로 정한다.

• 교육급여는 교육부장관의 소관으로 한다.

정답 ⑤

02) 국민기초생활보장법의 내용으로 옳은 것은?   (16회 기출)

① 국외에 체류하는 외국인도 수급권자가 될 수 있다.

② 기준 중위소득은 지방자치단체별로 중앙생활보장위원회가 고시한다.

③ 주거급여는 여성가족부 소관으로 한다.

④ 보장기관은 차상위자가 자활에 필요한 자산을 형성할 수 있도록 재정적인 지원을
  할 수는 없다.

⑤ 소관 행정기관의 장은 수급자의 최저생활을 보장하기 위하여 3년마다 소관별로
  기초생활보장 기본계획을 수립하여 보건복지부장관에게 제출하여야 한다.

☞ 해설: 국민기초생활보장법 제20조의2(기초생활보장 계획의 수립 및 평가) 참조

• 소관 중앙행정기관의 장은 수급자의 최저생활을 보장하기 위하여 3년마다 소관별
  로 기초생활보장 기본계획을 수립하여 보건복지부장관에게 제출하여야 한다.

① 국외에 체류하는 외국인은 수급권자가 될 수 없으나 국내에 체류하는 외국인은 수

급권자가 될 수 있다(제15조의2).

② 기준 중위소득이란 보건복지부장관이 급여의 기준 등에 활용하기 위하여 제20조 제2항에 따른 중앙생활보장위원회의 심의·의결을 거쳐 고시하는 국민 가구소득의 중위값을 말한다(제2조).

③ 주거급여에 관하여 필요한 사항은 따로 법률에서 정한다(11조). 주거급여법은 국토교통부소관의 법률이다.

④ 보장기관은 차상위자가 자활에 필요한 자산을 형성할 수 있도록 재정적인 지원을 할 수 있다(제18조의4).

정답 ⑤

제15장
|
의료급여법과 긴급복지지원법

1. 의료급여법

1) 의료급여법의 개요

(1) 목적(제1조)

생활이 어려운 사람에게 의료급여를 함으로써 국민보건의 향상과 사회복지의 증진에 이바지함을 목적으로 한다.

(2) 용어의 정의(제2조)

① 수급권자: 이 법에 따라 의료급여를 받을 수 있는 자격을 가진 사람

② 의료급여기관: 수급권자에 대한 진료 · 조제 · 투약 등을 담당하는 의료기관 및 약국 등

③ 부양의무자: 수급권자를 부양할 책임이 있는 사람으로서 수급권자의 1촌 직계혈족 및 그 배우자

2) 의료급여 수급권자 등 ★★

(1) 의료급여 수급권자(제3조)

① 국민기초생활 보장법에 따른 의료급여 수급자

② 재해구호법에 따른 이재민으로서 보건복지부장관이 의료급여가 필요하다고 인정한 사람

③ 의·사상자 등 예우 및 지원에 관한 법률에 따라 의료급여를 받는 사람

④ 입양특례법에 따라 국내에 입양된 18세 미만의 아동

⑤ 독립유공자예우에 관한 법률, 국가유공자 등 예우 및 지원에 관한 법률 및 보훈보상대상자 지원에 관한 법률의 적용을 받고 있는 사람과 그 가족으로서 국가보훈처장이 의료급여가 필요하다고 추천한 사람 중에서 보건복지부장관이 의료급여가 필요하다고 인정한 사람

⑥ 무형문화재 보전 및 진흥에 관한 법률에 따라 지정된 국가무형문화재의 보유자와 그 가족으로서 문화재청장이 의료급여가 필요하다고 추천한 사람 중에서 보건복지부장관이 의료급여가 필요하다고 인정한 사람

⑦ 북한이탈주민의 보호 및 정착지원에 관한 법률의 적용을 받고 있는 사람과 그 가족으로서 보건복지부장관이 의료급여가 필요하다고 인정한 사람

⑧ 5·18민주화운동 관련자 보상 등에 관한 법률에 따라 보상금등을 받은 사람과 그 가족으로서 보건복지부장관이 의료급여가 필요하다고 인정한 사람

⑨ 노숙인 등의 복지 및 자립지원에 관한 법률에 따른 노숙인 등으로서 보건복지부장관이 의료급여가 필요하다고 인정한 사람

(2) 난민에 대한 특례(제3조의2)

난민법에 따른 난민인정자로서 국민기초생활 보장법에 따른 의료급여 수급권자의 범위에 해당하는 사람은 수급권자로 본다.

3) 의료급여의 주요 내용 ★★

(1) 의료급여의 의의(제7조)

① 수급권자의 질병·부상·출산 등에 대한 의료급여로는 진찰·검사, 약제(藥劑)·치료재료의 지급, 처치·수술과 그 밖의 치료, 예방·재활, 입원, 간호, 이송과 그

밖의 의료목적 달성을 위한 조치 등이다.

② 의료급여의 방법·절차·범위·한도 등 의료급여의 기준에 관하여는 보건복지부령으로 정하고, 의료수가기준과 그 계산방법 등에 관하여는 보건복지부장관이 정한다.

③ 보건복지부장관은 의료급여의 기준을 정할 때에는 업무 또는 일상생활에 지장이 없는 질환 등 보건복지부령으로 정하는 사항은 의료급여 대상에서 제외할 수 있다.

(2) 의료급여증(제8조)

① 시장·군수·구청장은 수급권자에게 의료급여증을 발급하여야 한다. 다만, 부득이한 사유가 있는 경우에는 의료급여증을 갈음하여 의료급여증명서를 발급하거나 보건복지부령으로 정하는 바에 따라 의료급여증을 발급하지 아니할 수 있다.

② 수급권자가 의료급여를 받을 때에는 의료급여증 또는 의료급여증명서를 의료급여기관에 제출하여야 한다. 다만, 천재지변이나 그 밖의 부득이한 사유가 있으면 그러하지 아니하다.

③ 수급권자는 주민등록증, 운전면허증, 여권, 그 밖에 본인 여부를 확인할 수 있는 보건복지부령으로 정하는 신분증명서로 의료급여기관이 그 자격을 확인할 수 있으면 의료급여증 또는 의료급여증명서를 제출하지 아니할 수 있다.

4) 의료급여기관 ★★

(1) 의료급여기관(제9조)

① 제1차 의료급여기관: 의료법에 따라 시장·군수·구청장에게 개설신고를 한 의료기관, 지역보건법에 따라 설치된 보건소·보건의료원 및 보건지소, 농어촌 등 보건의료를 위한 특별조치법에 따라 설치된 보건진료소, 약사법에 따라 개설 등록된 약국 및 한국희귀필수의약품센터

② 제2차 의료급여기관: 의료법에 따라 시·도지사가 개설 허가를 한 의료기관

③ 제3차 의료급여기관: 제2차 의료급여기관 중에서 보건복지부장관이 지정하는 의료기관

④ 의료급여기관은 정당한 이유 없이 이 법에 따른 의료급여를 거부하지 못한다.

⑤ 특별시장·광역시장·도지사 또는 시장·군수·구청장은 의료급여기관이 개설·설치되거나, 개설·설치된 의료급여기관의 신고·허가 및 등록 사항 등이 변경되었을 때에는 보건복지부령으로 정하는 바에 따라 그 내용을 의료급여에 든 비용의 심사·조정 업무를 위탁받은 전문기관, 급여비용의 지급업무를 위탁받은 전문기관에 알려야 한다.

(2) 의료급여기관의 업무정지 등(제28조)

보건복지부장관은 의료급여기관이 다음의 어느 하나에 해당하면 1년의 범위에서 기간을 정하여 의료급여기관의 업무정지를 명할 수 있다.

① 속임수나 그 밖의 부당한 방법으로 수급권자, 부양의무자 또는 시장·군수·구청장에게 급여비용을 부담하게 한 경우
② 본인부담금을 미리 청구하거나 입원보증금 등 다른 명목의 비용을 청구한 경우
③ 보고 또는 서류제출을 하지 아니하거나 거짓 보고를 하거나 거짓 서류를 제출하거나 소속 공무원의 질문 및 검사를 거부·방해 또는 기피한 경우

5) 의료급여비용 ★★

(1) 급여비용의 부담(제10조)

급여비용은 대통령령으로 정하는 바에 따라 그 전부 또는 일부를 의료급여기금에서 부담하되, 의료급여기금에서 일부를 부담하는 경우 그 나머지 비용은 본인이 부담한다.

(2) 급여비용의 청구와 지급(제11조)

① 의료급여기관은 의료급여기금에서 부담하는 급여비용의 지급을 시장·군수·구청장에게 청구할 수 있다.
② 급여비용을 청구하려는 의료급여기관은 급여비용심사기관에 급여비용의 심사청구를 하여야 하며, 심사청구를 받은 급여비용심사기관은 이를 심사한 후 지체 없이 그 내용을 시장·군수·구청장 및 의료급여기관에 알려야 한다.
③ 심사의 내용을 통보받은 시장·군수·구청장은 지체 없이 그 내용에 따라 급여비

용을 의료급여기관에 지급하여야 한다. 이 경우 수급권자가 이미 납부한 본인부담금이 과다한 경우에는 의료급여기관에 지급할 금액에서 그 과다하게 납부된 금액을 공제하여 수급권자에게 반환하여야 한다.

(3) 의료급여기관의 비용청구에 관한 금지행위(제11조의4)

의료급여기관은 의료급여를 하기 전에 수급권자에게 본인부담금을 청구하거나 수급권자가 이 법에 따라 부담하여야 하는 비용과 비급여비용 외에 입원보증금 등 다른 명목의 비용을 청구하여서는 아니 된다.

(4) 요양비(제12조)

① 시장ㆍ군수ㆍ구청장은 수급권자가 보건복지부령으로 정하는 긴급하거나 그 밖의 부득이한 사유로 의료급여기관과 같은 기능을 수행하는 기관으로서 보건복지부령으로 정하는 기관에서 질병ㆍ부상ㆍ출산 등에 대하여 의료급여를 받거나 의료급여기관이 아닌 장소에서 출산을 하였을 때에는 그 의료급여에 상당하는 금액을 보건복지부령으로 정하는 바에 따라 수급권자에게 요양비로 지급한다.

② 의료급여를 실시한 기관은 보건복지부장관이 정하는 요양비명세서 또는 요양의 명세를 적은 영수증을 요양을 받은 사람에게 내주어야 하며, 요양을 받은 사람은 이를 시장ㆍ군수ㆍ구청장에게 제출하여야 한다.

(5) 서류의 보존(제11조의 2)

① 의료급여기관은 의료급여가 끝난 날부터 5년간 보건복지부령으로 정하는 바에 따라 급여비용의 청구에 관한 서류를 보존하여야 한다.

② 약국 등 보건복지부령으로 정하는 의료급여기관은 처방전을 급여비용을 청구한 날부터 3년간 보존하여야 한다.

6) 의료보장기관 등 ★★

(1) 보장기관(제5조)

① 의료급여에 관한 업무는 수급권자의 거주지를 관할하는 특별시장ㆍ광역시장ㆍ도

지사와 시장·군수·구청장이 한다.

② 주거가 일정하지 아니한 수급권자에 대한 의료급여 업무는 그가 실제 거주하는 지역을 관할하는 시장·군수·구청장이 한다.

(2) 의료급여심의위원회(제6조)

① 의료급여사업의 실시에 관한 사항을 심의하기 위하여 보건복지부, 시·도 및 시·군·구에 각각 의료급여심의위원회를 둔다.

다만, 시·도 및 시·군·구에 두는 의료급여심의위원회의 경우에는 그 기능을 담당하기에 적합한 다른 위원회가 있고 그 위원회의 위원이 규정된 자격을 갖춘 경우 시·도 또는 시·군·구의 조례로 각각 정하는 바에 따라 그 위원회로 하여금 의료급여심의위원회의 기능을 수행하게 할 수 있다.

② 보건복지부에 두는 중앙의료급여심의위원회는 의료급여사업의 기본방향 및 대책 수립에 관한 사항, 의료급여의 기준 및 수가에 관한 사항을 심의한다.

③ 시·도 및 시·군·구 의료급여심의위원회의 위원은 특별시장·광역시장·도지사 또는 시장·군수·구청장이 위촉·지명하며 위원장은 해당 특별시장·광역시장·도지사 또는 시장·군수·구청장으로 한다. 다만, 다른 위원회가 의료급여심의위원회의 기능을 대신하는 경우 위원장은 조례로 정한다.

(3) 의료급여기금의 설치 및 조성(제25조)

① 급여비용의 재원에 충당하기 위하여 시·도에 의료급여기금을 설치한다.

② 기금의 재원: 국고보조금, 지방자치단체의 출연금, 부당이득금, 과징금, 기금의 결산상 잉여금 및 그 밖의 수입금 등

7) 의료급여 수급권의 보호 및 구상권 ★★

(1) 수급권의 보호(제18조)

의료급여를 받을 권리는 양도하거나 압류할 수 없다.

(2) 구상권(제19조)

시장 · 군수 · 구청장은 제3자의 행위로 인하여 수급권자에게 의료급여를 한 경우에는 그 급여비용의 범위에서 제3자에게 손해배상을 청구할 권리를 얻는다.

2. 긴급복지지원법

1) 긴급복지지원법의 개요 ★★

(1) 목적(제1조)

생계곤란 등의 위기상황에 처하여 도움이 필요한 사람을 신속하게 지원함으로써 이들이 위기상황에서 벗어나 건강하고 인간다운 생활을 하게 함을 목적으로 한다.

(2) 용어의 정의(제2조)

위기상황이란 본인 또는 본인과 생계 및 주거를 같이 하고 있는 가구구성원이 다음의 어느 하나에 해당하는 사유로 인하여 생계유지 등이 어렵게 된 것을 말한다.

① 주 소득자가 사망, 가출, 행방불명, 구금시설 수용되는 등의 사유로 소득을 상실한 경우

② 중한 질병 또는 부상을 당한 경우

③ 가구구성원으로부터 방임(放任) 또는 유기(遺棄)되거나 학대 등을 당한 경우

④ 가정폭력을 당하여 가구구성원과 함께 원만한 가정생활을 하기 곤란하거나 가구구성원으로부터 성폭력을 당한 경우

⑤ 화재 또는 자연재해 등으로 인하여 거주하는 주택 또는 건물에서 생활하기 곤란하게 된 경우

⑥ 주소득자 또는 부소득자의 휴업 · 폐업 또는 사업장이 화재 등으로 인하여 실질적인 영업이 곤란하게 된 경우

⑦ 주소득자 또는 부소득자의 실직으로 소득을 상실한 경우

⑧ 보건복지부령으로 정한 기준에 따라 지방자치단체의 조례로 정한 사유가 발생한 경우

⑨ 그 밖에 보건복지부장관이 정하여 고시하는 사유가 발생한 경우

2) 긴급지원 대상자 및 기관 ★★

(1) 긴급지원대상자(제5조)
지원대상자는 위기상황에 처한 사람으로서 이 법에 따른 지원이 긴급하게 필요한 사람으로 한다.

(2) 외국인에 대한 특례(제5조의2)
국내에 체류하고 있는 외국인 중 대통령령으로 정하는 사람이 긴급지원이 필요한 경우에는 긴급지원대상자가 된다.

(3) 긴급지원기관(제6조)
① 긴급지원대상자의 거주지를 관할하는 시장·군수·구청장이 한다. 다만, 긴급지원대상자의 거주지가 분명하지 아니한 경우에는 지원요청 또는 신고를 받은 시장·군수·구청장이 한다.
② 거주지가 분명하지 아니한 사람에게 제 지원요청 또는 신고가 특정지역에 집중되는 경우에는 보건복지부령으로 정하는 바에 따라 긴급지원기관을 달리 정할 수 있다.
③ 시장·군수·구청장은 이 법에 따른 긴급지원사업을 수행할 담당공무원을 지정하여야 한다. 이 경우 긴급지원담당공무원은 긴급지원사업을 포함한 복지관련 교육훈련을 받은 사람으로 한다.

(4) 예산분담(제17조)
국가 및 지방자치단체는 긴급지원업무를 수행하기 위하여 필요한 비용을 분담하여야 한다.

3) 긴급지원의 종류와 내용(제9조) ★★

(1) 금전 또는 현물(現物) 등의 직접지원
① 생계지원: 식료품비·의복비 등 생계유지에 필요한 비용 또는 현물 지원
② 의료지원: 각종 검사 및 치료 등 의료서비스 지원

③ 주거지원: 임시거소(臨時居所) 제공 또는 이에 해당하는 비용 지원
④ 사회복지시설 이용 지원: 사회복지사업법에 따른 사회복지시설 입소(入所) 또는 이용 서비스 제공이나 이에 필요한 비용 지원
⑤ 교육지원: 초 · 중 · 고등학생의 수업료, 입학금, 학교운영지원비 및 학용품비 등 비용지원
⑥ 그 밖의 지원: 연료비나 그 밖에 위기상황의 극복에 필요한 비용 또는 현물 지원

(2) 민간기관 · 단체와의 연계 등의 지원
대한적십자사, 사회복지공동모금회, 사회복지기관 등 기관 · 단체와의 연계 지원, 상담 · 정보제공, 그 밖의 지원 등

(3) 지원요청
시장 · 군수 · 구청장은 사회복지시설 이용 지원을 하는 경우 관할 사회복지시설의 장에게 지원을 요청할 수 있다. 이 경우 지원요청을 받은 사회복지시설의 장은 정당한 사유가 없으면 해당 시설의 입소기준에도 불구하고 긴급지원대상자가 기간에 그 시설을 이용할 수 있도록 조치하여야 한다.

4) 긴급지원의 기간(제10조) ★★
(1) 긴급지원의 기간
① 생계지원, 주거지원, 사회복지시설 이용지원, 그 밖의 지원에 따른 긴급지원은 1개월간의 생계유지 등에 필요한 지원으로 한다. 다만, 시장 · 군수 · 구청장이 긴급지원대상자의 위기상황이 계속된다고 판단하는 경우에는 1개월씩 두 번의 범위에서 기간을 연장할 수 있다.
② 의료지원은 위기상황의 원인이 되는 질병 또는 부상을 검사 · 치료하기 위한 범위에서 한 번 실시하며, 교육지원도 한 번 실시한다.

(2) 긴급지원의 추가연장
시장 · 군수 · 구청장은 위기상황이 계속되는 경우에는 긴급지원심의위원회의 심의를

거쳐 지원을 연장할 수 있다.

① 생계지원은 총 6개월을 초과하여서는 아니 된다.

② 주거지원은 총 12개월을 초과하여서는 아니 된다.

③ 의료지원은 총 두 번을 초과하여서는 아니 된다.

④ 교육지원은 총 네 번을 초과하여서는 아니 된다.

(3) 지원요청 및 신고(제7조)

① 긴급지원대상자와 친족, 그 밖의 관계인은 구술 또는 서면 등으로 관할 시장 · 군수 · 구청장에게 지원을 요청할 수 있다.

② 누구든지 긴급지원대상자를 발견한 경우 관할 시장 · 군수 · 구청장에게 신고하여야 한다.

③ 다음의 어느 하나에 해당하는 사람은 진료 · 상담 등 직무수행 과정에서 긴급지원대상자가 있음을 알게 된 경우에는 관할 시장 · 군수 · 구청장에게 이를 신고하고, 긴급지원대상자가 신속하게 지원을 받을 수 있도록 노력하여야 한다.

- 의료법에 따른 의료기관의 종사자,
- 유아교육법, 초 · 중등교육법 및 고등교육법에 따른 교원
- 사회복지사업법에 따른 사회복지시설의 종사자 및 복지위원
- 국가공무원법 및 지방공무원법에 따른 공무원
- 장애인활동 지원에 관한 법률에 따른 활동지원기관의 장 및 그 종사자와 활동지원인력
- 그 밖에 긴급지원대상자를 발견할 수 있는 자로서 보건복지부령으로 정하는 자

5) 위기상황의 발굴(제7조의2) ★★

① 국가 및 지방자치단체는 위기상황에 처한 사람에 대한 발굴조사를 연1회 이상 정기적으로 실시하여야 한다.

② 국가 및 지방자치단체는 정기 발굴조사 또는 수시 발굴조사를 위하여 필요한 경우 관계 기관 · 법인 · 단체 등의 장에게 자료의 제출, 위기상황에 처한 사람의 거주지 등 현장조사 시 소속 직원의 동행 등 협조를 요청할 수 있다. 이 경우 관계 기관 ·

법인 · 단체 등의 장은 정당한 사유가 없으면 이에 따라야 한다.

6) 지원대상자의 사후조사(제13조) ★★

① 시장 · 군수 · 구청장은 제8조 제3항에 따라 지원을 받았거나 받고 있는 긴급지원
대상자에 대하여 소득 또는 재산 등 대통령령으로 정하는 기준에 따라 긴급지원이
적정한지를 조사하여야 한다.

② 시장 · 군수 · 구청장은 조사를 위하여 금융 · 국세 · 지방세 · 건강보험 · 국민연금
및 고용보험 등 관련 전산망을 이용하려는 경우에는 해당 법률에서 정하는 바에
따라 관계 기관의 장에게 협조를 요청할 수 있다. 이 경우 관계 기관의 장은 정당
한 사유가 없으면 그 요청에 따라야 한다.

7) 권리보호 ★★★

(1) 이의신청(제16조)

① 결정이나 반환명령에 이의가 있는 사람은 그 처분을 고지 받은 날부터 30일 이내
에 해당 시장 · 군수 · 구청장을 거쳐 특별시장 · 광역시장 · 도지사 · 특별자치도지
사에게 서면으로 이의신청할 수 있다. 이 경우 시장 · 군수 · 구청장은 이의신청을
받은 날부터 10일 이내에 의견서와 관련 서류를 첨부하여 시 · 도지사에게 송부하
여야 한다.

② 시 · 도지사는 송부를 받은 날부터 15일 이내에 이를 검토하고 처분이 위법 · 부당
하다고 인정되는 때는 시정, 그 밖에 필요한 조치를 하여야 한다.

(2) 압류 등의 금지(제18조)

① 긴급지원대상자에게 지급되는 금전 또는 현물은 압류할 수 없다.

② 긴급지원수급계좌의 긴급지원금과 이에 관한 채권은 압류할 수 없다.

③ 긴급지원대상자는 지급되는 금전 또는 현물을 생계유지 등의 목적 외의 다른 용도
로 사용하기 위하여 양도하거나 담보로 제공할 수 없다.

01) 국민기초생활보장법에 따른 의료급여 수급자로서 의료급여법상 1종 수급자가 아닌 사람은? (15회 기출)

① 18세인 자
② 65세인 자
③ 장애인고용촉진 및 직업재활법에 따른 중증장애인
④ 임신 중에 있는 자
⑤ 병역법에 따른 병역의무를 이행 중인 자

☞ 해설: 의료급여법시행령 제3조(수급권자의 구분) 제2항(1종 수급권자) 참조
• 법 제3조 제1항 제1호에 따른 국민기초생활 보장법에 의한 수급자중 다음의 어느 하나에 해당하는 자
가. 다음의 어느 하나에 해당하는 자 또는 근로능력이 없거나 근로가 곤란하다고 인정하여 보건복지부장관이 정하는 자만으로 구성된 세대의 구성원
(1) 18세 미만인 자
(2) 65세 이상인 자
(3) 장애인고용촉진 및 직업재활법 제2조 제2호에 해당하는 중증장애인
(4) 국민기초생활 보장법 시행령 제7조 제1항 제2호에 해당하는 자
(5) 임신 중에 있거나 분만 후 6개월 미만의 여자
(6) 병역법에 의한 병역의무를 이행 중인 자

정답 ①

02) 긴급복지지원법상 긴급지원의 종류 중 직접지원에 해당하지 않은 것은? (17회 기출)

① 생계지원　　　② 의료지원　　　③ 교육지원
④ 정보제공지원　　　⑤ 사회복지시설이용지원

☞ 해설: 긴급복지지원법 제9조(긴급지원의 종류 및 내용) 참조

• 금전 또는 현물(現物) 등의 직접지원

   – 생계지원, 의료지원, 주거지원, 사회복지시설 이용 지원, 교육지원, 그 밖의 지원

• 민간기관·단체와의 연계 등의 지원

• 민간기관·단체와의 연계 등의 지원

   – 대한적십자사 조직법에 따른 대한적십자사, 사회복지공동모금회법에 따른 사회

     복지공동모금회 등의 사회복지기관·단체와의 연계 지원

   – 상담·정보제공, 그 밖의 지원

정답 ④

제16장
|
기초연금법과 장애인연금법

1. 기초연금법

1) 기초연금법의 개요 ★★★

(1) 목적(제1조)

노인에게 기초연금을 지급하여 안정적인 소득기반을 제공함으로써 노인의 생활안정을 지원하고 복지를 증진함을 목적으로 한다.

(2) 용어의 정의(제2조)

① 기초연금 수급권(受給權): 기초연금을 받을 권리를 말한다.

② 기초연금 수급권자: 기초연금 수급권을 가진 사람을 말한다.

③ 기초연금 수급자: 기초연금을 지급받고 있는 사람을 말한다.

④ 소득인정액: 본인·배우자의 소득평가액과 재산의 소득환산액을 합산한 금액을 말한다.

(3) 수급권자의 범위 등(제3조) ★★★

① 기초연금은 65세 이상인 사람으로서 소득인정액이 보건복지부장관이 정하여 고시하는 금액 이하인 사람에게 지급한다.

② 보건복지부장관은 선정기준액을 정하는 경우 65세 이상인 사람 중 기초연금 수급자가 <u>100분의 70</u> 수준이 되도록 한다.

③ 특수직연금의 수급권자와 그 배우자나 다음의 어느 하나에 해당하는 연금을 받은 사람 중 대통령령으로 정하는 사람과 그 배우자에게는 기초연금을 지급하지 아니한다.

(4) 기초연금액의 산정(제5조)

① 기초연금 수급권자에 대한 기초연금의 금액(기초연금액)은 기준연금액과 국민연금 급여액 등을 고려하여 산정한다.

② 기준연금액은 보건복지부장관이 그 전년도의 기준연금액에 대통령령으로 정하는 바에 따라 전국소비자물가변동률(통계법 제3조에 따라 통계청장이 매년 고시하는 전국소비자물가변동률)을 반영하여 매년 고시한다. 이 경우 그 고시한 기준연금액의 적용기간은 해당 조정연도 4월부터 다음 연도 3월까지로 한다.

③ 제2항 전단에도 불구하고 2018년의 기준연금액은 25만원으로 한다.

(5) 저소득 기초연금 수급권자에 대한 기초연금액 산정의 특례(제5조의2)

① 65세 이상인 사람 중 소득인정액이 100분의 20 이하인 사람에게 적용하는 기준연금액은 30만원으로 한다.

② 보건복지부장관은 상기 기준연금액을 적용받는 사람을 선정하기 위한 소득인정액(저소득자 선정기준액)을 정하여 고시하여야 한다.

2) 기초연금액의 한도 및 감액 ★★

(1) 기초연금액의 한도(제7조)

기초연금액이 기준연금액을 초과하는 경우 기준연금액을 기초연금액으로 본다.

(2) 기초연금액의 감액(제8조)

① 본인과 그 배우자가 모두 기초연금 수급권자인 경우에는 각각의 기초연금액에서 기초연금액의 100분의 20에 해당하는 금액을 감액한다.

② 소득인정액과 기초연금액을 합산한 금액이 선정기준액 이상인 경우에는 선정기준 액을 초과하는 금액의 범위에서 기초연금액의 일부를 감액할 수 있다.

3) 기초연금액의 적정성 평가 등(제9조) ★★

① 보건복지부장관은 제5조 제2항에도 불구하고 5년마다 기초연금 수급권자의 생활 수준, 국민연금법에 따른 금액의 변동률, 전국소비자물가변동률 등을 종합적으로 고려하여 기초연금액의 적정성을 평가하고 그 결과를 반영하여 기준연금액을 조 정하여야 한다.

② 적정성평가를 할 때에는 노인 빈곤에 대한 실태 조사와 기초연금의 장기적인 재정 소요에 대한 전망을 함께 실시하여야 한다.

4) 기초연금의 신청 및 지급결정 등 ★★

(1) 기초연금 지급의 신청(제10조)

① 기초연금을 지급받으려는 사람 또는 보건복지부령으로 정하는 대리인은 특별자치 도지사·시장·군수·구청장에게 기초연금의 지급을 신청할 수 있다.

② 기초연금 수급희망자와 그 배우자는 신청을 할 때 금융정보, 신용정보, 보험정보 를 보건복지부장관 및 특별자치도지사·시장·군수·구청장에게 제공하는 것에 대하여 동의한다는 서면을 제출하여야 한다.

(2) 기초연금 관련 정보의 제공(제10조의2)

보건복지부장관 또는 특별자치도지사·시장·군수·구청장은 65세 이상인 사람에게 기초연금의 지급대상, 금액 및 신청방법 등 기초연금 관련 정보를 제공하여야 한다.

(3) 기초연금의 지급결정(제13조)

① 특별자치도지사·시장·군수·구청장은 조사를 한 후 기초연금 수급권의 발생· 변경·상실 등을 결정한다.

② 특별자치도지사 · 시장 · 군수 · 구청장은 결정을 한 경우에는 그 결정 내용을 서면으로 그 이유를 구체적으로 밝혀 기초연금 수급권자에게 지체 없이 통지하여야 한다.

(4) 기초연금의 지급 및 지급 시기(제14조)

특별자치도지사 · 시장 · 군수 · 구청장은 기초연금 수급권자로 결정한 사람에 대하여 기초연금의 지급을 신청한 날이 속하는 달부터 기초연금 수급권을 상실한 날이 속하는 달까지 매월 정기적으로 기초연금을 지급한다.

(5) 기초연금 지급의 정지(제16조)

특별자치도지사 · 시장 · 군수 · 구청장은 기초연금 수급자가 다음의 어느 하나의 경우에 해당하면 그 사유가 발생한 날이 속하는 달의 다음 달부터 그 사유가 소멸한 날이 속하는 달까지는 기초연금의 지급을 정지한다.
① 기초연금 수급자가 금고 이상의 형을 선고받고 교정시설 또는 치료감호시설에 수용되어 있는 경우
② 기초연금 수급자가 행방불명되거나 실종되는 등 대통령령으로 정하는 바에 따라 사망한 것으로 추정되는 경우
③ 기초연금 수급자의 국외 체류기간이 60일 이상 지속되는 경우. 이 경우 국외 체류 60일이 되는 날을 지급 정지의 사유가 발생한 날로 본다.

(6) 기초연금 수급권의 상실(제17조)

기초연금 수급권자가 사망한 때, 국적을 상실하거나 국외로 이주한 때, 기초연금 수급권자에 해당하지 아니하게 된 때에 기초연금 수급권을 상실한다.

5) 시효 및 비용분담 ★★

(1) 시효(제23조)

환수금을 환수할 권리와 기초연금 수급권자의 권리는 5년간 행사하지 아니하면 시효의 완성으로 소멸한다.

(2) 비용의 분담(제25조)

① 국가는 지방자치단체의 노인인구 비율 및 재정 여건 등을 고려하여 기초연금의 지급에 드는 비용 중 100분의 40 이상 100분의 90 이하의 범위에서 대통령령으로 정하는 비율에 해당하는 비용을 부담한다.

② 국가가 부담하는 비용을 뺀 비용은 특별시·광역시·특별자치시·도·특별자치도와 시·군·구가 상호 분담한다. 이 경우, 그 부담비율은 노인인구 비율 및 재정 여건 등을 고려하여 보건복지부장관과 협의하여 시·도의 조례 및 시·군·구의 조례로 정한다.

6) 수급권의 보호(제21조) ★★

① 기초연금 수급권은 양도하거나 담보로 제공할 수 없으며, 압류 대상으로 할 수 없다.

② 기초연금으로 지급받은 금품은 압류할 수 없다.

2. 장애인연금법

1) 장애인연금법의 개요 ★★

(1) 목적(제1조)

장애로 인하여 생활이 어려운 중증장애인에게 장애인연금을 지급함으로써 중증장애인의 생활 안정 지원과 복지 증진 및 사회통합을 도모하는 데 이바지함을 목적으로 한다.

(2) 용어의 정의(제2조)

① 중증장애인: 장애인복지법에 따라 등록한 장애인 중 근로능력이 상실되거나 현저하게 감소되는 등 장애정도가 중증인 사람으로서 대통령령으로 정하는 사람을 말한다.

② 수급권: 장애인연금을 받을 수 있는 자격을 말한다.

③ <u>수급권자</u>: 수급권을 가진 사람을 말한다.

④ <u>수급자</u>: 장애인연금을 받는 사람을 말한다.

⑤ <u>소득인정액</u>: 수급권자와 그 배우자의 소득평가액과 재산의 소득환산액을 합산한 금액을 말한다.

⑥ <u>수급권자와 그 배우자의 소득평가액</u>: 수급권자와 그 배우자의 실제 소득에도 불구하고 장애인연금의 지급 결정 및 실시 등에 사용하기 위하여 산출한 금액을 말한다.

⑦ <u>재산의 소득환산액</u>: 수급권자와 그 배우자의 재산가액에 재산의 소득환산율을 곱하여 산출한 금액을 말한다.

2) 장애인연금의 수급권 ★★★

(1) 수급권자의 범위(제4조)

① 수급권자는 <u>18세</u> 이상의 중증장애인으로서 소득인정액이 그 중증장애인의 소득·재산·생활수준과 물가상승률 등을 고려하여 보건복지부장관이 고시하는 금액이하인 사람으로 한다. 다만, 20세 이하로서 초·중등교육법에 따른 학교에 재학 중인 사람은 제외한다.

② 보건복지부장관은 선정기준액을 정하는 경우에 18세 이상의 중증장애인 중 수급자가 100분의 70 수준이 되도록 한다.

③ 다음의 어느 하나에 해당하는 연금을 받을 자격이 있는 사람과 그 배우자나 다음 각 호의 어느 하나에 해당하는 연금을 받은 사람 중 대통령령으로 정하는 사람과 그 배우자에게는 장애인연금을 지급하지 아니한다.

  – 공무원연금법, 사립학교교직원 연금법에 따른 퇴직연금, 퇴직연금일시금, 퇴직연금공제 일시금, 장해연금, 장해보상금, 유족연금, 유족연금일시금, 순직유족연금·유족일시금

  – 군인연금법에 따른 퇴역연금, 퇴역연금일시금, 퇴역연금공제일시금, 상이연금, 유족연금 또는 유족연금일시금

  – 별정우체국법에 따른 퇴직연금, 퇴직연금일시금, 퇴직연금공제일시금, 유족연금 또는 유족연금일시금

– 국민연금과 직역연금의 연계에 관한 법률에 따른 연계퇴직연금 또는 연계퇴직
유족연금 중 직역재직기간이 10년 이상인 경우의 연계퇴직연금 또는 연계퇴직
유족연금

(2) 수급권의 소멸과 지급정지(제15조)

① 수급권의 소멸
- 사망한 경우
- 국적을 상실하거나 외국으로 이주하기 위하여 출국하는 경우
- 수급권자의 범위에 해당하지 아니하게 된 경우
- 장애정도의 변경 등으로 중증장애인에 해당하지 아니하게 된 경우

② 수급권의 정지
- 수급자가 금고 이상의 실형을 선고받고 형의 집행 및 수용자의 처우에 관한 법
률 또는 치료감호법에 따른 교정시설 또는 치료감호시설에 수용 중인 경우
- 수급자가 행방불명 또는 실종 등의 사유로 사망한 것으로 추정되는 경우
- 수급자의 국외 체류기간이 60일 이상 지속되는 경우. 이 경우 국외 체류 60일이
되는 날을 지급 정지의 사유가 발생한 날로 본다.

3) 장애인연금의 종류 및 급여액 ★★

(1) 연금의 종류(제5조)

① 기초급여: 근로능력의 상실 또는 현저한 감소로 인하여 줄어드는 소득을 보전(補
填)하여 주기 위하여 지급하는 급여
② 부가급여: 장애로 인하여 추가로 드는 비용의 전부 또는 일부를 보전하여 주기 위
하여 지급하는 급여

(2) 연금의 급여액(제6조)

① 기초급여액
- 기초급여의 금액은 보건복지부장관이 그 전년도 기초급여액에 대통령령으로 정
하는 바에 따라 전국소비자물가변동률 반영하여 매년 고시한다.

- 기초연금법에 따라 기준연금액을 고시한 경우 그 기준연금액을 기초급여액으로 한다.
- 수급권자와 그 배우자가 모두 기초급여를 받는 경우에는 <u>각각</u>의 기초급여액에서 기초급여액의 <u>100분의 20</u>에 해당하는 금액을 감액한다.
- 소득인정액과 기초급여액을 합한 금액이 선정기준액 이상인 경우에는 대통령령으로 정하는 바에 따라 기초급여액의 일부를 감액하여 지급할 수 있다.
- 장애인연금 수급권자 중 기초연금 수급권자에게는 기초급여를 지급하지 아니한다.

② 부가급여액(제7조)

부가급여액은 월정액으로 하며, 수급권자와 그 배우자의 소득 수준 및 장애로 인한 추가비용 등을 고려하여 대통령령으로 정한다.

4) 연금의 신청 및 조사 ★★

(1) 연금의 신청(제8조)

① 장애인연금을 지급받으려는 사람은 관할 특별자치도지사 · 시장 · 군수 · 구청장에게 장애인연금의 지급을 신청할 수 있다.

② 특별자치도 · 시 · 군 · 구 소속 공무원은 이 법에 따른 장애인연금을 필요로 하는 사람이 누락되지 아니하도록 하기 위하여 관할 지역에 거주하는 수급희망자 또는 수급권자에 대한 장애인연금의 지급을 신청할 수 있다. 이 경우 그 수급희망자 또는 수급권자의 동의를 받아야 하며, 그 동의는 수급희망자 또는 수급권자의 신청으로 본다.

(2) 장애인연금 관련 정보의 제공(제8조의2)

보건복지부장관 또는 특별자치도지사 · 시장 · 군수 · 구청장은 중증장애인에게 수급권자의 범위, 장애인연금의 종류 · 내용 · 신청방법 등 장애인연금 관련 정보를 제공하여야 한다.

(3) 신청에 따른 조사(제9조)

① 보건복지부장관 또는 특별자치도지사·시장·군수·구청장은 장애인연금의 신청을 받으면 소속 공무원으로 하여금 장애인연금의 지급 결정 및 실시 등에 필요한 다음의 사항을 조사하게 할 수 있다.
- 수급희망자 또는 수급권자와 그 배우자의 소득 및 재산에 관한 사항
- 수급희망자 또는 수급권자의 가구 특성 및 장애정도에 관한 사항
- 수급희망자 또는 수급권자의 지급계좌 등 장애인연금의 지급에 필요한 사항
② 보건복지부장관 또는 특별자치도지사·시장·군수·구청장은 신청을 받은 경우에는 해당 수급희망자 또는 수급권자의 장애 상태와 장애정도를 확인하기 위하여 장애정도를 재심사할 수 있다.

(4) 지급의 결정 등(제10조)

① 특별자치도지사·시장·군수·구청장은 조사를 하였을 때에는 지체 없이 장애인연금 지급의 여부와 내용을 결정하여야 한다.
② 특별자치도지사·시장·군수·구청장은 장애인연금 지급의 여부와 내용을 결정하였을 때에는 그 결정의 요지, 장애인연금의 종류 및 지급 개시시기 등을 서면으로 해당 수급희망자 또는 수급권자에게 통지하여야 한다.
③ 수급희망자 또는 수급권자에 대한 통지는 장애인연금 지급의 신청일부터 30일 이내에 하여야 한다.

(5) 수급자에 대한 사후관리(제11조)

① 보건복지부장관은 수급자에 대한 장애인연금 지급의 적정성을 확인하기 위하여 매년 연간조사계획을 수립하고, 전국의 수급자를 대상으로 '신청에 따른 조사'에 규정된 사항을 조사하여야 한다.
② 특별자치도지사·시장·군수·구청장은 수급자, 그 배우자 또는 그 밖의 관계인이 조사 및 자료제출 요구를 두 번 이상 거부·방해 또는 기피한 경우에는 수급자에 대한 장애인연금 지급 결정을 취소하거나 장애인연금 지급을 정지할 수 있다. 이 경우 서면으로 그 이유를 분명하게 밝혀 수급자에게 통지하여야 한다.

5) 연금의 지급기간 및 시기(제13조)

① 특별자치도지사·시장·군수·구청장은 장애인연금의 지급이 결정되면 해당 수급권자에게 장애인연금을 신청한 날이 속하는 달부터 수급권이 소멸한 날이 속하는 달까지 매월 정기적으로 지급한다.

② 장애인연금은 그 지급을 정지하여야 할 사유가 발생한 경우에는 그 사유가 발생한 날이 속하는 달의 다음 달부터 그 사유가 소멸한 날이 속하는 달까지는 지급하지 아니한다. 다만, 정지 사유가 발생한 날과 그 사유가 소멸한 날이 같은 달에 속하는 경우에는 그 지급을 정지하지 아니한다.

6) 비용의 부담(제21조)

장애인연금은 지방자치단체의 재정 여건 등을 고려하여 대통령령으로 정하는 바에 따라 국가, 특별시·광역시·도 또는 특별자치도 및 시·군·구가 부담한다.

7) 수급권의 보호 등 ★★★

(1) 압류금지 등(제19조)

① 수급자에게 장애인연금으로 지급된 금품이나 이를 받을 권리는 압류할 수 없다.

② 장애인연금수급계좌의 예금에 관한 채권은 압류할 수 없다.

③ 수급자는 장애인연금을 받을 권리를 다른 사람에게 양도하거나 담보로 제공할 수 없다.

(2) 시효(제20조)

수급자의 장애인연금을 받을 권리와 장애인연금을 환수할 지방자치단체의 권리는 5년간 행사하지 아니하면 시효의 완성으로 소멸된다.

01) 기초연금법의 내용으로 옳은 것은? (17회 기출)

① 소득인정액이란 본인 및 배우자의 소득평가액과 재산의 소득환산액을 합산한 금액을 말한다.

② 기초연금수급권자가 국외로 이주하더라도 기초연금수급권은 상실하지 않는다.

③ 기초연금으로 지급받은 금품은 압류할 수 있다.

④ 기초연금은 기초연금의 지급을 신청한 날이 속하는 달의 다음 달부터 지급한다.

⑤ 본인과 그 배우자가 모두 기초연금수급권자인 경우에는 각각의 기초연금액에서 100분의 50에 해당하는 금액을 감액한다.

☞ 해설: (오답 풀이)

② 기초연금수급권자가 국외로 이주한 경우 기초연금수급권은 상실한다(제17조).

③ 기초연금으로 지급받은 금품은 압류할 수 없다(제21조).

④ 기초연금은 기초연금의 지급을 신청한 날이 속하는 달부터 지급한다(제14조).

⑤ 본인과 그 배우자가 모두 기초연금수급권자인 경우에는 각각의 기초연금액에서 100분의 20에 해당하는 금액을 감액한다(제8조).

정답 ①

02) 기초연금법의 내용으로 옳지 않은 것은? (16회 기출)

① 보건복지부장관은 선정기준액을 정하는 경우 65세 이상인 사람 중 기초연금 수급자가 100분의 70수준이 되도록 한다.

② 기초연금으로 지급받은 금품은 압류할 수 없다.

③ 기초연금의 지급이 정지된 기간에는 기초연금을 지급하지 아니한다.

④ 기초연금 수급자가 국외로 이주한 때에 기초연금수급권을 상실한다.

⑤ 기초연금 수급권자의 권리는 3년간 행사하지 아니하면 시효의 완성으로 소멸한다.

☞ 해설: 기초연금법 제23조(시효) 참조

• 제19조에 따른 환수금을 환수할 권리와 기초연금 수급권자의 권리는 5년간 행사하지 아니하면 시효의 완성으로 소멸한다.

정답 ⑤

제17장
|
영유아보육법과 아동복지법

1. 영유아보육법

1) 영유아보육법의 개요 ★★
(1) 목적(제1조)
영유아(嬰幼兒)의 심신을 보호하고 건전하게 교육하여 건강한 사회 구성원으로 육성함과 아울러 보호자의 경제적·사회적 활동이 원활하게 이루어지도록 함으로써 영유아 및 가정의 복지 증진에 이바지함을 목적으로 한다.

(2) 용어의 정의(제2조)
① 영유아: 6세 미만의 취학 전 아동을 말한다.
② 보육: 영유아를 건강하고 안전하게 보호·양육하고 영유아의 발달 특성에 맞는 교육을 제공하는 어린이집 및 가정양육 지원에 관한 사회복지서비스를 말한다.
③ 어린이집: 보호자의 위탁을 받아 영유아를 보육하는 기관을 말한다.
④ 보호자: 친권자·후견인, 그 밖의 자로서 영유아를 사실상 보호하고 있는 자를 말한다.

⑤ 보육교직원: 어린이집 영유아의 보육, 건강관리 및 보호자와의 상담, 그 밖에 어린이집의 관리 · 운영 등의 업무를 담당하는 자로서 어린이집의 원장 및 보육교사와 그 밖의 직원을 말한다.

(3) 보육실태조사(제19조)

보건복지부장관은 이 법의 적절한 시행을 위하여 보육 실태 조사를 3년마다 하여야 한다.

2) 어린이집의 종류 및 이용대상 등 ★★

(1) 어린이집의 종류(제10조)

① 국공립어린이집: 국가나 지방자치단체가 설치 · 운영하는 어린이집
② 사회복지법인어린이집: 사회복지사업법에 따른 사회복지법인이 설치 · 운영하는 어린이집
③ 법인 · 단체 등 어린이집: 각종 법인이나 단체 등이 설치 · 운영하는 어린이집으로서 대통령령으로 정하는 어린이집
④ 직장어린이집: 사업주가 사업장의 근로자를 위하여 설치 · 운영하는 어린이집
⑤ 가정어린이집: 개인이 가정이나 그에 준하는 곳에 설치 · 운영하는 어린이집
⑥ 협동어린이집: 보호자, 보호자와 보육교직원이 조합을 결성하여 설치 · 운영하는 어린이집
⑦ 민간어린이집: 위 어린이집에 해당하지 아니하는 어린이집

(2) 어린이집의 이용대상(제27조)

어린이집의 이용대상은 보육이 필요한 영유아를 원칙으로 한다. 다만, 필요한 경우 어린이집의 원장은 만 12세까지 연장하여 보육할 수 있다.

3) 어린이집의 설치 ★★

(1) 국공립어린이집의 설치 등(제12조)

국가나 지방자치단체는 국공립어린이집을 설치 · 운영하여야 한다. 이 경우 국공립어

린이집은 보육계획에 따라 도시 저소득주민 밀집 주거지역 및 농어촌지역 등 취약지역, 건축법에 따른 공동주택 중 대통령령으로 정하는 일정 세대 이상의 공동주택을 건설하는 주택단지 지역, 산업단지지역에 우선적으로 설치하여야 한다.

(2) 국공립어린이집 외의 어린이집의 설치(제13조)

① 국공립어린이집 외의 어린이집을 설치 · 운영하려는 자는 특별자치도지사 · 시장 · 군수 · 구청장의 인가를 받아야 한다. 인가받은 사항 중 중요 사항을 변경하려는 경우에도 또한 같다.

② 특별자치도지사 · 시장 · 군수 · 구청장은 제1항에 따른 인가를 할 경우 해당 지역의 보육 수요를 고려하여야 한다.

③ 어린이집의 설치인가를 받은 자는 어린이집 방문자 등이 볼 수 있는 곳에 어린이집 인가증을 게시하여야 한다.

(3) 직장어린이집의 설치 등(제14조)

대통령령으로 정하는 일정 규모 이상의 사업장의 사업주는 직장어린이집을 설치하여야 한다. 다만, 사업장의 사업주가 직장어린이집을 단독으로 설치할 수 없을 때에는 사업주 공동으로 직장어린이집을 설치 · 운영하거나, 지역의 어린이집과 위탁계약을 맺어 근로자 자녀의 보육을 지원하여야 한다.

4) 보육정책조정위원회(제5조) ★★

① 보육정책에 관한 관계 부처 간의 의견을 조정하기 위하여 국무총리 소속으로 보육정책조정위원회를 둔다.

② 보육정책조정위원회는 위원장을 포함한 12명 이내의 위원으로 구성하되, 위원장은 국무조정실장이 되고 위원은 기획재정부차관, 교육부차관, 보건복지부차관, 고용노동부차관 및 여성가족부차관, 위원장이 위촉하는 보육계 · 유아교육계 · 여성계 · 사회복지계 · 시민단체 및 보호자를 대표하는 자 각 1명으로 구성된다.

5) 보육정책위원회(제6조) ★★

① 보육에 관한 각종 정책·사업·보육지도 및 어린이집 평가인증사항 등을 심의하기 위하여 보건복지부에 <u>중앙보육정책위원회</u>를, 특별시·광역시·도·특별자치도 및 시·군·구에 <u>지방보육정책위원회를 둔다</u>. 다만, 지방보육정책위원회는 그 기능을 담당하기에 적합한 다른 위원회가 있고 그 위원회의 위원이 자격을 갖춘 경우에는 시·도 또는 시·군·구의 조례로 정하는 바에 따라 그 위원회가 지방보육정책위원회의 기능을 대신할 수 있다.

② 중앙보육정책위원회와 지방보육정책위원회의 위원은 보육전문가, 어린이집의 원장 및 보육교사 대표, 보호자 대표 또는 공익을 대표하는 자, 관계 공무원 등으로 구성한다.

6) 보육의 우선 제공(제28조)

① 국민기초생활보장법에 따른 수급자, 차상위계층의 자녀
② 한부모가족지원법 제5조에 따른 보호대상자의 자녀
③ 장애인복지법상 장애인 중 보건복지부령으로 정하는 장애정도에 해당하는 자의 자녀
④ 다문화가족지원법 제2조에 따른 다문화가족의 자녀
⑤ 국가유공자 등 예우 및 지원에 관한 법률 전몰군경, 순직자의 자녀 등

2. 아동복지법

1) 아동복지법의 개요 ★★

(1) 목적(제1조)

아동이 건강하게 출생하여 행복하고 안전하게 자랄 수 있도록 아동의 복지를 보장하는 것을 목적으로 한다.

(2) 용어의 정의(제3조)

① <u>아동</u>: 18세 미만인 사람을 말한다.

② <u>아동복지</u>: 아동이 행복한 삶을 누릴 수 있는 기본적인 여건을 조성하고 조화롭게 성장·발달할 수 있도록 하기 위한 경제적·사회적·정서적 지원을 말한다.

③ <u>보호자</u>: 친권자, 후견인, 아동을 보호·양육·교육하거나 그러한 의무가 있는 자 또는 업무·고용 등의 관계로 사실상 아동을 보호·감독하는 자를 말한다.

④ <u>보호대상아동</u>: 보호자가 없거나 보호자로부터 이탈된 아동, 보호자가 아동을 학대하는 경우 등 그 보호자가 아동을 양육하기에 적당하지 아니하거나 양육할 능력이 없는 경우의 아동을 말한다.

⑤ <u>지원대상아동</u>: 아동이 조화롭고 건강하게 성장하는 데에 필요한 기초적인 조건이 갖추어지지 아니하여 사회적·경제적·정서적 지원이 필요한 아동을 말한다.

⑥ <u>가정위탁</u>: 보호대상아동의 보호를 위하여 성범죄, 가정폭력, 아동학대, 정신질환 등 전력이 없는 보건복지부령으로 정하는 기준에 적합한 가정에 보호대상아동을 일정 기간 위탁하는 것을 말한다.

⑦ <u>아동학대</u>: 보호자를 포함한 성인이 아동의 건강 또는 복지를 해치거나 정상적 발달을 저해할 수 있는 신체적·정신적·성적 폭력이나 가혹행위를 하는 것과 아동의 보호자가 아동을 유기하거나 방임하는 것을 말한다.

⑧ <u>아동학대관련범죄</u>: 아동학대범죄의 처벌 등에 관한 특례법에 따른 아동학대범죄, 아동에 대한 형법상 살인의 죄 중 제250조부터 제255조까지의 죄를 말한다.

⑨ <u>피해아동</u>: 아동학대로 인하여 피해를 입은 아동을 말한다.

⑩ <u>아동복지시설</u>: 제50조에 따라 설치된 시설을 말한다.

⑪ <u>아동복지시설 종사자</u>: 아동복지시설에서 아동의 상담·지도·치료·양육, 그 밖에 아동의 복지에 관한 업무를 담당하는 사람을 말한다.

2) 아동정책관련 기관 ★★

(1) 아동정책조정위원회(제10조)

① 아동의 권리증진과 건강한 출생 및 성장을 위하여 종합적인 아동정책을 수립하고 관계 부처의 의견을 조정하며 그 정책의 이행을 감독하고 평가하기 위하여 <u>국무총리 소속</u>으로 아동정책조정위원회를 <u>둔다</u>.

② 위원회는 위원장을 포함한 25명 이내의 위원으로 구성하되, 위원장은 <u>국무총리가</u>

되고 위원은 기획재정부장관 · 교육부장관 · 법무부장관 · 행정안전부장관 · 문화
체육관광부장관 · 산업통상자원부장관 · 보건복지부장관 · 고용노동부장관 · 여성
가족부장관 및 아동 관련 단체의 장이나 아동에 대한 학식과 경험이 풍부한 사람
중 위원장이 위촉하는 15명 이내의 위원으로 구성된다.

(2) 아동복지심의위원회(제12조)

시 · 도지사 및 시장 · 군수 · 구청장은 그 소속으로 아동복지심의위원회를 각각 <u>둔다.</u>

(3) 아동복지전담공무원(제13조)

① 아동복지에 관한 업무를 담당하기 위하여 특별시 · 광역시 · 도 · 특별자치도 및
  시 · 군 · 구에 각각 아동복지전담공무원을 둘 수 있다.

② 전담공무원은 사회복지사업법에 따른 사회복지사의 자격을 가진 사람으로 하고
  그 임용 등에 필요한 사항은 해당 시 · 도 및 시 · 군 · 구의 조례로 정한다.

③ 전담공무원은 아동에 대한 상담 및 보호조치, 가정환경에 대한 조사, 아동복지시
  설에 대한 지도 · 감독, 아동범죄 예방을 위한 현장 확인 및 지도 · 감독 등 지역 단
  위에서 아동의 복지증진을 위한 업무를 수행한다.

(4) 아동위원(제14조)

시 · 군 · 구에 아동위원을 두며, 그 관할 구역의 아동에 대하여 항상 그 생활상태 및
가정환경을 상세히 파악하고 아동복지에 필요한 원조와 지도를 행하며 전담공무원
및 관계 행정기관과 협력하여야 한다.

3) 아동복지정책의 수립 및 시행 ★★

(1) 아동정책기본계획의 수립(제7조)

① 보건복지부장관은 아동정책의 효율적인 추진을 위하여 5년마다 아동정책기본계
  획을 수립하여야 한다.

② 보건복지부장관은 기본계획을 수립할 때에는 미리 관계 중앙행정기관의 장과 협
  의하여야 하며, 기본계획은 아동정책조정위원회의 심의를 거쳐 확정한다. 이 경우

보건복지부장관은 확정된 기본계획을 관계 중앙행정기관의 장 및 특별시장 · 광역시장 · 도지사 · 특별자치도지사에게 알려야 한다.

(2) 아동종합실태조사(제11조)

보건복지부장관은 5년마다 아동의 양육 및 생활환경, 언어 및 인지 발달, 정서적 · 신체적 건강, 아동안전, 아동학대 등 아동의 종합실태를 조사하여 그 결과를 공표하고, 이를 기본계획과 시행계획에 반영하여야 한다. 다만, 보건복지부장관은 필요한 경우 보건복지부령으로 정하는 바에 따라 분야별 실태조사를 할 수 있다.

(3) 아동정책영향평가(제11조의2)

국가와 지방자치단체는 대통령령으로 정하는 바에 따라 아동 관련 정책이 아동복지에 미치는 영향을 분석 · 평가하고, 그 결과를 아동 관련 정책의 수립 · 시행에 반영하여야 한다.

4) 아동보호서비스 ★★

(1) 보호조치(제15조)

① 시 · 도지사 또는 시장 · 군수 · 구청장은 그 관할 구역에서 보호대상아동을 발견하거나 보호자의 의뢰를 받은 때에는 아동의 최상의 이익을 위하여 대통령령으로 정하는 바에 따라 보호조치를 하여야 한다.

② 시 · 도지사 또는 시장 · 군수 · 구청장은 보호조치가 적합하지 아니한 보호대상아동에 대하여 보호조치를 할 수 있다. 이 경우 보호조치를 하기 전에 보호대상아동에 대한 상담, 건강검진, 심리검사 및 가정환경에 대한 조사를 실시하여야 한다.

③ 시 · 도지사 또는 시장 · 군수 · 구청장은 보호조치를 하려는 경우 보호대상아동의 개별보호 · 관리 계획을 세워 보호하여야 하며, 그 계획을 수립할 때 해당 보호대상아동의 보호자를 참여시킬 수 있다.

(2) 보호대상아동의 퇴소조치 등(제16조)

보호조치 중인 보호대상아동의 연령이 18세에 달하였거나, 보호 목적이 달성되었다고 인정되면 해당 시·도지사, 시장·군수·구청장은 대통령령으로 정하는 절차와 방법에 따라 그 보호 중인 아동의 보호조치를 종료하거나 해당 시설에서 퇴소시켜야 한다.

(3) 보호대상아동의 사후관리(제16조의2)

시·도지사 또는 시장·군수·구청장은 전담공무원 등 관계 공무원으로 하여금 보호 조치의 종료로 가정으로 복귀한 보호대상아동의 가정을 방문하여 해당 아동의 복지 증진을 위하여 필요한 지도·관리를 제공하게 하여야 한다.

(4) 아동의 후견인의 선임 청구 등(제19조)

① 시·도지사, 시장·군수·구청장, 아동복지시설의 장 및 학교의 장은 친권자 또는 후견인이 없는 아동을 발견한 경우 그 복지를 위하여 필요하다고 인정할 때에는 법원에 후견인의 선임을 청구하여야 한다.

② 시·도지사, 시장·군수·구청장, 아동복지시설의 장, 학교의 장, 검사는 후견인 이 해당 아동을 학대하는 등 현저한 비행을 저지른 경우에는 후견인 변경을 법원 에 청구하여야 한다.

(5) 아동의 후견인 선임(제20조)

① 법원은 청구에 따라 후견인을 선임하거나 변경할 경우 민법에도 불구하고 해당 아 동의 후견에 적합한 사람을 후견인으로 선임할 수 있다.

② 법원은 후견인이 없는 아동에 대하여 후견인을 선임하기 전까지 시·도지사, 시 장·군수·구청장, 아동보호전문기관의 장 및 가정위탁지원센터의 장으로 하여금 임시로 그 아동의 후견인 역할을 하게 할 수 있다. 이 경우 해당 아동의 의견을 존 중하여야 한다.

5) 아동학대 예방 ★★★
(1) 아동에 대한 금지행위(제17조)

① 아동을 매매하는 행위, 장애를 가진 아동을 공중에 관람시키는 행위

② 아동에게 음란한 행위를 시키거나 이를 매개하는 행위 또는 아동에게 성적 수치심을 주는 성희롱 등의 성적 학대행위

③ 아동의 신체에 손상을 주거나 신체의 건강 및 발달을 해치는 신체적 학대행위

④ 아동의 정신건강 및 발달에 해를 끼치는 정서적 학대행위

⑤ 자신의 보호·감독을 받는 아동을 유기하거나 의식주를 포함한 기본적 보호·양육·치료 및 교육을 소홀히 하는 방임행위

⑥ 아동에게 구걸을 시키거나 아동을 이용하여 구걸하는 행위

⑦ 공중의 오락 또는 흥행을 목적으로 아동의 건강 또는 안전에 유해한 곡예를 시키는 행위 또는 이를 위하여 아동을 제3자에게 인도하는 행위

⑧ 정당한 권한을 가진 알선기관 외의 자가 아동의 양육을 알선하고 금품을 취득하거나 금품을 요구 또는 약속하는 행위

⑨ 아동을 위하여 증여 또는 급여된 금품을 그 목적 외의 용도로 사용하는 행위

(2) 아동학대 신고의무자에 대한 교육(제26조)

① 관계 중앙행정기관의 장은 아동학대범죄의 처벌 등에 관한 특례법에 해당하는 사람(아동학대 신고의무자)의 자격 취득 과정이나 보수교육 과정에 아동학대 예방 및 신고의무와 관련된 교육 내용을 포함하도록 하여야 한다.

② 관계 중앙행정기관의 장 및 시·도지사는 아동학대 신고의무자에게 본인이 아동학대 신고의무자라는 사실을 고지할 수 있고, 아동학대 예방 및 신고의무와 관련한 교육을 실시할 수 있다.

③ 아동학대 신고의무자가 소속된 기관의 장은 소속 아동학대 신고의무자에게 신고의무 교육을 실시하고, 그 결과를 관계 중앙행정기관의 장에게 제출하여야 한다.

(3) 아동학대 예방교육의 실시(제26조의2)

① 국가기관과 지방자치단체의 장, 공공기관의 운영에 관한 법률에 따른 공공기관과 대통령령으로 정하는 공공단체의 장은 아동학대의 예방과 방지를 위하여 필요한 교육을 연 1회 이상 실시하고, 그 결과를 보건복지부장관에게 제출하여야 한다.

② 제1항에 따른 교육 대상이 아닌 사람은 아동보호전문기관 또는 대통령령으로 정

하는 교육기관에서 아동학대의 예방과 방지에 필요한 교육을 받을 수 있다.

(4) 아동학대 등의 통보(제27조의2)

① 사법경찰관리는 아동 사망 및 상해사건, 가정폭력 사건 등에 관한 직무를 행하는 경우 아동학대가 있었다고 의심할 만한 사유가 있는 때에는 아동보호전문기관에 그 사실을 통보하여야 한다.

② 사법경찰관 또는 보호관찰관은 아동학대범죄의 처벌 등에 관한 특례법에 따라 임시조치의 청구를 신청하였을 때에는 아동보호전문기관에 그 사실을 통보하여야 하며, 통보를 받은 아동보호전문기관은 피해아동 보호조치 등 필요한 조치를 하여야 한다.

(5) 피해아동 응급조치에 대한 거부금지(제27조의3)

아동학대범죄의 처벌 등에 관한 특례법에 따라 사법경찰관리 또는 아동보호전문기관의 직원이 피해아동을 인도하는 경우에는 아동학대 관련 보호시설이나 의료기관은 정당한 사유 없이 이를 거부하여서는 아니 된다.

(6) 사후관리 등(제28조)

① 아동보호전문기관의 장은 아동학대가 종료된 이후에도 가정방문, 전화상담 등을 통하여 아동학대의 재발 여부를 확인하여야 하며, 아동학대가 종료된 이후에도 아동학대의 재발 방지 등을 위하여 필요하다고 인정하는 경우 피해아동 및 보호자를 포함한 피해아동의 가족에게 필요한 지원을 제공할 수 있다.

② 아동보호전문기관이 업무를 수행하는 경우 보호자는 정당한 사유 없이 이를 거부하거나 방해하여서는 아니 된다.

(7) 피해아동 및 그 가족 등에 대한 지원(제29조)

① 보장원의 장 또는 아동보호전문기관의 장은 아동의 안전 확보와 재학대 방지, 건전한 가정기능의 유지 등을 위하여 피해아동 및 보호자를 포함한 피해아동의 가족에게 상담, 교육 및 의료적·심리적 치료 등의 필요한 지원을 제공하여야 한다.

② 보장원의 장 또는 아동보호전문기관의 장은 제1항의 지원을 위하여 관계 기관에 협조를 요청할 수 있다.

③ 보호자를 포함한 피해아동의 가족은 보장원 또는 아동보호전문기관이 제1항에 따라 제공하는 지원에 성실하게 참여하여야 한다.

④ 보장원의 장 또는 아동보호전문기관의 장은 제1항의 지원 여부의 결정 및 지원의 제공 등 모든 과정에서 피해아동의 이익을 최우선으로 고려하여야 한다.

(8) 아동관련 기관의 취업제한 등(제29조의3)

① 법원은 아동학대관련범죄로 형 또는 치료감호를 선고하는 경우에는 판결(약식명령을 포함)로 그 형 또는 치료감호의 전부 또는 일부의 집행을 종료하거나 집행이 유예·면제된 날부터 일정기간(취업제한기간) 동안 아동관련 기관을 운영하거나 아동관련 기관에 취업 또는 사실상 노무를 제공할 수 없도록 하는 명령(취업제한 명령)을 아동학대관련 범죄 사건의 판결과 동시에 선고(약식명령의 경우에는 고지)하여야 한다. 다만, 재범의 위험성이 현저히 낮은 경우나 그 밖에 취업을 제한하여서는 아니 되는 특별한 사정이 있다고 판단하는 경우에는 그러하지 아니하다.

② 제1항에 따른 취업제한기간은 10년을 초과하지 못한다.

(9) 아동학대 관련범죄전력자 취업의 점검 및 확인(제29조의4)

보건복지부장관 또는 중앙행정기관의 장은 아동학대관련 범죄로 취업제한을 선고 받은 자가 아동관련 기관에 취업 또는 사실상 노무를 제공하고 있는지를 직접 또는 관계기관조회 등의 방법으로 연1회 이상 점검·확인하여야 한다.

6) 방과 후 돌봄서비스 지원

(1) 다함께돌봄센터(제44조의2)

① 시·도지사 및 시장·군수·구청장은 초등학교의 정규교육 이외의 시간 동안 다음의 돌봄서비스를 실시하기 위하여 다함께돌봄센터를 설치·운영할 수 있다.

- 아동의 안전한 보호, 안전하고 균형 있는 급식 및 간식의 제공
- 등·하교 전후, 야간 또는 긴급상황 발생 시 돌봄서비스 제공

- 체험활동 등 교육 · 문화 · 예술 · 체육 프로그램의 연계 · 제공

- 돌봄 상담, 관련 정보의 제공 및 서비스의 연계 등

② 시 · 도지사 및 시장 · 군수 · 구청장은 다함께돌봄센터의 설치 · 운영을 보건복지
부장관이 정하는 법인 또는 단체에 위탁할 수 있다.

7) 아동전담기관 ★★

(1) 아동보호전문기관의 설치 등(제45조)

① 국가는 아동학대예방사업을 활성화하고 지역 간 연계체계를 구축하기 위하여 중
앙아동보호전문기관을 둔다.

② 지방자치단체는 학대받은 아동의 발견, 보호, 치료에 대한 신속처리 및 아동학대
예방을 담당하는 지역아동보호전문기관을 시 · 도 및 시 · 군 · 구에 1개소 이상 두
어야 한다.

③ 지역아동보호전문기관을 통합하여 설치 · 운영하는 경우 시 · 도지사는 지역아동
보호전문기관의 설치 · 운영에 필요한 비용을 관할 구역의 아동의 수 등을 고려하
여 시장 · 군수 · 구청장에게 공동으로 부담하게 할 수 있다.

(2) 가정위탁지원센터의 설치 등(제48조)

① 국가는 가정위탁사업을 활성화하고 지역 간 연계체계를 구축하기 위하여 중앙가
정위탁지원센터를 둔다.

② 지방자치단체는 보호대상아동에 대한 가정위탁사업을 활성화하기 위하여 시 · 도
및 시 · 군 · 구에 지역가정위탁지원센터를 둔다. 다만, 시 · 도지사는 조례로 정하
는 바에 따라 둘 이상의 시 · 군 · 구를 통합하여 하나의 지역가정위탁지원센터를
설치 · 운영할 수 있다.

8) 아동복지시설 ★★

(1) 아동복지시설의 설치(제50조)

① 국가 또는 지방자치단체는 아동복지시설을 설치할 수 있다.

② 국가 또는 지방자치단체 외의 자는 관할 시장 · 군수 · 구청장에게 신고하고 아동

복지시설을 설치할 수 있다.

(2) 휴업 · 폐업 등의 신고(제51조)

① 신고한 아동복지시설을 폐업 또는 휴업하거나 그 운영을 재개하고자 하는 자는 보건복지부령으로 정하는 바에 따라 미리 시장 · 군수 · 구청장에게 신고하여야 한다.

② 아동복지시설의 장은 아동복지시설이 폐업 또는 휴업하는 경우에는 대통령령으로 정하는 바에 따라 해당 아동복지시설을 이용하는 아동이 다른 아동복지시설로 옮길 수 있도록 하는 등 보호대상아동의 권익을 보호하기 위한 조치를 취하여야 한다.

01) 영유아보육법의 내용이다. (   )에 들어갈 말은? (13회 기출)

> 국공립어린이집 외의 어린이집을 설치 · 운영하려는 자는 특별자치도지사 · 시
> 장 · 군수 · 구청장의 (   )를(을) 받아야 한다.

① 인가   ② 신고   ③ 인증   ④ 허가   ⑤ 특허

☞ 해설: 영유아보육법 제13조(국공립어린이집 외의 어린이집의 설치) 참조
• 국공립어린이집 외의 어린이집을 설치 · 운영하려는 자는 특별자치도지사 · 시장 ·
  군수 · 구청장의 인가를 받아야 한다. 인가받은 사항 중 중요 사항을 변경하려는 경
  우에도 또한 같다.

정답 ①

02) 아동복지법의 내용으로 옳지 않은 것은? (17회 기출)
① "아동"이란 18세 미만인 사람을 말한다.
② 보건복지부장관은 5년마다 아동정책기본계획을 수립하여야 한다.
③ 국가 또는 지방자치단체 외의 자는 시장 · 군수 · 구청장에게 신고하고 아동복지시
   설을 설치할 수 있다.
④ 아동정책조정위원회는 국무총리 소속으로 한다.
⑤ 국가기관은 아동학대 예방교육을 연 2회 이상 실시하여야 한다.

☞ 해설: 아동복지법 제26조의2(아동학대 예방교육의 실시) 참조
• 국가기관과 지방자치단체의 장, 공공기관의 운영에 관한 법률에 따른 공공기관과
  대통령령으로 정하는 공공단체의 장은 아동학대의 예방과 방지를 위하여 필요한
  교육을 연 1회 이상 실시하고, 그 결과를 보건복지부장관에게 제출하여야 한다.

정답 ⑤

제18장
|
노인복지법과 장애인복지법

1. 노인복지법

1) 노인복지법의 개요 ★★★

(1) 목적(제1조)

노인의 질환을 사전예방 또는 조기발견하고 질환상태에 따른 적절한 치료·요양으로 심신의 건강을 유지하고, 노후의 생활안정을 위하여 필요한 조치를 강구함으로써 노인의 보건복지증진에 기여함을 목적으로 한다.

(2) 용어의 정의(제1조의2) ★★

① 부양의무자: 배우자와 직계비속 및 그 배우자를 말한다.

② 보호자: 부양의무자 또는 업무·고용 등의 관계로 사실상 노인을 보호하는 자를 말한다.

③ 치매: 치매관리법에 따른 치매를 말한다.

④ 노인학대: 노인에 대하여 신체적·정신적·정서적·성적 폭력 및 경제적 착취 또는 가혹행위를 하거나 유기 또는 방임을 하는 것을 말한다.

⑤ 노인학대관련범죄: 보호자에 의한 65세 이상 노인에 대한 노인학대로서 관련 법률에 해당되는 죄를 말한다.

(3) 노인실태조사(제5조)
보건복지부장관은 노인의 보건 및 복지에 관한 실태조사를 3년마다 실시하고 그 결과를 공표하여야 하며, 실태조사를 위하여 관계 기관 · 법인 · 단체 · 시설의 장에게 필요한 자료의 제출 또는 의견의 진술을 요청할 수 있다. 이 경우 관계 기관 · 법인 · 단체 · 시설의 장은 정당한 사유가 없으면 그 요청에 따라야 한다.

(4) 노인의 날 등(제6조)
① 노인에 대한 사회적 관심과 공경의식을 높이기 위하여 매년 10월 2일을 "노인의 날"로, 매년 10월을 "경로의 달"로 하며, 부모에 대한 효 사상을 앙양하기 위하여 매년 5월 8일을 "어버이날"로 한다.
② 범국민적으로 노인학대에 대한 인식을 높이고 관심을 유도하기 위하여 매년 6월 15일을 "노인학대예방의 날"로 지정하고, 국가와 지방자치단체는 노인학대예방의 날의 취지에 맞는 행사와 홍보를 실시하도록 노력하여야 한다.

2) 노인복지시설 ★★★★
(1) 노인주거복지시설(제32조)
① 양로시설: 노인을 입소시켜 급식과 그 밖에 일상생활에 필요한 편의를 제공함을 목적으로 하는 시설
② 노인공동생활가정: 노인들에게 가정과 같은 주거여건과 급식, 그 밖에 일상생활에 필요한 편의를 제공함을 목적으로 하는 시설
③ 노인복지주택: 노인에게 주거시설을 임대하여 주거의 편의 · 생활지도 · 상담 및 안전관리 등 일상생활에 필요한 편의를 제공함을 목적으로 하는 시설

(2) 노인의료복지시설(제34조)
① 노인요양시설: 치매 · 중풍 등 노인성질환 등으로 심신에 상당한 장애가 발생하여

도움을 필요로 하는 노인을 입소시켜 급식·요양과 그 밖에 일상생활에 필요한 편의를 제공함을 목적으로 하는 시설

② 노인요양공동생활가정: 치매·중풍 등 노인성질환 등으로 심신에 상당한 장애가 발생하여 도움을 필요로 하는 노인에게 가정과 같은 주거여건과 급식·요양, 그 밖에 일상생활에 필요한 편의를 제공함을 목적으로 하는 시설

(3) 노인여가복지시설(제36조)

① 노인복지관: 노인의 교양·취미생활 및 사회참여활동 등에 대한 각종 정보와 서비스를 제공하고, 건강증진 및 질병예방과 소득보장·재가복지, 그 밖에 노인의 복지증진에 필요한 서비스를 제공함을 목적으로 하는 시설

② 경로당: 지역노인들이 자율적으로 친목도모·취미활동·공동작업장 운영 및 각종 정보교환과 기타 여가활동을 할 수 있도록 하는 장소를 제공함을 목적으로 하는 시설

③ 노인교실: 노인들에 대하여 사회활동 참여욕구를 충족시키기 위하여 건전한 취미생활·노인건강유지·소득보장 기타 일상생활과 관련한 학습프로그램을 제공함을 목적으로 하는 시설

(4) 재가노인복지시설(제38조)

① 방문요양서비스: 가정에서 일상생활을 영위하고 있는 노인으로서 신체적·정신적 장애로 어려움을 겪고 있는 노인에게 필요한 각종 편의를 제공하여 지역사회안에서 건전하고 안정된 노후를 영위하도록 하는 서비스

② 주·야간보호서비스: 부득이한 사유로 가족의 보호를 받을 수 없는 심신이 허약한 노인과 장애노인을 주간 또는 야간 동안 보호시설에 입소시켜 필요한 각종 편의를 제공하여 이들의 생활안정과 심신기능의 유지·향상을 도모하고, 그 가족의 신체적·정신적 부담을 덜어주기 위한 서비스

③ 단기보호서비스: 부득이한 사유로 가족의 보호를 받을 수 없어 일시적으로 보호가 필요한 심신이 허약한 노인과 장애노인을 보호시설에 단기간 입소시켜 보호함으로써 노인 및 노인가정의 복지증진을 도모하기 위한 서비스

④ 방문 목욕서비스: 목욕장비를 갖추고 재가노인을 방문하여 목욕을 제공하는 서비스

⑤ 그 밖의 서비스: 재가노인에게 제공하는 서비스로서 보건복지부령이 정하는 서비스

(5) 노인보호전문기관(제39조의5)

① 중앙노인보호전문기관: 국가는 지역간의 연계체계를 구축하고 노인학대를 예방하기 위하여 설치 · 운영하여야 한다.

② 지역노인보호전문기관: 학대받는 노인의 발견, 보호, 치료 등을 신속히 처리하고 노인학대를 예방하기 위하여 시 · 도에 둔다.

(6) 노인일자리지원기관(제23조의2)

① 노인인력개발기관: 노인일자리개발 · 보급사업, 조사사업, 교육 · 홍보 및 협력사업, 프로그램인증 · 평가사업 등을 지원하는 기관

② 노인일자리지원기관: 지역사회 등에서 노인일자리의 개발 · 지원, 창업 · 육성 및 노인에 의한 재화의 생산 · 판매 등을 직접 담당하는 기관

③ 노인취업알선기관: 노인에게 취업상담 · 정보를 제공하거나 노인일자리를 알선하는 기관

(7) 학대피해노인전용쉼터(제39조의19)

노인학대로 인하여 피해를 입은 노인을 일정기간 보호하고 심신치유프로그램을 제공하는 시설을 말한다.

3) 요양보호사 및 요양보호사교육기관 ★★

(1) 요양보호사의 직무 · 자격증의 교부 등(제39조의2)

① 노인복지시설의 설치 · 운영자는 보건복지부령으로 정하는 바에 따라 노인 등의 신체활동 또는 가사활동 지원 등의 업무를 전문적으로 수행하는 요양보호사를 두어야 한다.

② 요양보호사가 되려는 사람은 요양보호사를 교육하는 기관에서 교육과정을 마치고 시·도지사가 실시하는 요양보호사 자격시험에 합격하여야 한다.

(2) 요양보호사교육기관의 지정 등(제39조의3)

① 시·도지사는 요양보호사의 양성을 위하여 보건복지부령으로 정하는 지정기준에 적합한 시설을 요양보호사교육기관으로 지정·운영하여야 한다.

② 시·도지사는 요양보호사교육기관이 다음의 어느 하나에 해당하는 경우 사업의 정지를 명하거나 그 지정을 취소할 수 있다. 다만, 거짓이나 그 밖의 부정한 방법으로 요양보호사교육기관으로 지정을 받은 경우에는 지정을 취소하여야 한다.

③ 시·도지사는 지정취소를 하는 경우 청문을 실시하여야 한다.

4) 노인학대의 예방 ★★★

(1) 노인학대 신고의무와 절차 등(제39조의6) ★★★

① 누구든지 노인학대를 알게 된 때에는 노인보호전문기관·수사기관에 신고할 수 있다.

② 다음의 어느 하나에 해당하는 자는 그 직무상 65세 이상의 사람에 대한 노인학대를 알게 된 때에는 즉시 노인보호전문기관 또는 수사기관에 신고하여야 한다.

- 의료기관에서 의료업을 행하는 의료인 및 의료기관의 장
- 방문요양서비스나 안전 확인 등의 서비스 종사자, 노인복지시설의 장과 그 종사자 및 노인복지상담원
- 장애인복지시설에서 장애노인에 대한 상담·치료·훈련 또는 요양업무를 수행하는 사람
- 가정폭력 관련 상담소 및 가정폭력피해자 보호시설의 장과 그 종사자
- 사회복지전담공무원, 사회복지관, 부랑인 및 노숙인보호를 위한 시설의 장과 그 종사자
- 장기요양기관 및 재가장기요양기관의 장과 그 종사자
- 구급대의 구급대원, 건강가정지원센터의 장과 그 종사자, 다문화가족지원센터의 장과 그 종사자

- 성폭력피해상담소 및 성폭력피해자보호시설의 장과 그 종사자, 응급구조사, 의료기사

③ 신고인의 신분은 보장되어야 하며 그 의사에 반하여 신분이 노출되어서는 아니 되며, 관계 중앙행정기관의 장은 노인보호전문기관에 해당하는 사람의 자격취득 교육과정이나 보수교육 과정에 노인학대 예방 및 신고의무와 관련된 교육 내용을 포함하도록 하여야 한다.

(2) 응급조치의무 등(제39조의7) ★★

① 노인학대신고를 접수한 노인보호전문기관의 직원이나 사법경찰관리는 지체 없이 노인학대의 현장에 출동하여야 한다. 이 경우 노인보호전문기관의 장이나 수사기관의 장은 서로 동행하여 줄 것을 요청할 수 있고, 그 요청을 받은 때에는 정당한 사유가 없으면 소속 직원이나 사법경찰관리를 현장에 동행하도록 하여야 한다.

② 출동한 노인보호전문기관의 직원이나 사법경찰관리는 피해자를 보호하기 위하여 신고된 현장에 출입하여 관계인에 대하여 조사를 하거나 질문을 할 수 있다. 이 경우 노인보호전문기관의 직원은 피해노인의 보호를 위한 범위에서만 조사 또는 질문을 할 수 있다.

(3) 긴급전화의 설치 등(제39조의4) ★★

국가 및 지방자치단체는 노인학대를 예방하고 수시로 신고를 받을 수 있도록 긴급전화(1577-1389)를 설치하여야 한다.

(4) 금지행위(제39조의9)

누구든지 65세 이상의 사람에 대하여 다음에 해당하는 행위를 하여서는 아니 된다.

① 노인의 신체에 폭행을 가하거나 상해를 입히는 행위

② 노인에게 성적 수치심을 주는 성폭행·성희롱 등의 행위

③ 자신의 보호·감독을 받는 노인을 유기하거나 의식주를 포함한 기본적 보호 및 치료를 소홀히 하는 방임행위

④ 노인에게 구걸을 하게 하거나 노인을 이용하여 구걸하는 행위

⑤ 노인을 위하여 증여 또는 급여된 금품을 그 목적 외의 용도에 사용하는 행위

⑥ 폭언, 협박, 위협 등으로 노인의 정신건강에 해를 끼치는 정서적 학대행위

(5) 실종노인에 관한 신고의무 등(제39조의10)

① 누구든지 정당한 사유 없이 사고 등의 사유로 인하여 보호자로부터 이탈된 노인을 경찰관서 또는 지방자치단체의 장에게 신고하지 아니하고 보호하여서는 아니된다.

② 노인복지시설의 장 또는 그 종사자는 그 직무를 수행하면서 실종노인임을 알게 된 때에는 지체 없이 보건복지부령으로 정하는 신상카드를 작성하여 지방자치단체의 장과 기관의 장에게 제출하여야 한다.

(6) 노인학대 등의 통보(제39조의15) ★★

사법경찰관리는 노인 사망 및 상해사건, 가정폭력 사건 등에 관한 직무를 행하는 경우 노인학대가 있었다고 의심할 만한 사유가 있는 때에는 노인보호전문기관에 그 사실을 통보하여야 한다.

(7) 노인학대행위자에 대한 상담 · 교육 등의 권고(제39조의16)

노인보호전문기관의장은 노인학대행위자에 대하여 상담 · 교육 및 심리적 치료 등 필요한 지원을 받을 것을 권고할 수 있다.

(8) 노인관련기관의 취업제한 등(제39조의17) ★★★

① 법원은 노인학대관련범죄로 형 또는 치료감호를 선고하는 경우에는 판결(약식명령을 포함)로 그 형 또는 치료감호의 전부 또는 일부의 집행을 종료하거나 집행이 유예 · 면제된 날부터 일정기간(취업제한기간) 동안 다음 시설 또는 노인관련기관을 운영하거나 노인관련기관에 취업 또는 사실상 노무를 제공할 수 없도록 하는 명령(취업제한명령)을 판결과 동시에 선고하여야 한다. 다만, 재범의 위험성이 현저히 낮은 경우, 그 밖에 취업을 제한하여서는 아니 되는 특별한 사정이 있다고 판단하는 경우에는 그러하지 아니하다.

- 노인복지시설, 장기요양기관 및 재가장기요양기관, 긴급전화센터, 가정폭력 관련 상담소 및 가정폭력피해자 보호시설, 성폭력피해자통합지원센터, 성폭력피해자보호시설
- 건강가정지원센터, 다문화가족지원센터, 성폭력피해상담소, 장애인복지시설
- 의료기관, 정신건강복지센터 및 정신건강증진시설

② 노인관련기관의 설치신고·인가·허가 등을 관할하는 행정기관의 장은 노인관련 기관을 운영하려는 자에 대하여 본인의 동의를 받아 관계 기관의 장에게 노인학대 관련범죄 전력 조회를 요청하여야 한다. 단, 취업제한의 기간은 10년을 초과하지 못한다.

③ 노인관련기관의장은 그 기관에 취업중이거나 사실상 노무를 제공 중인 사람, 취업하려하거나 사실상 노무를 제공하려는 사람에 대하여 노인학대 관련범죄전력을 확인하여야 한다.

(9) 위반사실의 공표(제39조의18)

① 보건복지부장관, 시·도지사 또는 시장·군수·구청장은 금지행위로 처벌을 받은 법인 등이 운영하는 시설에 대하여 그 위반행위, 처벌내용, 해당 법인 또는 시설의 명칭, 대표자 성명, 시설장의 성명 및 그 밖에 다른 시설과의 구별에 필요한 사항으로서 대통령령으로 정하는 사항을 공표할 수 있다.

② 보건복지부장관, 시·도지사 또는 시장·군수·구청장은 공표를 실시하기 전에 공표대상자에게 그 사실을 통지하여 소명자료를 제출하거나 출석하여 의견진술을 할 수 있는 기회를 부여하여야 한다.

2. 장애인복지법

1) 장애인복지법의 개요 ★★

(1) 목적(제1조)

장애인의 인간다운 삶과 권리보장을 위한 국가와 지방자치단체 등의 책임을 명백히

하고, 장애발생 예방과 장애인의 의료 · 교육 · 직업재활 · 생활환경개선 등에 관한 사업을 정하여 장애인복지대책을 종합적으로 추진하며, 장애인의 자립생활 · 보호 및 수당지급 등에 관하여 필요한 사항을 정하여 장애인의 생활안정에 기여하는 등 장애인의 복지와 사회활동 참여증진을 통하여 사회통합에 이바지함을 목적으로 한다.

(2) 장애인의 정의(제2조)

① 장애인: 신체적 · 정신적 장애로 오랫동안 일상생활이나 사회생활에서 상당한 제약을 받는 자를 말한다.
② 장애인학대: 장애인에 대하여 신체적 · 정신적 · 정서적 · 언어적 · 성적 폭력이나 가혹행위, 경제적 착취, 유기 또는 방임을 하는 것을 말한다.

(3) 장애의 분류

① 신체적 장애
  – 외부 신체기능장애(6): 지체, 뇌 병변, 시각, 청각, 언어, 안면장애
  – 내부 기관 장애(6): 신장, 심장, 호흡기, 간, 장루 · 요루장애, 뇌전증장애(간질장애)
② 정신적 장애: 지적 장애, 정신 장애, 자폐성 장애

(4) 장애실태조사(제31조)

보건복지부장관은 장애인 복지정책의 수립에 필요한 기초 자료로 활용하기 위하여 3년마다 장애실태조사를 실시하여야 한다.

(5) 장애인정책종합계획(제10조의2)

① 보건복지부장관은 장애인의 권익과 복지증진을 위하여 관계 중앙행정기관의 장과 협의하여 5년마다 장애인정책종합계획을 수립 · 시행하여야 한다.
② 관계 중앙행정기관의 장은 장애인의 권익과 복지증진을 위하여 관련 업무에 대한 사업계획을 매년 수립 · 시행하여야 하고, 그 사업계획과 전년도의 사업계획 추진 실적을 매년 보건복지부장관에게 제출하여야 한다.

2) 장애인관련 운영기구 및 전문인력 ★★

(1) 장애인정책조정위원회(제11조)

① 장애인 종합정책을 수립하고 관계 부처 간의 의견을 조정하며 그 정책의 이행을
감독 · 평가하기 위하여 국무총리 소속하에 장애인정책조정위원회를 둔다.

② 위원회는 장애인복지정책의 기본방향에 관한 사항, 장애인복지 향상을 위한 제도
개선과 예산지원에 관한 사항, 중요한 특수교육정책의 조정에 관한 사항 등을 심
의 · 조정한다.

③ 위원회는 위 사항을 미리 검토하고 관계 기관 사이의 협조 사항을 정리하기 위하
여 위원회에 장애인정책조정실무위원회를 둔다.

(2) 장애인정책책임관의 지정 등(제12조)

중앙행정기관의 장은 해당 기관의 장애인정책을 효율적으로 수립 · 시행하기 위하여
소속공무원 중에서 장애인정책책임관을 지정할 수 있다.

(3) 지방장애인복지위원회(제13조)

장애인복지 관련 사업의 기획 · 조사 · 실시 등을 하는 데에 필요한 사항을 심의하기
위하여 지방자치단체에 지방장애인복지위원회를 둔다.

(4) 장애인의 날(제14조)

장애인에 대한 국민의 이해를 깊게 하고 장애인의 재활의욕을 높이기 위해 매년
4월 20일을 "장애인의 날"로 하며 장애인의 날로부터 1주간을 장애인 주간으로 한다.

(5) 장애인복지 전문인력양성 등(제71조)

국가와 지방자치단체 그 밖의 공공단체는 의지 · 보조기 기사, 언어재활사, 장애인재
활상담사, 한국수어 통역사, 점역(點譯) · 교정사 등 장애인복지 전문인력, 그 밖에 장
애인복지에 관한 업무에 종사하는 자를 양성 · 훈련하는 데에 노력해야 한다.

3) 장애인의 등록 ★★

(1) 장애인 등록(제32조)

① 장애인, 그 법정대리인 또는 대통령령으로 정하는 보호자는 장애 상태와 그 밖에 보건복지부령이 정하는 사항을 특별자치시장·특별자치도지사·시장·군수 또는 구청장에게 등록하여야 하며, 특별자치도지사·시장·군수·구청장은 등록을 신청한 장애인기준에 맞으면 장애인등록증을 내주어야 한다.

② 특별자치도지사·시장·군수·구청장은 등록증을 받은 장애인의 장애 상태의 변화에 따른 장애 등급 조정을 위하여 장애진단을 받게 하는 등 장애인이나 법정대리인등에게 필요한 조치를 할 수 있다.

③ 장애인의 장애 인정과 장애정도 사정(査定)에 관한 업무를 담당하게 하기 위하여 보건복지부에 장애판정위원회를 둘 수 있으며, 등록증은 양도하거나 대여하지 못하며, 등록증과 비슷한 명칭이나 표시를 사용하여서는 아니 된다.

(2) 재외동포 및 외국인의 장애인등록(제32조의2)

① 재외동포 및 외국인 중 다음의 어느 하나에 해당하는 사람은 장애인 등록을 할 수 있다.

- 재외동포의 출입국과 법적 지위에 관한 법률에 따라 국내거소 신고를 한 사람, 주민등록법에 따라 재외국민으로 주민등록을 한 사람
- 출입국관리법에 따라 외국인등록을 한 사람으로서 체류자격 중 대한민국에 영주할 수 있는 체류자격을 가진 사람, 재한외국인 처우 기본법에 따른 결혼이민자, 난민법에 따른 난민인정자

② 국가와 지방자치단체는 등록한 장애인에 대하여는 예산 등을 고려하여 장애인복지사업의 지원을 제한할 수 있다.

4) 장애인복지시설의 종류(제58조) ★★

① 장애인거주시설: 거주공간을 활용하여 일반가정에서 생활하기 어려운 장애인에게 일정 기간 동안 거주·요양·지원 등의 서비스를 제공하는 동시에 지역사회생활을 지원하는 시설

② 장애인지역사회재활시설: 장애인을 전문적으로 상담·치료·훈련하거나 장애인

의 일상생활, 여가활동 및 사회참여활동 등을 지원하는 시설

③ 장애인직업재활시설: 일반 작업환경에서는 일하기 어려운 장애인이 특별히 준비된 작업환경에서 직업훈련을 받거나 직업 생활을 할 수 있도록 하는 시설

④ 장애인의료재활시설: 장애인을 입원 또는 통원하게 하여 상담, 진단·판정, 치료 등 의료재활서비스를 제공하는 시설

5) 장애인복지시설의 설치 및 이용 ★★

(1) 장애인복지시설의 설치(제59조)

① 국가와 지방자치단체는 장애인복지시설을 설치할 수 있으며, 국가와 지방자치단체외의 자가 장애인복지시설을 설치·운영하려면 해당 시설 소재지 관할 시장·군수·구청장에게 신고하여야 하며, 신고한 사항 중 보건복지부령으로 정하는 중요한 사항을 변경할 때에도 신고하여야 한다.

② 장애인 거주시설의 정원은 30명을 초과할 수 없다. 다만, 특수한 서비스를 위하여 일정 규모 이상이 필요한 시설 등 대통령령으로 정하는 경우에는 그러하지 아니하다.

③ 의료재활시설의 설치는 의료법에 따른다.

(2) 장애인복지시설의 이용 등(제57조)

① 국가와 지방자치단체는 장애인이 제58조에 따른 장애인복지시설의 이용을 통하여 기능회복과 사회적 향상을 도모할 수 있도록 필요한 정책을 강구하여야 한다.

② 국가와 지방자치단체는 장애인복지시설을 이용하는 장애인의 인권을 보호하기 위하여 필요한 정책을 마련하고 관련 프로그램을 실시할 수 있는 기반을 조성하여야 한다.

③ 장애인복지실시기관은 복지시설에 대한 장애인의 선택권을 최대한 보장하여야 한다.

6) 장애인 성범죄 및 학대 등 ★★★

(1) 장애인학대 및 장애인 대상 성범죄 신고의무와 절차(제59조의4)

① 누구든지 장애인학대 및 장애인 대상 성범죄를 알게 된 때에는 중앙장애인권익옹호기관 또는 지역장애인권익옹호기관이나 수사기관에 신고할 수 있다.

② 다음의 어느 하나에 해당하는 사람은 그 직무상 장애인학대 및 장애인 대상 성범죄를 알게 된 경우에는 지체 없이 장애인권익옹호기관 또는 수사기관에 <u>신고하여야 한다.</u>

- 사회복지 전담공무원 및 사회복지시설의 장과 그 종사자
- 장애인활동지원인력 및 활동지원기관의 장과 그 종사자
- 의료인 및 의료기관의 장, 의료기사, 응급구조사, 구급대의 대원
- 정신건강복지센터의 장과 그 종사자
- 어린이집의 원장 등 보육교직원, 유아교육법에 따른 교직원 및 강사 등
- 초중등학교 교직원, 전문상담교사, 산학겸임교사, 학원의 운영자 · 강사 · 직원, 교습소의 교습자 · 직원
- 성폭력피해상담소의 장과 그 종사자 및 성폭력피해자보호시설의 장과 그 종사자
- 지원시설의 장과 그 종사자 및 성매매피해상담소의 장과 그 종사자
- 가정폭력 관련 상담소의 장과 그 종사자 및 가정폭력피해자 보호시설의 장과 그 종사자
- 건강가정지원센터의 장과 그 종사자, 다문화가족지원센터의 장과 그 종사자
- 가정위탁지원센터의 장과 그 종사자, 한부모가족복지시설의 장과 그 종사자
- 청소년시설의 장과 그 종사자 및 같은 조 제8호의 청소년단체의 장과 그 종사자
- 청소년 보호 · 재활센터의 장과 그 종사자, 장기요양요원

(2) 금지행위(제59조의9)

1. 장애인에게 성적 수치심을 주는 성희롱 · 성폭력 등의 행위
2. 장애인의 신체에 폭행을 가하거나 상해를 입히는 행위
2의2. 장애인을 폭행, 협박, 감금, 그 밖에 정신상 또는 신체상의 자유를 부당하게 구속하는 수단으로써 장애인의 자유의사에 어긋나는 노동을 강요하는 행위
3. 자신의 보호 · 감독을 받는 장애인을 유기하거나 의식주를 포함한 기본적 보호 및 치료를 소홀히 하는 방임행위

4. 장애인에게 구걸을 하게 하거나 장애인을 이용하여 구걸하는 행위

5. 장애인을 체포 또는 감금하는 행위

6. 장애인의 정신건강 및 발달에 해를 끼치는 정서적 학대행위

7. 장애인을 위하여 증여 또는 급여된 금품을 그 목적 외의 용도에 사용하는 행위

8. 공중의 오락 또는 흥행을 목적으로 장애인의 건강 또는 안전에 유해한 곡예를 시키는 행위

(3) 피해장애인쉼터(제59조의13)

시·도지사는 피해장애인의 임시보호 및 사회복귀지원을 위하여 장애인쉼터를 설치·운영하여야 한다.

01) 노인복지법상 노인학대에 관한 설명으로 옳지 않은 것은? (15회 기출)

① 지방자치단체는 노인학대를 예방하기 위하여 긴급전화를 설치하여 한다.

② 누구든지 노인학대를 알게 된 때에는 수사기관에 신고할 수 있다.

③ 누구든지 정당한 사유없이 노인학대 현장에 출동한 자에 대하여 현장조사를 거부 하여서는 아니 된다.

④ 부양의무자인 자녀는 노인을 위하여 지급된 금품을 그 목적외의 용도에 사용할 수 있다.

⑤ 노인학대신고를 접수한 노인보호전문기관의 직원은 지체 없이 노인학대 현장에 출동하여야 한다.

☞ 해설: 노인복지법 제39조의9(금지행위) 참조

• 누구든지 65세 이상의 사람에 대하여 다음의 어느 하나에 해당하는 행위를 하여서 는 아니 된다.

  – 노인을 위하여 증여 또는 급여된 금품을 그 목적 외의 용도에 사용하는 행위

정답 ④

02) 장애인복지법상 벌칙에 관한 내용이다. (   )에 들어갈 숫자가 순서대로 옳은 것은?

(17회 기출)

> 장애인의 신체에 폭행을 가한 사람은 (   )년 이하의 징역 또는 (   )천만 원 이 하의 벌금에 처한다.

① 1, 1　　　　② 3, 3　　　　③ 5, 5　　　　④ 7, 7　　　　⑤ 10, 7

☞ 해설:

- 장애인복지법 59조의9(금지행위) 제2호 참조
  - 장애인의 신체에 폭행을 가하거나 상해를 입히는 행위
- 장애인복지법 제86조(벌칙) 제3항 제3호 참조
- 다음의 어느 하나에 해당하는 사람은 5년 이하의 징역 또는 5천만 원 이하의 벌금에 처한다.
  - 제59조의9 제2호(폭행에 한정한다)부터 제6호까지에 해당하는 행위를 한 사람

정답 ③

제19장
|
한부모가족지원법과
다문화가족지원법

1. 한부모가족지원법

1) 한부모가족지원법의 개요 ★★

(1) 목적(제1조)

한부모가족이 건강하고 문화적인 생활을 영위할 수 있도록 함으로써 한부모가족의
생활 안정과 복지 증진에 이바지함을 목적으로 한다.

(2) 용어의 정의(제4조)

① 모 또는 부: 다음의 어느 하나에 해당하는 자로서 아동인 자녀를 양육하는 자를 말
  한다.
    - 배우자와 사별 또는 이혼하거나 배우자로부터 유기(遺棄)된 자
    - 정신이나 신체의 장애로 장기간 노동능력을 상실한 배우자를 가진 자
    - 교정시설·치료감호시설에 입소한 배우자 또는 병역복무 중인 배우자를 가진
      사람
    - 미혼자, 규정된 자에 준하는 자로서 여성가족부령으로 정하는 자

② 청소년 한부모: 24세 이하의 모 또는 부를 말한다.

③ 한부모가족: 모자가족 또는 부자가족을 말한다.

④ 모자가족: 모가 세대주인 가족을 말한다.

⑤ 부자가족: 부가 세대주인 가족을 말한다.

⑥ 아동: 18세 미만의 자(취학중인 경우에는 22세 미만)를 말한다.

⑦ 지원기관: 이 법에 따른 지원을 행하는 국가나 지방자치단체를 말한다.

⑧ 한부모가족복지단체: 한부모가족의 복지증진을 목적으로 설립된 기관·단체를 말한다.

(3) 실태조사(제6조)

① 여성가족부장관은 한부모가족 지원을 위한 정책수립에 활용하기 위하여 3년마다 한부모가족에 대한 실태조사를 실시하고 그 결과를 공표하여야 한다. 또한 필요한 경우 청소년 한부모 등에 대한 실태를 조사·연구할 수 있다.

② 여성가족부장관은 실태조사를 위하여 관계 공공기관 또는 관련법인·단체에 대하여 필요한 자료의 제출 등 협조를 요청할 수 있으며, 요청받은 관계 공공기관 또는 관련법인·단체는 특별한 사유가 없으면 이에 협조하여야 한다.

2) 한부모가족복지시설(제19조) ★★

(1) 모자가족복지시설

모자가족에게 다음의 어느 하나 이상의 편의를 제공하는 시설

① 기본생활지원: 생계가 어려운 모자가족에게 일정 기간 동안 주거와 생계를 지원

② 공동생활지원: 독립적인 생활이 어려운 모자가족에게 일정 기간 동안 공동생활을 통하여 자립을 준비할 수 있도록 주거 등을 지원

③ 자립생활지원: 자립욕구가 강한 모자가족에게 일정 기간 동안 주거를 지원

(2) 부자가족복지시설

부자가족에게 다음의 어느 하나 이상의 편의를 제공하는 시설

① 기본생활지원: 생계가 어려운 부자가족에게 일정 기간 동안 주거와 생계를 지원

② 공동생활지원: 독립적인 생활이 어려운 부자가족에게 일정 기간 동안 공동생활을 통하여 자립을 준비할 수 있도록 주거 등을 지원

③ 자립생활지원: 자립욕구가 강한 부자가족에게 일정 기간 동안 주거를 지원

(3) 미혼모자가족복지시설

미혼모자가족과 출산 미혼모 등에게 다음의 어느 하나 이상의 편의를 제공하는 시설

① 기본생활지원: 미혼 여성의 임신·출산 시 안전 분만 및 심신의 건강 회복과 출산 후의 아동의 양육 지원을 위하여 일정 기간 동안 주거와 생계를 지원

② 공동생활지원: 출산 후 해당 아동을 양육하지 아니하는 미혼모 또는 미혼모와 그 출산 아동으로 구성된 미혼모자가족에게 일정 기간 동안 공동생활을 통하여 자립을 준비할 수 있도록 주거 등을 지원

(4) 일시지원복지시설

배우자가 있으나 배우자의 물리적·정신적 학대로 아동의 건전한 양육이나 모의 건강에 지장을 초래할 우려가 있을 경우 일시적 또는 일정 기간 동안 모와 아동 또는 모에게 주거와 생계를 지원하는 시설

(5) 한부모가족복지상담소

한부모가족에 대한 위기·자립 상담 또는 문제해결 지원 등을 목적으로 하는 시설

3) 한부모가족지원 ★★

(1) 지원대상자의 범위(제5조)

① 지원대상자는 제4조(용어의 정의) 제1호, 제1호의2, 제2호부터 제5호까지의 규정에 해당하는 자로서 여성가족부령으로 정하는 자로 한다.

② 지원대상자 중 아동의 연령을 초과하는 자녀가 있는 한부모가족의 경우 그 자녀를 제외한 나머지 가족구성원을 지원대상자로 한다.

(2) 지원대상자의 범위에 대한 특례(제5조의2)

① 출산 후 해당 아동을 양육하지 아니하는 미혼모도 미혼모자가족복지시설을 이용할 때에는 이 법에 따른 지원대상자가 된다.

② 다음의 어느 하나에 해당하는 아동과 그 아동을 양육하는 조부 또는 조모로서 여성가족부령으로 정하는 자는 이 법에 따른 지원대상자가 된다.

- 부모가 사망하거나 생사가 분명하지 아니한 아동
- 부모가 정신 또는 신체의 장애·질병으로 장기간 노동능력을 상실한 아동
- 부모의 장기복역 등으로 부양을 받을 수 없는 아동
- 부모가 이혼하거나 유기하여 부양을 받을 수 없는 아동, 여성가족부령으로 정하는 아동

③ 국내에 체류하고 있는 외국인 중 대한민국 국민과 혼인하여 대한민국 국적의 아동을 양육하고 있는 사람으로서 대통령령으로 정하는 사람은 이 법에 따른 지원대상자가 된다.

(3) 지원대상자의 조사 등(제10조)

① 특별자치도지사·시장·군수·구청장은 매년 1회 이상 관할구역 지원대상자의 가족상황, 생활실태 등을 조사하여야 한다.

② 특별자치도지사·시장·군수·구청장은 조사 결과를 대장(臺帳)으로 작성·비치하여야 한다. 다만, 사회복지사업정보시스템을 활용할 때에는 전자적으로 작성하여 관리할 수 있다.

4) 복지급여의 내용 ★★

(1) 복지 급여의 신청(제11조)

① 지원대상자 또는 그 친족이나 그 밖의 이해관계인은 제12조에 따른 복지 급여를 관할 특별자치시장·특별자치도지사·시장·군수·구청장에게 신청할 수 있다.

② 복지 급여 신청을 할 때에는 자료 또는 정보의 제공에 대한 지원대상자의 동의 서면을 제출하여야 한다.

(2) 복지 급여의 내용(제12조)

① 국가나 지방자치단체는 복지 급여의 신청이 있으면 생계비, 아동교육지원비, 아동 양육비, 그 밖에 대통령령으로 정하는 비용의 복지 급여를 실시하여야 한다. 다만, 이 법에 따른 지원대상자가 국민기초생활 보장법 등 다른 법령에 따라 지원을 받고 있는 경우에는 그 범위에서 이 법에 따른 급여를 하지 아니한다.

② 아동양육비를 지급할 때에 미혼모나 미혼부가 5세 이하의 아동을 양육하거나 청소년 한부모가 아동을 양육하면 예산의 범위에서 추가적인 복지 급여를 실시하여야 한다. 이 경우 모 또는 부의 직계존속이 5세 이하의 아동을 양육하는 경우에도 또한 같다.

5) 고용 등 ★★

(1) 고용의 촉진(제14조)

① 국가 또는 지방자치단체는 한부모가족의 모 또는 부와 아동의 직업능력을 개발하기 위하여 능력 및 적성 등을 고려한 직업능력개발훈련을 실시하여야 한다.

② 국가 또는 지방자치단체는 한부모가족의 모 또는 부와 아동의 고용을 촉진하기 위하여 적합한 직업을 알선하고 각종 사업장에 모 또는 부와 아동이 우선 고용되도록 노력하여야 한다.

(2) 고용지원 연계(제14조의2)

① 국가 및 지방자치단체는 한부모가족의 모 또는 부와 아동의 취업기회를 확대하기 위하여 한부모가족관련 시설 및 기관과 직업안정법에 따른 직업안정기관간 효율적인 연계를 도모하여야 한다.

② 고용노동부장관은 한부모가족의 모 또는 부와 아동을 위한 취업지원사업 등이 효율적으로 추진될 수 있도록 여성가족부장관과 긴밀히 협조하여야 한다.

(3) 공공시설에 매점 및 시설 설치(제15조)

국가나 지방자치단체가 운영하는 공공시설의 장은 그 공공시설에 각종 매점 및 시설의 설치를 허가하는 경우 이를 한부모가족, 한부모가족복지단체에 우선적으로 허가할 수 있다.

(4) 시설 우선이용(제16조)

국가나 지방자치단체는 한부모가족의 아동이 공공의 아동 편의시설과 그 밖의 공공 시설을 우선적으로 이용할 수 있도록 노력하여야 한다.

6) 가족지원 등 ★★

(1) 가족지원서비스(제17조)

국가나 지방자치단체는 한부모가족에게 다음의 가족지원서비스를 제공하도록 노력 하여야 한다.

① 아동의 양육 및 교육 서비스, 장애인, 노인, 만성질환자 등의 부양 서비스

② 취사, 청소, 세탁 등 가사 서비스, 교육·상담 등 가족 관계 증진 서비스

③ 인지청구 및 자녀양육비 청구 등을 위한 법률상담, 소송대리 등 법률구조서비스

④ 그 밖에 대통령령으로 정하는 한부모가족에 대한 가족지원서비스

(2) 청소년 한부모에 대한 교육 지원(제17조의2)

① 국가나 지방자치단체는 청소년 한부모가 학업을 할 수 있도록 청소년 한부모의 선 택에 따라 다음의 어느 하나에 해당하는 지원을 할 수 있다.

　－ 초·중등교육법에 따른 학교에서의 학적유지 교육비 지원 또는 검정고시지원

　－ 평생교육법에 따른 학력인정 평생교육시설에 대한 교육비 지원

　－ 초·중등교육법에 따른 교육 지원

　－ 그 밖에 청소년 한부모의 교육 지원을 위하여 여성가족부령으로 정하는 사항

② 교육 지원을 위하여 특별시·광역시·특별자치시·도·특별자치도의 교육감은 한부모가족복지시설에 순회교육 실시를 위한 지원을 할 수 있다.

③ 여성가족부장관은 청소년 한부모가 학업을 계속할 수 있도록 교육부장관에게 협 조를 요청하여야 한다.

(3) 자녀양육비 이행지원(제17조의3)

여성가족부장관은 자녀양육비 산정을 위한 자녀양육비 가이드라인을 마련하여 법원 이 이혼 판결 시 적극 활용할 수 있도록 노력하여야 한다.

(4) 청소년 한부모의 자립지원(제17조의4)

① 국가나 지방자치단체는 청소년 한부모가 주거마련 등 자립에 필요한 자산을 형성할 수 있도록 재정적인 지원을 할 수 있다.

② 지원으로 형성된 자산은 청소년 한부모가 이 법에 따른 지원대상자에 해당하는지 여부를 조사·확인할 때 이를 포함하지 아니한다.

(5) 아동·청소년의 보육·교육(제17조의6)

① 국가와 지방자치단체는 미혼모 또는 미혼부와 그 자녀가 건강하게 생활할 수 있도록 산전(産前)·분만·산후(産後)관리, 질병의 예방·상담·치료, 영양·건강에 관한 교육 등 건강관리를 위한 지원을 할 수 있다.

② 국가와 지방자치단체는 제19조 제1항 제3호 가목의 기본생활지원 미혼모자가족 복지시설에 입소한 미혼모 등의 신청이 있는 경우에는 미혼모 등 본인 및 함께 생활하는 자녀에 대한 의료비를 추가적으로 지원할 수 있다.

(6) 국민주택의 분양 및 임대(제18조)

국가나 지방자치단체는 주택법에서 정하는 바에 따라 국민주택을 분양하거나 임대할 때에는 한부모가족에게 일정 비율이 우선 분양될 수 있도록 노력하여야 한다.

7) 비용의 보조(제25조)

국가나 지방자치단체는 대통령령으로 정하는 바에 따라 한부모가족복지사업에 드는 비용을 보조할 수 있다.

8) 수급권의 권리보호 ★★★

(1) 양도·담보 및 압류 금지(제27조)

① 이 법에 따라 지급된 복지급여와 이를 받을 권리는 다른 사람에게 양도하거나 담보로 제공할 수 없으며, 다른 사람은 이를 압류할 수 없다.

② 지정된 복지급여수급계좌의 예금에 관한 채권은 압류할 수 없다.

(2) 심사 청구(제28조)

① 지원대상자 또는 그 친족이나 그 밖의 이해관계인은 이 법에 따른 복지 급여 등에 대하여 이의가 있으면 그 결정을 통지받은 날부터 90일 이내에 서면으로 해당 복지실시기관에 심사를 청구할 수 있다.

② 복지실시기관은 심사 청구를 받으면 30일 이내에 이를 심사·결정하여 청구인에게 통보하여야 한다.

(3) 청문(제24조)

특별자치시장·특별자치도지사·시장·군수·구청장은 제24조 제1항에 따라 사업의 폐지를 명하거나 시설을 폐쇄하려면 청문을 하여야 한다.

2. 다문화가족지원법

1) 다문화가족지원법의 개요 ★★

(1) 목적(제1조)

다문화가족 구성원이 안정적인 가족생활을 영위하고 사회구성원으로서의 역할과 책임을 다할 수 있도록 함으로써 이들의 삶의 질 향상과 사회통합에 이바지함을 목적으로 한다.

(2) 용어의 정의(제2조)

① 다문화가족: 재한외국인 처우 기본법의 결혼이민자와 국적법의 규정에 따라 대한민국 국적을 취득한 자로 이루어진 가족 또는 국적법에 따라 대한민국 국적을 취득한 자와 국적을 취득한 자로 이루어진 가족을 말한다.

② 결혼이민자 등: 재한외국인 처우 기본법의 결혼이민자 또는 국적법에 따라 귀화허가를 받은 자를 말한다.

③ 아동·청소년: 24세 이하인 사람을 말한다.

(3) 실태조사 등(제4조)

여성가족부장관은 다문화가족의 현황 및 실태를 파악하고 다문화가족 지원을 위한 정책수립에 활용하기 위하여 3년마다 다문화가족에 대한 실태조사를 실시하고 그 결과를 공표하여야 한다.

2) 기본계획 및 연도별 시행계획의 수립시행 ★★

(1) 다문화정책기본계획의 수립(제3조의2)

여성가족부장관은 다문화가족 지원을 위하여 5년마다 다문화가족정책에 관한 기본계획을 수립하여야 한다.

(2) 연도별 시행계획의 수립시행(제3조의3)

① 여성가족부장관, 관계 중앙행정기관의 장과 시·도지사는 매년 기본계획에 따라 다문화가족정책에 관한 시행계획을 수립·시행하여야 한다.
② 관계 중앙행정기관의 장과 시·도지사는 전년도의 시행계획에 따른 추진실적, 다음 연도의 시행계획을 대통령령으로 정하는 바에 따라 매년 여성가족부장관에게 제출하여야 한다.

(3) 다문화가족정책위원회의 설치(제3조의4)

① 다문화가족의 삶의 질 향상과 사회통합에 관한 중요 사항을 심의·조정하기 위하여 국무총리 소속으로 다문화가족정책위원회를 둔다.
② 정책위원회는 위원장 1명을 포함한 20명 이내의 위원으로 구성하고, 위원장은 국무총리가 되며, 위원은 대통령령으로 정하는 중앙행정기관의 장, 다문화가족정책에 관하여 학식과 경험이 풍부한 사람 중에서 위원장이 위촉하는 사람이 된다.
③ 정책위원회에서 심의·조정할 사항을 미리 검토하고 대통령령에 따라 위임된 사항을 다루기 위하여 정책위원회에 실무위원회를 둔다.

3) 국가와 지방자치단체의 지원정책 ★★

(1) 생활정보제공 및 교육지원(제6조)

① 국가와 지방자치단체는 결혼이민자 등이 대한민국에서 생활하는데 필요한 기본적 정보를 제공하고, 사회적응교육과 직업교육 · 훈련 및 언어소통 능력 향상을 위한 한국어교육 등을 받을 수 있도록 필요한 지원을 할 수 있다.

② 국가와 지방자치단체는 결혼이민자들의 배우자, 가족구성원이 결혼이민자 등의 출신국가 및 문화 등을 이해하는 데 필요한 기본적인 정보를 제공하고 관련교육을 지원할 수 있다.

③ 국가와 지방자치단체는 교육을 실시함에 있어 거주지 및 가정환경 등으로 인하여 서비스에서 소외되는 결혼이민자등이 없도록 방문교육이나 원격교육 등 다양한 방법으로 교육을 지원하고, 교재와 강사 등의 전문성을 강화하기 위한 시책을 수립 · 시행하여야 한다.

④ 국가와 지방자치단체는 제2항의 방문교육의 비용을 결혼이민자등의 가구 소득수준, 교육의 종류 등 여성가족부장관이 정하여 고시하는 기준에 따라 차등 지원할 수 있다.

⑤ 국가와 지방자치단체가 비용을 지원함에 있어 비용 지원의 신청, 금융정보 등의 제공, 조사 · 질문 등은 아이돌봄지원법의 규정을 준용한다.

⑥ 결혼이민자 등의 배우자 등 다문화가족 구성원은 결혼이민자 등이 한국어교육 등 사회적응에 필요한 다양한 교육을 받을 수 있도록 노력하여야 한다.

(2) 평등한 가족관계의 유지를 위한 조치(제7조)

국가와 지방자치단체는 다문화가족이 민주적이고 양성평등한 가족관계를 누릴 수 있도록 가족상담, 부부교육, 부모교육, 가족생활교육 등을 추진하여야 한다. 이 경우 문화의 차이 등을 고려한 전문적인 서비스가 제공될 수 있도록 노력하여야 한다.

(3) 가정폭력 피해자에 대한 보호 · 지원(제8조)

① 국가와 지방자치단체는 가정폭력방지 및 피해자보호 등에 관한 법률에 따라 다문화가족 내 가정폭력을 예방하기 위하여 노력하여야 하며, 가정폭력으로 피해를 입은 결혼이민자 등을 보호 · 지원할 수 있다.

② 국가와 지방자치단체는 가정폭력의 피해를 입은 결혼이민자 등에 대한 보호 및 지

원을 위하여 외국어 통역 서비스를 갖춘 가정폭력 상담소 및 보호시설의 설치를 확대하도록 노력하여야 한다.

③ 국가와 지방자치단체는 결혼이민자 등이 가정폭력으로 혼인관계를 종료하는 경우 의사소통의 어려움과 법률체계 등에 관한 정보의 부족 등으로 불리한 입장에 놓이지 아니하도록 의견진술 및 사실 확인 등에 있어서 언어통역, 법률상담 및 행정지원 등 필요한 서비스를 제공할 수 있다.

(4) 아동 · 청소년의 보육 · 교육(제10조)

① 국가와 지방자치단체는 아동 · 청소년의 보육 · 교육을 실시함에 있어서 다문화가족 구성원인 아동 · 청소년을 차별하여서는 아니 된다.

② 국가와 지방자치단체는 다문화가족 구성원인 아동 · 청소년이 학교생활에 신속히 적응할 수 있도록 교육지원 대책을 마련하여야 하고, 특별시 · 광역시 · 특별자치시 · 도 · 특별자치도의 교육감은 다문화가족 구성원인 아동 · 청소년에 대하여 학과 외 또는 방과 후 교육 프로그램 등을 지원할 수 있다.

③ 국가와 지방자치단체는 다문화가족 구성원인 18세 미만인 사람의 초등학교 취학전 보육 및 교육 지원을 위하여 노력하고, 그 구성원의 언어발달을 위하여 한국어 및 결혼이민자등인 부 또는 모의 모국어 교육을 위한 교재지원 및 학습지원 등 언어능력 제고를 위하여 필요한 지원을 할 수 있다.

④ 영유아보육법에 따른 어린이집의 원장, 유아교육법에 따른 유치원의 장, 초 · 중등교육법에 따른 각급 학교의 장, 그 밖에 대통령령으로 정하는 기관의 장은 아동 · 청소년 보육 · 교육을 실시함에 있어 다문화가족 구성원인 아동 · 청소년이 차별을 받지 아니하도록 필요한 조치를 하여야 한다.

(5) 다국어에 의한 서비스 제공(제11조)

국가와 지방자치단체는 관련규정에 따른 지원정책을 추진함에 있어서 결혼이민자 등의 의사소통의 어려움을 해소하고 서비스 접근성을 제고하기 위하여 다국어에 의한 서비스 제공이 이루어지도록 노력하여야 한다.

01) 한부모가족지원법상 지원대상인 아동으로 옳은 것은 모두 몇 개인가?

(15회 기출)

ㄱ 부모의 생사가 분명하지 아니한 아동

ㄴ 부모가 유기하여 부양을 받을 수 없는 아동

ㄷ 부모가 신체의 질병으로 장기간 노동능력을 상실한 아동

ㄹ 부모가 가정의 불화로 가출하여 부모의 부양을 받을 수 없는 아동

ㅁ 부모의 장기복역으로 부양을 받을 수 없는 경우

---

① 1개   ② 2개   ③ 3개   ④ 4개   ⑤ 5개

☞ 해설: 한부모가족지원법 제5조의2(지원대상자의 범위에 대한 특례) 제2항 참조

• 다음의 어느 하나에 해당하는 아동과 그 아동을 양육하는 조부 또는 조모로서 여성
  가족부령으로 정하는 자는 제5조에도 불구하고 이 법에 따른 지원대상자가 된다.

  1. 부모가 사망하거나 생사가 분명하지 아니한 아동

  2. 부모가 정신 또는 신체의 장애·질병으로 장기간 노동능력을 상실한 아동

  3. 부모의 장기복역 등으로 부양을 받을 수 없는 아동

  4. 부모가 이혼하거나 유기하여 부양을 받을 수 없는 아동

  5. 제1호부터 제4호까지에 규정된 자에 준하는 자로서 여성가족부령으로 정하는
     아동

     – 부모가 가정의 불화로 가출하여 부모의 부양을 받을 수 없는 아동

정답 ⑤

02) 다문화가족지원법상 실태조사 등에 관한 내용이다. (   )안에 들어갈 용어를 바르게 짝지은 것은?　　　　　　　　　　　　　　　　　　(15회 기출)

> (　㉠　)장관은 다문화가족의 현황 및 실태를 파악하고 다문화가족 지원을 위한 정책수립을 활용하기 위하여 (　㉡　)년마다 다문화가족에 대한 실태조사를 실시하고 그 결과를 공표하여야 한다.

① ㉠: 고용노동부, ㉡: 3년　　　　　② ㉠: 고용노동부, ㉡: 5년

③ ㉠: 여성가족부, ㉡: 3년　　　　　④ ㉠: 여성가족부, ㉡: 5년

⑤ ㉠: 보건복지부, ㉡: 3년

☞ 해설: 다문화가족지원법 제4조(실태조사 등) 제1항 참조
• 여성가족부장관은 다문화가족의 현황 및 실태를 파악하고 다문화가족지원을 위한 정책수립에 활용하기 위하여 3년마다 다문화가족에 대한 실태조사를 실시하고 그 결과를 공표하여야 한다.

정답 ③

제20장
|
정신건강증진 및
정신질환자 복지서비스지원에 관한 법률
(약칭: 정신건강복지법)

1. 정신건강복지법의 이해

1) 정신건강복지법의 개념 ★★

(1) 목적(제1조)

정신질환의 예방 · 치료, 정신질환자의 재활 · 복지 · 권리보장과 정신건강 친화적인 환경 조성에 필요한 사항을 규정함으로써 국민의 정신건강증진 및 정신질환자의 인간다운 삶을 영위하는 데 이바지함을 목적으로 한다.

(2) 기본이념(제2조)

① 모든 국민은 정신질환으로부터 보호받을 권리를 가진다.

② 모든 정신질환자는 인간으로서의 존엄과 가치를 보장받고, 최적의 치료를 받을 권리를 가진다.

③ 모든 정신질환자는 정신질환이 있다는 이유로 부당한 차별대우를 받지 아니한다.

④ 미성년자인 정신질환자는 특별히 치료, 보호 및 교육을 받을 권리를 가진다.

⑤ 정신질환자에 대해서는 입원 또는 입소가 최소화되도록 지역 사회 중심의 치료가

우선적으로 고려되어야 하며, 정신건강증진시설에 자신의 의지에 따른 입원 또는 입소가 권장되어야 한다.

⑥ 정신건강증진시설에 입원 등을 하고 있는 모든 사람은 가능한 한 자유로운 환경을 누릴 권리와 다른 사람들과 자유로이 의견교환을 할 수 있는 권리를 가진다.

⑦ 정신질환자는 원칙적으로 자신의 신체와 재산에 관한 사항에 대하여 스스로 판단 하고 결정할 권리를 가진다. 특히 주거지, 의료행위에 대한 동의나 거부, 타인과의 교류, 복지서비스의 이용 여부와 복지서비스 종류의 선택 등을 스스로 결정할 수 있도록 자기결정권을 존중받는다.

⑧ 정신질환자는 자신에게 법률적 · 사실적 영향을 미치는 사안에 대하여 스스로 이 해하여 자신의 자유로운 의사를 표현할 수 있도록 필요한 도움을 받을 권리를 가 진다.

⑨ 정신질환자는 자신과 관련된 정책의 결정과정에 참여할 권리를 가진다.

(3) 용어의 정의(제3조)

① 정신질환자: 망상, 환각, 사고(思考)나 기분의 장애 등으로 인하여 독립적으로 일 상생활을 영위하는 데 중대한 제약이 있는 사람을 말한다.

② 정신건강증진사업: 정신건강 관련 교육 · 상담, 정신질환의 예방 · 치료, 정신질환 자의 재활, 정신건강에 영향을 미치는 사회복지 · 교육 · 주거 · 근로 환경의 개선 등을 통하여 국민의 정신건강을 증진시키는 사업을 말한다.

③ 정신건강복지센터: 정신건강증진시설, 사회복지사업법에 따른 사회복지시설, 학 교 및 사업장과 연계체계를 구축하여 지역사회에서의 정신건강증진사업 및 제33 조부터 제38조까지의 규정에 따른 정신질환자 복지서비스 지원사업을 하는 기관 또는 단체를 말한다.

④ 정신건강증진시설: 정신의료기관, 정신요양시설 및 정신재활시설을 말한다.

⑤ 정신의료기관: 주로 정신질환자를 치료할 목적으로 설치된 다음의 어느 하나에 해 당하는 기관을 말한다.

　－ 의료법에 따른 의료기관 중 제19조 제1항 후단에 따른 기준에 적합하게 설치된 병원 또는 의원

- 의료법에 따른 병원급 의료기관에 설치된 정신건강의학과로서 제19조 제1항 후단에 따른 기준에 적합한 기관

⑥ 정신요양시설: 제22조에 따라 설치된 시설로서 정신질환자를 입소시켜 요양 서비스를 제공하는 시설을 말한다.

⑦ 정신재활시설: 제26조에 따라 설치된 시설로서 정신질환자 또는 정신건강상 문제가 있는 사람 중 대통령령으로 정하는 사람의 사회적응을 위한 각종 훈련과 생활지도를 하는 시설을 말한다.

2) 정신건강심의위원회의 설치·운영 등 ★★

(1) 정신건강심의위원회의 설치·운영(제53조)

시·도지사와 시장·군수·구청장은 정신건강에 관한 중요한 사항을 심의 또는 심사하기 위하여 시·도지사 소속으로 광역정신건강심의위원회를 두고, 시장·군수·구청장 소속으로 기초정신건강심의위원회를 둔다. 다만, 정신의료기관 등이 없는 시·군·구에는 기초정신건강심의위원회를 두지 아니할 수 있다.

(2) 정신건강심사위원회의 설치·운영(제54조)

정신건강심의위원회의 업무 중 심사와 관련된 업무를 전문적으로 수행하기 위하여 광역정신건강심의위원회 안에 광역정신건강심사위원회를 두고, 기초정신건강심의위원회 안에 기초정신건강심사위원회를 둔다.

2. 정신건강증진정책의 추진 등

1) 국가계획 및 시행계획 등 ★★

(1) 국가계획의 수립 등(제7조)

① 보건복지부장관은 관계 행정기관의 장과 협의하여 5년마다 정신건강증진 및 정신질환자 복지서비스 지원에 관한 국가의 기본계획을 수립하여야 한다.

② 특별시장·광역시장·특별자치시장·도지사·특별자치도지사는 국가계획에 따

라 각각 시 · 도 단위의 정신건강증진 및 정신질환자 복지서비스 지원에 관한 계획을 수립하여야 한다.

(2) 시행계획의 수립 · 시행 등(제8조)

보건복지부장관과 시 · 도지사는 각각 국가계획과 지역계획에 따라 매년 시행계획을 수립 · 시행하여야 하고, 시장 · 군수 · 구청장은 매년 관할 시 · 도의 지역계획에 따라 시행계획을 수립 · 시행하여야 한다.

(3) 정신건강증진 관련 주요정책의 심의(제9조)

보건복지부장관은 국가계획의 수립, 정신건강증진 및 정신질환자 복지서비스 지원 체계와 제도의 발전 사항에 관하여 국민건강증진정책심의위원회의 심의를 받아야 한다.

(4) 실태조사(제10조)

보건복지부장관은 5년마다 다음의 사항에 관한 실태조사를 하여야 한다. 다만, 정신건강증진 정책을 수립하는 데 필요한 경우 수시로 실태조사를 할 수 있다.

① 정신질환의 인구학적 분포, 유병률(有病率) 및 유병요인

② 성별, 연령 등 인구학적 특성에 따른 정신질환의 치료이력, 정신건강증진시설 이용 현황

③ 정신질환으로 인한 사회적 · 경제적 손실

④ 정신질환자의 취업 · 직업훈련 · 소득 · 주거 · 경제상태 및 정신질환자에 대한 복지서비스

⑤ 정신질환자 가족의 사회 · 경제적 상황

2) 정신건강증진사업 등의 추진 ★★

(1) 국가와 지방자치단체의 정신건강증진사업 등의 추진 등(제12조)

보건복지부장관은 전국 단위의 정신건강증진사업 등을 수행하고, 지방자치단체의 지역별 정신건강증진사업 등을 총괄 · 지원한다.

(2) 정신건강의 날(제14조)

정신건강의 중요성을 환기하고 정신질환에 대한 편견을 해소하기 위하여 매년 10월 10일을 정신건강의 날로 하고, 정신건강의 날이 포함된 주(週)를 정신건강주간으로 한다.

(3) 중독관리통합지원센터의 설치 및 운영(제15조의3)

① 보건복지부장관 또는 지방자치단체의 장은 알코올, 마약, 도박, 인터넷 등의 중독 문제와 관련한 종합적인 지원사업을 수행하기 위하여 중독관리통합지원센터를 설치·운영할 수 있다.

② 중독관리통합지원센터는 다음의 사업을 수행한다.

- 지역사회 내 중독자의 조기발견 체계 구축, 중독자 가족에 대한 지원사업
- 중독폐해 예방 및 교육사업, 중독자 대상 상담, 치료, 재활 및 사회복귀 지원 사업
- 그 밖에 중독 문제의 해소를 위하여 필요한 사업

③ 보건복지부장관은 제1항에 따른 지방자치단체의 중독관리통합지원센터 설치·운영에 필요한 비용의 전부 또는 일부를 부담할 수 있다.

④ 보건복지부장관 또는 지방자치단체의 장은 중독관리통합지원센터의 설치·운영을 그 업무에 관한 전문성이 있는 기관·단체에 위탁할 수 있다.

3) 정신건강전문요원의 자격 등(제17조) ★★★

① 보건복지부장관은 정신건강 분야에 관한 전문지식과 기술을 갖추고 보건복지부령으로 정하는 수련기관에서 수련을 받은 사람에게 정신건강전문요원의 자격을 줄 수 있다.

② 정신건강전문요원은 그 전문분야에 따라 정신건강임상심리사, 정신건강간호사 및 정신건강사회복지사로 구분한다.

3. 정신건강증진시설의 설치 · 운영 등

1) 정신의료기관의 설치 · 운영 등

(1) 정신의료기관의 개설 · 운영 등(제19조)

① 정신의료기관의 개설은 의료법에 따른다. 이 경우 정신의료기관의 시설 · 장비의 기준과 의료인 등 종사자의 수 · 자격에 관하여 필요한 사항은 정신의료기관의 규모 등을 고려하여 보건복지부령으로 따로 정한다.

② 보건복지부장관은 정신질환자에 대한 지역별 병상 수급 현황 등을 고려하여 정신의료기관이 다음의 어느 하나에 해당하는 경우에 그 정신의료기관의 규모를 제한할 수 있다.

- 300병상 이상의 정신의료기관을 개설하려는 경우
- 정신의료기관의 병상 수를 300병상 미만에서 기존의 병상 수를 포함하여 300병상 이상으로 증설하려는 경우
- 300병상 이상의 정신의료기관을 운영하는 자가 병상 수를 증설하려는 경우

(2) 국립 · 공립 정신병원의 설치 등(제21조)

① 국가와 지방자치단체는 국립 또는 공립의 정신의료기관으로서 정신병원을 설치 · 운영하여야 한다.

② 국가와 지방자치단체가 정신병원을 설치하는 경우 그 병원이 지역적으로 균형 있게 분포되도록 하여야 하며, 정신질환자가 지역사회 중심으로 관리되도록 하여야 한다.

2) 정신요양시설의 설치 · 운영 등(제22조)

① 국가와 지방자치단체는 정신요양시설을 설치 · 운영할 수 있다.

② 사회복지사업법에 따른 사회복지법인과 그 밖의 비영리법인이 정신요양시설을 설치 · 운영하려는 경우에는 해당 정신요양시설 소재지 관할 특별자치시장 · 특별자치도지사 · 시장 · 군수 · 구청장의 허가를 받아야 한다.

3) 정신재활시설의 설치 · 운영 등 ★★

(1) 정신재활시설의 설치 · 운영(제26조)

① 국가 또는 지방자치단체는 정신재활시설을 설치 · 운영할 수 있다.

② 국가나 지방자치단체 외의 자가 정신재활시설을 설치 · 운영하려면 해당 정신재활
시설 소재지 관할 특별자치시장 · 특별자치도지사 · 시장 · 군수 · 구청장에게 <u>신고</u>
하여야 한다.

(2) 정신재활시설의 종류(제27조)

① <u>생활시설</u>: 정신질환자 등이 생활할 수 있도록 주로 의식주 서비스를 제공하는 시설

② <u>재활훈련시설</u>: 정신질환자 등이 지역사회에서 직업활동과 사회생활을 할 수 있도
록 주로 상담 · 교육 · 취업 · 여가 · 문화 · 사회참여 등 각종 재활활동을 지원하는
시설

③ 그 밖에 대통령령으로 정하는 시설

4) 입원 등 ★★★

(1) <u>자의입원</u> 등(제41조)

① 정신질환자나 그 밖에 정신건강상 문제가 있는 사람은 보건복지부령으로 정하는
입원 등 신청서를 정신의료기관 등의 장에게 제출함으로써 그 정신의료기관 등에
자의입원 등을 할 수 있다.

② 정신의료기관 등의 장은 자의입원 등을 한 사람에 대하여 입원 등을 한 날부터 2개
월마다 퇴원 등을 할 의사가 있는지를 확인하여야 한다.

(2) <u>동의입원</u> 등(제42조)

정신질환자는 보호의무자의 동의를 받아 보건복지부령으로 정하는 입원 등 신청서
를 정신의료기관 등의 장에게 제출함으로써 그 정신의료기관 등에 입원 등을 할 수
있다.

(3) <u>보호의무자에 의한 입원</u> 등(제43조)

① 정신의료기관 등의 장은 정신질환자의 보호의무자 2명 이상이 신청한 경우로써 정신건강의학과전문의가 입원 등이 필요하다고 진단한 경우에만 해당 정신질환자를 입원 등을 시킬 수 있다.

② 정신의료기관 등의 장은 정신건강의학과전문의 진단 결과 정신질환자가 입원 등이 필요하다고 진단한 경우 그 증상의 정확한 진단을 위하여 2주의 범위에서 기간을 정하여 입원하게 할 수 있다.

③ 정신의료기관 등의 장은 진단 결과 해당 정신질환자에 대하여 계속 입원 등이 필요하다는 서로 다른 정신의료기관 등에 소속된 2명 이상의 정신건강의학과전문의의 일치된 소견이 있는 경우에만 해당 정신질환자에 대하여 치료를 위한 입원 등을 하게 할 수 있다.

④ 입원 등의 기간은 최초로 입원 등을 한 날부터 3개월 이내로 한다. 다만, 다음의 구분에 따라 입원 등의 기간을 연장할 수 있다.
  − 3개월 이후의 1차 입원 등 기간 연장: 3개월 이내
  − 1차 입원 등 기간 연장후의 입원 등 기간 연장: 입원 등 기간 연장 시 마다 6개월 이내

(4) 특별자치도지사 · 시장 · 군수 · 구청장에 의한 입원(제44조)

정신건강의학과전문의 또는 정신건강전문요원은 정신질환으로 자신의 건강 또는 안전이나 다른 사람에게 해를 끼칠 위험이 있다고 의심되는 사람을 발견하였을 때에는 특별자치도지사 · 시장 · 군수 · 구청장에게 대통령령으로 정하는 바에 따라 그 사람에 대한 진단과 보호를 신청할 수 있다.

5) 입원 등의 입원적합성심사위원회 신고 등 ★★

(1) 입원 등의 입원적합성심사위원회 신고 등(제45조)

입원 등을 시키고 있는 정신의료기관 등의 장은 입원 등을 시킨 즉시 입원 등을 한 사람에게 입원 등의 사유 및 입원적합성심사위원회에 의하여 입원적합성심사를 받을 수 있다는 사실을 구두 및 서면으로 알리고, 입원 등을 한 사람의 대면조사 신청 의사를 구두 및 서면으로 확인하여야 한다.

(2) 입원적합성심사위원회의 설치 및 운영 등(제46조)

보건복지부장관은 입원 등의 적합성을 심사하기 위하여 각 국립정신병원 등 대통령령으로 정하는 기관에 입원적합성심사위원회를 설치하며, 각 국립정신병원 등의 심사대상 관할 지역은 대통령령으로 정한다.

4. 퇴원 및 권익보호와 지원 등

1) 퇴원 등의 청구 및 심사 등 ★★
① 퇴원 등 또는 처우개선 심사의 청구(제55조)

　정신의료기관 등에 입원 등을 하고 있는 사람 또는 그 보호의무자는 관할 특별자치도지사 · 시장 · 군수 · 구청장에게 입원 등을 하고 있는 사람의 퇴원 등 또는 처우개선에 대한 심사를 청구할 수 있다.

② 정신건강심의위원회에의 회부(제56조)

　특별자치도지사 · 시장 · 군수 · 구청장은 심사 청구를 받았을 때에는 지체 없이 그 청구 내용을 소관 정신건강심의위원회 회의에 회부하여야 한다.

2) 권익보호 및 지원 등 ★★

(1) 입원 등의 금지(제68조)

① 누구든지 응급입원의 경우를 제외하고는 정신건강의학과전문의의 대면 진단에 의하지 아니하고 정신질환자를 정신의료기관 등에 입원 등을 시키거나 기간을 연장할 수 없다.

② 진단의 유효기간은 진단서 발급일로 부터 30일까지로 한다.

(2) 인권교육(제70조)

정신건강증진시설의 장과 종사자는 인권에 관한 교육을 받아야 한다.

01) 정신건강증진 및 정신질환자 복지서비스지원에 관한 법률의 내용으로 옳지 않은
   것은? (17회 기출)
① 모든 정신질환자는 인간으로서의 존엄과 가치를 보장받고, 최적의 치료를 받을 권
   리를 가진다.
② 모든 국민은 정신질환으로부터 보호받을 권리를 가진다.
③ 모든 정신질환자는 정신질환이 있다는 이유로 부당한 차별대우를 받지 아니한다.
④ 입원치료가 필요한 정신질환자에 대하여는 의료진의 판단에 의해 입원이 권장되
   어야 한다.
⑤ 정신건강증진시설에 입원 등을 하고 있는 모든 사람은 가능한 한 자유로운 환경을
   누릴 권리와 다른 사람들과 자유로이 의견교환을 할 수 있는 권리를 가진다.

☞ 해설: 정신건강증진 및 정신질환자 복지서비스지원에 관한 법률 제2조 참조
• 모든 국민은 정신질환으로부터 보호받을 권리를 가진다.
• 모든 정신질환자는 인간으로서의 존엄과 가치를 보장받고, 최적의 치료를 받을 권
  리를 가진다.
• 모든 정신질환자는 정신질환이 있다는 이유로 부당한 차별대우를 받지 아니한다.
• 미성년자인 정신질환자는 특별히 치료, 보호 및 교육을 받을 권리를 가진다.
• 정신질환자에 대해서는 입원 또는 입소가 최소화되도록 지역 사회 중심의 치료가
  우선적으로 고려되어야 하며, 정신건강증진시설에 자신의 의지에 따른 입원 또는
  입소가 권장되어야 한다.
• 정신건강증진시설에 입원 등을 하고 있는 모든 사람은 가능한 한 자유로운 환경을
  누릴 권리와 다른 사람들과 자유로이 의견교환을 할 수 있는 권리를 가진다.
• 정신질환자는 원칙적으로 자신의 신체와 재산에 관한 사항에 대하여 스스로 판단
  하고 결정할 권리를 가진다. 특히 주거지, 의료행위에 대한 동의나 거부, 타인과의
  교류, 복지서비스의 이용 여부와 복지서비스 종류의 선택 등을 스스로 결정할 수
  있도록 자기결정권을 존중받는다.

• 정신질환자는 자신에게 법률적·사실적 영향을 미치는 사안에 대하여 스스로 이해하여 자신의 자유로운 의사를 표현할 수 있도록 필요한 도움을 받을 권리를 가진다.
• 정신질환자는 자신과 관련된 정책의 결정과정에 참여할 권리를 가진다.

정답 ④

제21장
|
입양특례법

1. 입양특례법의 개요

1) 목적 및 용어의 정의 ★★★

(1) 목적(제1조)

요보호아동의 입양(入養)에 관한 요건 및 절차 등에 대한 특례와 지원에 필요한 사항을 정함으로써 양자(養子)가 되는 아동의 권익과 복지를 증진하는 것을 목적으로 한다.

(2) 용어의 정의(제2조)

① 아동: 18세 미만인 사람을 말한다.

② 요보호아동: 아동복지법에 따른 보호대상 아동을 말한다.

③ 입양아동: 입양된 아동을 말한다.

④ 부양의무자: 국민기초생활 보장법에 따른 부양의무자를 말한다.

2) 입양의 원칙 등 ★★

(1) 입양의 원칙(제4조)

입양은 아동의 이익이 최우선이 되도록 하여야 한다.

(2) 입양의 날(제5조)

건전한 입양문화의 정착과 국내입양의 활성화를 위하여 <u>5월 11일</u>을 입양의 날로 하고, 입양의 날부터 1주일을 입양주간으로 한다.

(3) 국내입양 우선 추진(제7조)

① 국가 및 지방자치단체는 입양의뢰 된 아동의 양친(養親)될 사람을 국내에서 찾기 위한 시책을 최우선적으로 시행하여야 한다.

② 입양기관의 장은 보건복지부령으로 정하는 바에 따라 입양의뢰 된 아동의 양친을 국내에서 찾기 위한 조치를 취하고, 그 결과를 보건복지부장관에게 보고하여야 한다.

③ 입양기관의 장은 국내입양을 위한 조치에도 불구하고 양친을 찾지 못한 경우 정보시스템을 활용한 관련 기관과의 정보공유를 통하여 국내입양을 추진하여야 한다.

④ 입양기관의 장은 국내에서 양친이 되려는 사람을 찾지 못하였을 경우에 한하여 국외입양을 추진할 수 있다.

(4) 국외입양의 감축(제8조)

국가는 아동에 대한 보호의무와 책임을 이행하기 위하여 국외입양을 줄여나가기 위하여 노력하여야 한다.

2. 입양의 요건 및 효력

1) 입양의 요건 ★★★

(1) 양자가 될 자격(제9조)

양자가 될 사람은 요보호아동으로서 다음의 어느 하나에 해당하는 사람이어야 한다.

① 보호자로부터 이탈된 사람으로서 특별시장 · 광역시장 · 도지사 및 특별자치도지

사 또는 시장 · 군수 · 구청장이 부양의무자를 확인할 수 없어 국민기초생활 보장
법에 따른 보장시설에 보호를 의뢰한 사람
② 부모 또는 후견인이 입양에 동의하여 보장시설 또는 입양기관에 보호를 의뢰한 사람
③ 법원에 의하여 친권상실의 선고를 받은 사람의 자녀로서 시 · 도지사 또는 시장 ·
군수 · 구청장이 보장시설에 보호를 의뢰한 사람
④ 그 밖에 부양의무자를 알 수 없는 경우로서 시 · 도지사 또는 시장 · 군수 · 구청장
이 보장시설에 보호를 의뢰한 사람

(2) 양친이 될 자격 등(제10조)

① 양친이 될 사람은 다음의 요건을 모두 갖추어야 한다.
- 양자를 부양하기에 충분한 재산이 있을 것
- 양자에 대하여 종교의 자유를 인정하고 사회의 구성원으로서 그에 상응하는 양
육과 교육을 할 수 있을 것
- 양친이 될 사람이 아동학대 · 가정폭력 · 성폭력 · 마약 등의 범죄나 알코올 등
약물중독의 경력이 없을 것
- 양친이 될 사람이 대한민국 국민이 아닌 경우 해당 국가의 법에 따라 양친이 될
수 있는 자격이 있을 것
- 그 밖에 양자의 복지를 위하여 보건복지부령으로 정하는 필요한 요건을 갖출 것
② 양친이 될 사람은 양자가 될 아동의 복리에 반하는 직업이나 그 밖에 인권침해의
우려가 있는 직업에 종사하지 아니하도록 하여야 한다.
③ 양친이 되려는 사람은 입양의 성립 전에 입양기관 등으로부터 보건복지부령으로
정하는 소정의 교육을 마쳐야 한다.

(3) 가정법원의 허가(제11조)

① 아동을 입양하려는 경우에는 다음의 서류를 갖추어 가정법원의 허가를 받아야
한다.
- 양자가 될 아동의 출생신고 증빙 서류, 제9조 및 제10조의 자격을 구비하였다는
서류, 입양동의 서류, 그 밖에 아동의 복리를 위하여 보건복지부령으로 정하는

서류

② 가정법원은 양자가 될 사람의 복리를 위하여 양친이 될 사람의 입양의 동기와 양육능력, 그 밖의 사정을 고려하여 허가를 하지 아니할 수 있다.

(4) 입양의 동의(제12조)

① 아동을 양자로 하려면 친생부모의 동의를 받아야 한다. 다만, 친생부모가 친권상실의 선고를 받은 경우나 친생부모의 소재불명 등의 사유로 동의를 받을 수 없는 경우는 그러하지 아니한다.

② 친생부모가 사유로 인하여 입양의 동의를 할 수 없는 경우에는 후견인의 동의를 받아야 하며, 아동을 양자로 하고자 할 경우에는 보호의뢰 시의 입양동의로써 입양의 동의를 갈음할 수 있다.

③ 13세 이상인 아동을 입양하고자 할 때에는 동의권자의 동의 외에 입양될 아동의 동의를 받아야 하며, 동의는 허가가 있기 전에는 철회할 수 있다.

④ 입양의 동의 또는 입양동의의 철회는 서면으로 하며, 동의에 필요한 사항은 보건복지부령으로 정한다.

(5) 입양동의 요건 등(제13조)

① 입양의 동의는 아동의 출생일부터 1주일이 지난 후에 이루어져야 하며, 입양동의의 대가로 금전 또는 재산상의 이익, 그 밖의 반대급부를 주고받거나 주고받을 것을 약속하여서는 아니 된다.

② 입양기관은 입양동의 전에 친생부모에게 아동을 직접 양육할 경우 지원받을 수 있는 사항 및 입양의 법률적 효력 등에 관한 충분한 상담을 제공하여야 하며, 상담내용 등에 대하여는 보건복지부령으로 정한다.

③ 입양기관은 입양동의 전에 입양될 아동에게 입양동의의 효과 등에 관한 충분한 상담을 제공하여야 하며, 상담내용 등에 대하여는 보건복지부령으로 정한다.

2) 입양의 효력 ★★★

(1) 입양의 효과(제14조)

이 법에 따라 입양된 아동은 민법상 친양자와 동일한 지위를 가진다.

(2) 입양의 효력발생(제15조)

이 법에 따른 입양은 가정법원의 인용심판 확정으로 효력이 발생하고, 양친 또는 양자는 가정법원의 허가서를 첨부하여 가족관계의 등록 등에 관한 법률에서 정하는 바에 따라 신고하여야 한다.

(3) 입양의 취소(제16조)

① 입양아동의 친생의 부 또는 모는 자신에게 책임이 없는 사유로 인하여 제 입양의 동의를 할 수 없었던 경우에는 입양의 사실을 안 날부터 6개월 안에 가정법원에 입양의 취소를 청구할 수 있다.

② 가정법원은 입양의 취소 청구에 대한 판결이 확정되거나 심판의 효력이 발생한 때에는 지체 없이 그 뜻을 가정법원 소재지 지방자치단체에 통보한다.

(4) 파양(제17조)

① 양친, 양자, 검사는 다음의 어느 하나의 사유가 있는 경우에는 가정법원에 파양을 청구할 수 있다.

- 양친이 양자를 학대 또는 유기하거나 그 밖에 양자의 복리를 현저히 해하는 경우
- 양자의 양친에 대한 패륜행위로 인하여 양자관계를 유지시킬 수 없게 된 경우

② 가정법원은 파양이 청구된 아동이 13세 이상인 경우 입양아동의 의견을 청취하고 그 의견을 존중하여야 하며, 파양의 청구에 대한 판결이 확정되거나 심판의 효력이 발생한 때에는 지체 없이 그 뜻을 가정법원 소재지 지방자치단체에 통보한다.

(5) 국내에서의 국외입양(제18조)

국내에서 제9조(양자가 될 자격)의 어느 하나에 해당하는 사람을 양자로 하려는 외국인은 후견인과 함께 양자로 할 사람의 등록기준지 또는 주소지를 관할하는 가정법원에 보건복지부령으로 정하는 서류를 첨부하여 입양허가를 신청하여야 한다.

3. 입양기관 및 입양아동에 대한 복지지원 등

1) 입양기관(제20조) ★★★

(1) 입양기관의 의의

① 입양기관을 운영하려는 자는 사회복지사업법에 따른 사회복지법인으로서 보건복지부장관의 허가를 받아야 한다. 다만, 국내입양만의 알선자는 시·도지사의 허가를 받아야 한다.

② 허가받은 사항 중 대통령령으로 정하는 중요한 사항을 변경하려고 하는 경우에는 신고하여야 하며, 외국인은 입양기관의 장이 될 수 없다.

(2) 입양기관의 의무(제21조)

① 입양기관의 장은 입양의뢰 된 사람의 권익을 보호하고, 부모를 알 수 없는 경우에는 부모 등 직계존속을 찾기 위하여 노력을 다하여야 하며, 입양을 알선할 때 그 양친이 될 사람에 대하여 양친이 될 자격 등 사실을 조사하여야 한다.

② 입양기관의 장은 양친이 될 사람에게 입양 전에 아동양육에 관한 교육을 하여야 하며, 입양이 성립된 후에는 보건복지부령으로 정하는 바에 따라 입양아동과 그에 관한 기록 등을 양친 또는 양친이 될 사람에게 건네주고, 그 결과를 특별자치도지사·시장·군수·구청장에게 보고하여야 한다.

③ 입양기관의 장은 입양업무의 효율 및 입양기관 간의 협력체계 구축을 위하여 입양아동과 가족에 관한 정보를 보건복지부령으로 정하는 바에 따라 중앙입양원에 제공하여야 한다.

④ 입양기관의 장은 입양업무에 관한 사항을 보건복지부령으로 정하는 바에 따라 기록하여야 한다. 이 경우 입양기록은 전자문서로서 기록할 수 있다.

⑤ 입양업무에 관한 기록은 입양아동에 대한 사후관리를 위하여 영구보존하여야 한다.

(3) 입양기관장의 후견직무(제22조)

① 입양기관의 장은 입양을 알선하기 위하여 보장시설의 장, 부모 등으로부터 양자될

아동을 인도받았을 때에는 그 인도받은 날부터 입양이 완료될 때까지 그 아동의 후견인이 된다. 다만, 양자가 될 아동에 대하여 법원이 이미 후견인을 둔 경우에는 그러하지 아니하다.

② 양자로 될 아동을 인도한 친권자의 친권행사는 정지된다. 다만, 친권자가 입양의 동의를 철회한 때에는 다시 친권을 행사할 수 있다.

(4) 가족관계 등록 창설(제23조)

입양기관의 장은 양자가 될 아동을 가족관계등록이 되어 있지 아니한 상태에서 인계받았을 때에는 그 아동에 대한 가족관계 등록 창설 절차를 거친다.

(5) 사후서비스 제공(제25조)

입양기관의 장은 입양이 성립된 후 1년 동안 양친과 양자의 상호적응을 위하여 사후관리를 하여야 한다. 국외입양 사후관리에 관한 내용, 방법 등 구체적 사항은 대통령령으로 정한다.

2) 입양아동에 대한 복지지원 ★★

(1) 아동의 인도(제31조)

① 입양기관·부모는 법원의 입양허가결정 후 입양될 아동을 양친이 될 사람에게 인도한다.

② 국외입양의 경우 아동의 인도는 보건복지부령으로 정하는 특별한 사정이 없으면 대한민국에서 이루어져야 한다.

(2) 비용의 수납 및 보조(제32조)

① 입양기관은 대통령령으로 정하는 바에 따라 양친이 될 사람으로부터 입양 알선에 실제로 드는 비용의 일부를 받을 수 있다.

② 국가와 지방자치단체는 양친이 될 사람에게 입양 알선에 실제로 드는 비용의 전부 또는 일부를 보조할 수 있다.

(3) 요보호아동의 발생예방(제33조)

국가와 지방자치단체는 아동이 태어난 가정에서 양육될 수 있도록 요보호아동의 발생예방에 필요한 시책을 강구하여야 한다.

(4) 사회복지서비스(제34조)

국가와 지방자치단체는 입양기관의 알선을 받아 아동을 입양한 가정에 대하여 입양아동을 건전하게 양육할 수 있도록 필요한 상담, 사회복지시설 이용 등의 사회복지서비스를 제공하여야 한다.

(5) 양육보조금 등의 지급(제35조)

① 국가와 지방자치단체는 입양기관의 알선을 받아 입양된 장애아동 등 입양아동이 건전하게 자랄 수 있도록 필요한 경우에는 대통령령으로 정하는 범위에서 양육수당, 의료비, 아동교육지원비, 그 밖의 필요한 양육보조금을 지급할 수 있다.
② 국가와 지방자치단체는 입양기관의 운영비와 국민기초생활 보장법에 따라 지급되는 수급품 외에 가정위탁보호비용을 보조할 수 있다.

3) 지도 · 감독 ★★

(1) 지도 · 감독 등(제38조)

보건복지부장관, 시 · 도지사 또는 시장 · 군수 · 구청장은 입양기관을 운영하는 자에 대하여 소관 업무에 관하여 필요한 지도 · 감독을 하며, 필요한 경우 그 업무에 관하여 보고 또는 관계 서류의 제출을 명하거나 소속 공무원으로 하여금 입양기관의 사무소 또는 시설에 출입하여 검사하거나 질문하게 할 수 있다.

(2) 허가의 취소 등(제39조)

보건복지부장관 또는 시 · 도지사는 입양기관이 다음의 어느 하나에 해당할 때에는 6개월 이내의 기간을 정하여 업무정지를 명하거나 허가를 취소할 수 있다.
① 시설 및 종사자의 기준에 미치지 못하게 되었을 때, 입양의뢰된 사람의 권익을 해치는 행위를 하였을 때

② 정당한 사유 없이 보고를 하지 아니하거나 거짓으로 하였을 때 또는 조사를 거부,
  이 법 또는 이 법에 따른 명령을 위반하였을 때

01) 입양특례법상 입양기관의 장의 직무에 관한 설명으로 옳지 않은 것은?

(10회 기출)

① 입양기관의 장은 양친이 될 사람에게 입양 전에 아동양육에 관한 교육을 하여야 한다.

② 입양될 아동은 가족관계등록이 되어 있지 아니한 상태에서 인수할 때에는 그 아동에 대한 가족관계등록 창설 절차를 거친다.

③ 국내 입양자를 위하여 입양 성립 후 1년 동안 양친과 양자의 상호적응 상태에 대하여 사후관리를 하여야 한다.

④ 국외로 입양된 자를 위하여 입양된 자가 그 국가의 국적을 취득한 후 6개월까지 사후 관리를 하여야 한다.

⑤ 입양을 원하는 국가나 그 국가의 공인을 받은 입양기관과 입양업무에 관한 협약을 체결한 때에는 보건복지부장관에게 보고하여야 한다.

☞ 해설: 입양특례법 제25조(사후서비스 제공) 제1항 참조
• 입양기관의 장은 입양이 성립된 후 1년 동안 양친과 양자의 상호적응을 위하여 다음 각의 사후관리를 하여야 한다. 국외입양 사후관리에 관한 내용, 방법 등 구체적인 사항은 대통령령으로 정한다.
  – 양친과 양자의 상호적응상태에 관한 관찰 및 이에 필요한 서비스
  – 입양가정에서의 아동양육에 필요한 정보의 제공
  – 입양가정이 수시로 상담할 수 있는 창구의 개설 및 상담요원의 배치

정답 ④

1. 가정폭력방지 및 피해자보호 등에 관한 법률

1) 목적 및 정의 등 ★★

(1) 목적(제1조)

가정폭력을 예방하고 가정폭력의 피해자를 보호·지원함을 목적으로 한다.

(2) 정의(제2조)

① 가정폭력: 가정폭력범죄의 처벌 등에 관한 특례법 제2조 제1호의 행위를 말한다.

② 가정폭력행위자: 가정폭력범죄의 처벌 등에 관한 특례법 제2조 제4호의 자를 말한다.

③ 피해자: 가정폭력으로 인하여 직접적으로 피해를 입은 자를 말한다.

④ 아동: 18세 미만인 자를 말한다.

(3) 가정폭력 실태조사(제4조의2)

여성가족부장관은 3년마다 가정폭력에 대한 실태조사를 실시하여 그 결과를 발표하고, 이를 가정폭력을 예방하기 위한 정책수립의 기초자료로 활용하여야 한다.

2) 가정폭력 예방교육의 실시(제4조의3) ★★

국가기관, 지방자치단체 및 초·중등교육법에 따른 각급 학교의 장, 그 밖에 대통령령으로 정하는 공공단체의 장은 가정폭력의 예방과 방지를 위하여 필요한 교육을 실시하고, 그 결과를 여성가족부장관에게 제출하여야 한다.

3) 긴급전화센터 및 상담소의 설치 ★★

(1) 긴급전화센터의 설치·운영(제4조의6)

여성가족부장관 또는 특별시장·광역시장·도지사·특별자치도지사는 다음의 업무 등을 수행하기 위하여 긴급전화센터를 설치·운영하여야 한다. 이 경우 외국어 서비스를 제공하는 긴급전화센터를 따로 설치·운영할 수 있다.

① 피해자의 신고접수 및 상담
② 관련 기관·시설과의 연계
③ 피해자에 대한 긴급한 구조의 지원
④ 경찰관서 등으로부터 인도받은 피해자 및 피해자가 동반한 가정구성원의 임시
   보호

(2) 상담소의 설치·운영(제5조)

① 국가나 지방자치단체는 가정폭력 관련 상담소를 설치·운영할 수 있으며, 국가나
   지방자치단체 외의 자가 상담소를 설치·운영하려면 특별자치도지사·시장·군
   수·구청장에게 신고하여야 한다.
② 시장·군수·구청장은 제2항에 따른 신고를 받은 날부터 10일 이내(변경신고의
   경우 5일 이내)에 신고수리 여부 또는 민원 처리 관련 법령에 따른 처리기간의 연
   장을 신고인에게 통지하여야 한다.
③ 상담소는 외국인, 장애인 등 대상별로 특화하여 운영할 수 있다.

4) 보호시설의 종류 및 설치 등 ★★

(1) 보호시설의 설치(제7조)

① 국가나 지방자치단체는 가정폭력피해자 보호시설을 설치·운영할 수 있다.

② 사회복지사업법에 따른 사회복지법인, 그 밖의 비영리법인은 시장·군수·구청장의 인가(認可)를 받아 보호시설을 설치·운영할 수 있다.

(2) 보호시설의 종류(제7조의2)

① 단기보호시설: 피해자 등을 6개월의 범위에서 보호하는 시설

② 장기보호시설: 피해자 등에 대하여 2년의 범위에서 자립을 위한 주거편의 등을 제공하는 시설

③ 외국인보호시설: 배우자가 대한민국 국민인 외국인 피해자 등을 2년의 범위에서 보호하는 시설

④ 장애인보호시설: 장애인복지법의 적용을 받는 장애인인 피해자 등을 2년의 범위에서 보호하는 시설

※ 단기보호시설의 장은 그 단기보호시설에 입소한 피해자 등에 대한 보호기간을 여성가족부령으로 정하는 바에 따라 3개월의 범위에서 한 차례만 연장할 수 있다.

(3) 보호시설의 업무(제8조)

① 보호시설은 피해자 등에 대하여 다음의 업무를 행한다.

- 숙식의 제공, 심리적 안정과 사회적응을 위한 상담 및 치료
- 질병치료와 건강관리(입소 후 1개월 이내의 건강검진을 포함한다)를 위한 의료기관에의 인도 등 의료지원
- 수사·재판과정에 필요한 지원 및 서비스 연계
- 법률구조기관 등에 필요한 협조와 지원의 요청
- 자립자활교육의 실시와 취업정보의 제공
- 다른 법률에 따라 보호시설에 위탁된 사항

② 장애인보호시설을 설치·운영하는 자가 보호시설의 업무를 할 때에는 장애인의 특성을 고려하여 적절하게 지원할 수 있도록 하여야 한다.

(4) 가정폭력 관련 상담원 교육훈련시설(제8조의3)

① 국가나 지방자치단체는 상담원(상담원이 되려는 자를 포함한다)에 대하여 교육·훈련을 실시하기 위하여 가정폭력 관련 상담원 교육훈련시설을 설치·운영할 수 있다.

② 다음의 자로서 교육훈련시설을 설치하려는 자는 시장·군수·구청장에게 신고하여야 한다. 신고한 사항 중 여성가족부령으로 정하는 중요 사항을 변경하려는 경우에도 또한 같다.
- 고등교육법에 따른 학교를 설립·운영하는 학교법인
- 법률구조법인, 사회복지법인, 그 밖의 비영리법인

(5) 사법경찰관리의 현장출동 등(제9조의4)

① 사법경찰관리는 가정폭력범죄의 신고가 접수된 때에는 지체 없이 가정폭력의 현장에 출동하여야 한다.

② 출동한 사법경찰관리는 피해자를 보호하기 위하여 신고된 현장 또는 사건 조사를 위한 관련 장소에 출입하여 관계인에 대하여 조사를 하거나 질문을 할 수 있다.

③ 가정폭력행위자는 제2항에 따른 사법경찰관리의 현장 조사를 거부하는 등 그 업무 수행을 방해하는 행위를 하여서는 아니 된다.

(6) 청문의 실시(제12조의2)

시장·군수·구청장은 보호시설의 업무정지·폐지 또는 그 시설의 폐쇄를 명하거나 인가를 취소하려면 청문을 하여야 한다.

2. 성폭력방지 및 피해자보호 등에 관한 법률

1) 목적 및 용어의 정의 ★★

(1) 목적(제1조)

성폭력을 예방하고 성폭력피해자를 보호·지원함으로써 인권증진에 이바지함을 목적으로 한다.

(2) 용어의 정의(제2조)

① 성폭력: 성폭력범죄의 처벌 등에 관한 특례법에 규정된 죄에 해당하는 행위를 말한다.

② 성폭력행위자: 성폭력범죄의 처벌 등에 관한 특례법에 해당하는 죄를 범한 사람을 말한다.

③ 성폭력피해자: 성폭력으로 인하여 직접적으로 피해를 입은 사람을 말한다.

(3) 성폭력 실태조사(제4조)

여성가족부장관은 성폭력의 실태를 파악하고 성폭력 방지에 관한 정책을 수립하기 위하여 3년마다 성폭력 실태조사를 하고 그 결과를 발표하여야 한다.

2) 성폭력예방교육 등(제5조) ★★★

(1) 성폭력예방교육

국가기관 및 지방자치단체의 장, 유치원의 장, 어린이집의 원장, 각급 학교의 장, 그 밖에 대통령령으로 정하는 공공단체의 장은 대통령령으로 정하는 바에 따라 성교육 및 성폭력 예방교육 실시, 기관 내 피해자 보호와 피해 예방을 위한 자체 예방지침 마련, 사건발생 시 재발방지대책 수립 · 시행 등 필요한 조치를 하고, 그 결과를 여성가족부장관에게 제출하여야 한다.

(2) 신고의무

19세 미만의 미성년자는 보호하거나 치료 또는 교육하는 시설의 장 및 관련 종사자는 자기의 보호 및 지원을 받는 자가 성폭력피해자인 사실을 알게 된 때에는 즉시 수사기관에 신고하여야 한다.

(3) 불법촬영물로 인한 피해자에 대한 지원 등(제7조의3)

① 국가는 성폭력범죄의 처벌 등에 관한 특례법 제14조에 따른 촬영물이 정보통신망

이용촉진 및 정보보호 등에 관한 법률 제2조 제1항 제1호의 정보통신망에 유포되어 피해를 입은 사람에 대하여 촬영물의 삭제를 위한 지원을 할 수 있다.

② 촬영물 삭제 지원에 소요되는 비용은 성폭력범죄의 처벌 등에 관한 특례법 제14조에 해당하는 죄를 범한 성폭력행위자가 부담한다.

③ 국가가 촬영물 삭제 지원에 소요되는 비용을 지출한 경우 성폭력행위자에 대하여 구상권(求償權)을 행사할 수 있다.

3) 피해자 보호 및 지원 시설 등의 설치 · 운영 ★★

(1) 상담소의 설치 · 운영(제10조)

① 국가 또는 지방자치단체는 성폭력피해상담소를 설치 · 운영할 수 있다.

② 국가 또는 지방자치단체 외의 자가 상담소를 설치 · 운영하려면 특별자치시장 · 특별자치도지사 또는 시장 · 군수 · 구청장에게 신고하여야 한다.

(2) 보호시설의 설치 · 운영 및 종류(제12조)

① 국가 또는 지방자치단체는 성폭력피해자보호시설을 설치 · 운영할 수 있다.

② 사회복지사업법에 따른 사회복지법인이나 그 밖의 비영리법인은 특별자치시장 · 특별자치도지사 또는 시장 · 군수 · 구청장의 인가를 받아 보호시설을 설치 · 운영할 수 있다.

③ 보호시설의 종류

- 일반보호시설: 피해자에게 제13조 제1항 각 호의 사항을 제공하는 시설
- 장애인보호시설: 장애인차별금지 및 권리구제 등에 관한 법률에 따른 장애인인 피해자에게 제공하는 시설
- 특별지원 보호시설: 성폭력범죄의 처벌 등에 관한 특례법에 따른 피해자로서 19세 미만의 피해자에게 제공하는 시설
- 외국인보호시설: 외국인 피해자에게 제공하는 시설. 다만, 가정폭력방지 및 피해자보호 등에 관한 법률에 따른 외국인보호시설과 통합하여 운영할 수 있다.
- 자립지원 공동생활시설: 보호시설을 퇴소한 사람에게 제공하는 시설
- 장애인 자립지원 공동생활시설: 보호시설을 퇴소한 사람에게 제공하는 시설

(3) 보호시설의 업무 등(제13조)

피해자 등의 보호 및 숙식 제공, 피해자 등의 심리적 안정과 사회 적응을 위한 상담
및 치료, 자립·자활 교육의 실시와 취업정보의 제공 등

(4) 보호시설의 입소(제15조)

① 피해자 등이 다음의 어느 하나에 해당하는 경우에는 보호시설에 입소할 수 있다.
   본인이 입소를 희망하거나 입소에 동의하는 경우, 미성년자 또는 지적장애인 등
   의사능력이 불완전한 사람으로서 성폭력행위자가 아닌 보호자가 입소에 동의하는
   경우
② 인가받은 보호시설의 장은 보호시설에 입소한 사람의 인적사항 및 입소사유 등을
   특별자치도지사 또는 시장·군수·구청장에게 지체 없이 보고하여야 한다.

(5) 보호시설의 입소기간(제16조)

① 일반보호시설: 1년 이내. 다만, 여성가족부령으로 정하는 바에 따라 1년 6개월의
   범위에서 한 차례 연장할 수 있다.
② 장애인보호시설: 2년 이내. 다만, 여성가족부령으로 정하는 바에 따라 피해회복에
   소요되는 기간까지 연장할 수 있다.
③ 특별지원 보호시설: 19세가 될 때까지. 다만, 여성가족부령으로 정하는 바에 따라
   2년의 범위에서 한 차례 연장할 수 있다.
④ 외국인보호시설: 1년 이내. 다만, 여성가족부령으로 정하는 바에 따라 피해회복에
   소요되는 기간까지 연장할 수 있다.
⑤ 자립지원 공동생활시설: 2년 이내. 다만, 여성가족부령으로 정하는 바에 따라 2년
   의 범위에서 한 차례 연장할 수 있다.
⑥ 장애인 자립지원 공동생활시설: 2년 이내. 다만, 여성가족부령으로 정하는 바에
   따라 2년의 범위에서 한 차례 연장할 수 있다.
⑦ 일반보호시설에 입소한 피해자가 대통령령으로 정하는 특별한 사유에 해당하는
   경우에는 입소기간을 초과하여 연장할 수 있다.

4) 사법경찰관리의 현장출동 등(제31조의2) ★★

① 사법경찰관리는 성폭력신고가 접수된 때 지체 없이 신고된 현장에 출동하여야 한다.

② 출동한 사법경찰관리는 신고된 현장에 출입하여 관계인에 대하여 조사를 하거나 질문을 할 수 있다.

③ 사법경찰관리는 자유롭게 진술할 수 있도록 성폭력행위자로부터 분리된 곳에서 조사를 하는 등 필요한 조치를 하여야 한다.

3. 가정폭력범죄의 처벌 등에 관한 특례법

1) 목적 및 정의 ★★

(1) 목적(제1조)

가정폭력범죄의 형사처벌 절차에 관한 특례를 정하고 가정폭력범죄를 범한 사람에 대하여 환경의 조정과 성행(性行)의 교정을 위한 보호처분을 함으로써 가정폭력범죄로 파괴된 가정의 평화와 안정을 회복하고 건강한 가정을 가꾸며 피해자와 가족구성원의 인권을 보호함을 목적으로 한다.

(2) 정의(제2조) 이 법에서 사용하는 용어의 뜻은 다음과 같다.

① <u>가정폭력</u>: 가정구성원 사이의 신체적, 정신적, 재산상 피해를 수반하는 행위를 말한다.

② <u>가정구성원</u>이란 다음의 어느 하나에 해당하는 사람을 말한다.
  - 배우자(사실상 혼인관계에 있는 사람을 포함) 또는 배우자였던 사람, 동거하는 친족
  - 자기 또는 배우자와 직계존비속관계에 있거나 있었던 사람
  - 계부모와 자녀의 관계 또는 적모(嫡母)와 서자(庶子)의 관계에 있거나 있었던 사람

③ <u>가정보호사건</u>: 가정폭력범죄로 인하여 이 법에 따른 보호처분의 대상이 되는 사건을 말한다.

④ 보호처분: 법원이 가정보호사건에 대하여 심리를 거쳐 가정폭력행위자에게 하는 제40조에 따른 처분을 말한다.

⑤ 피해자보호명령사건: 가정폭력범죄로 인하여 제55조의2에 따른 피해자보호명령의 대상이 되는 사건을 말한다.

⑥ 아동: 아동복지법 제3조 제1호에 따른 아동을 말한다.

2) 신고의무 등 ★★★

① 다음의 어느 하나에 해당하는 사람이 직무를 수행하면서 가정폭력범죄를 알게 된 경우에는 정당한 사유가 없으면 즉시 수사기관에 <u>신고하여야 한다</u>.
  - 아동의 교육과 보호를 담당하는 기관의 종사자와 그 기관장
  - 아동, 60세 이상의 노인, 그 밖에 정상적인 판단 능력이 결여된 사람의 치료 등을 담당하는 의료인 및 의료기관의 장
  - 노인복지법에 따른 노인복지시설, 아동복지법에 따른 아동복지시설, 장애인복지법에 따른 장애인복지시설의 종사자와 그 기관장
  - 다문화가족지원법에 따른 다문화가족지원센터의 전문인력과 그 장
  - 결혼중개업의 관리에 관한 법률에 따른 국제결혼중개업자와 그 종사자
  - 소방기본법에 따른 구조대 · 구급대의 대원
  - 사회복지사업법에 따른 사회복지 전담공무원
  - 건강가정기본법에 따른 건강가정지원센터의 종사자와 그 센터의 장

② 아동복지법에 따른 아동상담소, 가정폭력방지 및 피해자보호 등에 관한 법률에 따른 가정폭력 관련 상담소 및 보호시설, 성폭력방지 및 피해자보호 등에 관한 법률에 따른 성폭력피해상담소 및 보호시설에 근무하는 상담원과 그 기관장은 피해자 또는 피해자의 법정대리인 등과의 상담을 통하여 가정폭력범죄를 알게 된 경우에는 가정폭력피해자의 명시적인 반대의견이 없으면 즉시 <u>신고하여야 한다</u>.

01) 가정폭력방지 및 피해자보호 등에 관한 법률의 내용으로 옳지 않은 것은?

(17회 기출)

① 단기보호시설은 피해자 등을 6개월의 범위에서 보호하는 시설이다.

② 국가는 가정폭력 관련 상담소의 설치·운영에 드는 경비의 전부를 보조하여야 한다.

③ 여성가족부장관 또는 시·도지사는 긴급전화센터를 설치·운영하여야 한다.

④ 가정폭력의 예방과 방지에 관한 교육·홍보는 가정폭력 관련 상담소의 업무에 해당한다.

⑤ 사회복지법인은 시장군수구청장의 인가를 받아 가정폭력피해자 보호시설을 설치·운영할 수 있다.

☞ 해설: 가정폭력방지 및 피해자보호 등에 관한 법률 제4조(국가 등의 책무) 제4항 참조

• 국가와 지방자치단체는 제5조 제2항과 제7조 제2항에 따라 설치·운영하는 가정폭력 관련 상담소와 가정폭력피해자 보호시설에 대하여 경비(經費)를 보조하는 등 이를 육성·지원하여야 한다.

정답 ②

02) 성폭력방지 및 피해자보호 등에 관한 법률상 국가와 지방자치단체의 책무에 해당하는 것을 모두 고른 것은? (17회 기출)

> ㄱ. 성폭력 신고체계의 구축 · 운영
> ㄴ. 성폭력 예방을 위한 유해환경 개선
> ㄷ. 성폭력 예방을 위한 조사 · 연구, 교육 및 홍보
> ㄹ. 피해자에 대한 직업훈련 및 법률구조 등 사회복귀 지원

① ㄱ, ㄴ   ② ㄴ, ㄷ   ③ ㄱ, ㄷ, ㄹ
④ ㄴ, ㄷ, ㄹ   ⑤ ㄱ, ㄴ, ㄷ, ㄹ

☞ 해설: 성폭력방지 및 피해자보호 등에 관한 법률 제3조(국가 등의 책무) 제1항 참조

1. 성폭력 신고체계의 구축 · 운영
2. 성폭력 예방을 위한 조사 · 연구, 교육 및 홍보
3. 피해자를 보호 · 지원하기 위한 시설의 설치 · 운영
4. 피해자에 대한 주거지원, 직업훈련 및 법률구조 등 사회복귀 지원
5. 피해자에 대한 보호 · 지원을 원활히 하기 위한 관련 기관 간 협력체계의 구축 · 운영
6. 성폭력 예방을 위한 유해환경 개선
7. 피해자 보호 · 지원을 위한 관계 법령의 정비와 각종 정책의 수립 · 시행 및 평가

정답 ⑤

제23장
|
사회복지공동모금회법과
자원봉사활동기본법

1. 사회복지공동모금회법

1) 목적 및 용어의 정의 ★★

(1) 목적(제1조)

사회복지공동모금회의 공동모금을 통하여 국민이 사회복지를 이해하고 참여하도록
함과 아울러 국민의 자발적인 성금으로 조성된 재원(財源)을 효율적이고 공정하게 관
리·운용함으로써 사회복지증진에 이바지함을 목적으로 한다.

(2) 용어의 정의(제2조)

① 사회복지사업: 사회복지사업법 제2조 제1호의 사회복지사업을 말한다.
② 사회복지공동모금: 사회복지사업이나 그 밖의 사회복지활동 지원에 필요한 재원
을 조성하기 위하여 이 법에 따라 기부금품을 모집하는 것을 말한다.

(3) 기본 원칙(제3조)

① 기부하는 자의 의사에 반하여 기부금품을 모집하여서는 아니 된다.

② 공동모금재원은 지역 · 단체 · 대상자 및 사업별로 복지수요가 공정하게 충족되도록 배분하여야 하고, 제1조의 목적 및 제25조에 따른 용도에 맞도록 공정하게 관리 · 운용하여야 한다.

③ 공동모금재원의 배분은 객관적인 기준에 따라 효율적으로 이루어지도록 하고, 그 결과를 공개하여야 한다.

2) 사회복지공동모금회의 설립 및 사업 등 ★★

(1) 설립(제4조)

① 사회복지공동모금사업을 관장하도록 하기 위하여 사회복지공동모금회를 둔다.

② 모금회는 사회복지사업법의 사회복지법인으로 한다.

③ 모금회는 정관을 작성하여 보건복지부장관의 인가를 받아 등기함으로써 설립된다.

(2) 사업(제5조)

① 사회복지공동모금사업, 공동모금재원의 배분, 공동모금재원의 운용 및 관리

② 사회복지공동모금에 관한 조사 · 연구 · 홍보 및 교육 · 훈련, 사회복지공동모금지회의 운영

③ 사회복지공동모금과 관련된 국제교류 및 협력증진사업, 다른 기부금품 모집자와의 협력사업, 그 밖에 모금회의 목적 달성에 필요한 사업

(3) 재원(제17조)

① 사회복지공동모금에 의한 기부금품, 법인 · 단체가 출연하는 현금 · 물품 또는 그 밖의 재산

② 복권 및 복권기금법에 따라 배분받은 복권수익금, 그 밖의 수입금 등

(4) 재원의 사용 등(제25조)

공동모금재원은 사회복지사업이나 그 밖의 사회복지활동에 사용하며, 매 회계연도에 조성된 공동모금재원은 해당 회계연도에 지출하는 것을 원칙으로 한다. 다만, 재난구호 및 긴급구호 등 긴급히 지원할 필요가 있을 때를 대비하여 매 회계연도의 공동모

금재원 일부를 적립하는 경우에는 그러하지 아니하다.

(5) 사업계획의 제출 등(제26조)

① 모금회는 매 회계연도의 사업계획 및 예산안을 회계연도가 시작되기 1개월 전에 보건복지부장관에게 제출하여야 한다.

② 모금회가 예산안을 작성할 때에는 배분계획과 모금경비 및 모금회의 운영비 등을 포함하여야 한다.

③ 모금회는 매 회계연도 종료 후 3개월 이내에 세입·세출 결산서를 작성 보건복지부장관에게 제출하여야 한다. 이 경우 공인회계사법에 따른 회계법인의 감사보고서를 붙여야 한다.

3) 기부금품의 모집 및 복권발행

(1) 기부금품의 모집(제18조)

① 모금회는 사회복지사업이나 그 밖의 사회복지활동을 지원하기 위하여 연중 기부금품을 모집·접수할 수 있다.

② 모금회는 기부금품을 모집·접수한 경우 기부금품 접수 사실을 장부에 기록하고, 그 기부자에게 영수증을 내주어야 한다. 다만, 기부자가 성명을 밝히지 아니한 경우 등 기부자를 알 수 없는 경우에는 모금회에 영수증을 보관하여야 한다.

③ 모금회는 영수증에 기부금품의 금액과 금액에 대하여 세금혜택이 있다는 문구를 적고 일련번호를 표시하여야 하며, 효율적인 모금을 위하여 기간을 정하여 집중모금을 할 수 있다.

④ 모금회는 집중모금을 하려면 그 모집일 부터 15일 전에 그 내용을 보건복지부장관에게 보고하여야 하며, 그 모집을 종료하였을 때에는 모집종료일부터 1개월 이내에 그 결과를 보건복지부장관에게 보고하여야 한다.

(2) 복권의 발행(제18조의2)

① 모금회는 사회복지사업이나 그 밖의 사회복지활동 등을 지원하기 위한 재원을 조성하기 위하여 복권을 발행할 수 있다.

② 복권의 당첨금을 받을 권리는 그 지급일부터 3개월간 행사하지 아니하면 소멸시효가 완성되며, 소멸시효가 완성된 당첨금은 공동모금재원에 귀속된다.
④ 복권의 발행에 관하여는 사행행위 등 규제 및 처벌 특례법을 적용하지 아니한다.

(3) 모금창구의 지정(제19조)

모금회는 기부금품의 접수를 효율적이고 공정하게 하기 위하여 언론기관을 모금창구로 지정하고, 지정된 <u>언론기관의 명의</u>로 모금계좌를 개설할 수 있다.

(4) 국제보건의료지원사업에 대한 배분(제20조의2)

① 모금회는 제27조 제1항에 따라 지정되지 아니한 기부금품의 100분의 10의 범위에서 이사회 의결로 정하는 비율에 따라 다음의 사업에 배분할 수 있다.
 – 한국국제보건의료재단법에 따라 시행하는 개발도상국가를 비롯한 외국 및 군사분계선 이북지역의 보건의료수준의 향상을 위한 사업
 – 주요 감염병 퇴치 등에 대한 사업

(5) 기부금품의 지정사용(제27조)

① 기부금품의 기부자는 배분지역, 배분대상자 또는 사용 용도를 지정할 수 있다.
② 모금회는 지정 취지가 이 법의 목적·취지나 공직선거법을 위반하는 경우 그 사실을 기부자에게 설명하고 이 법의 목적·취지와 「공직선거법」을 위반하지 아니하도록 지정할 것을 요구하거나 그 지정을 철회할 것을 요구하여야 한다. 기부자가 이에 따르지 아니하는 경우에는 기부금품을 접수하지 아니하여야 한다.
③ 모금회는 지정이 있는 경우 그 지정 취지에 따라 기부금품을 사용하여야 하며, 이사회의 의결을 거쳐 지정 및 그 사용방법에 필요한 사항을 정할 수 있다.

4) 지도감독 및 보조금지원 등

(1) 지도·감독 등(제31조)

보건복지부장관은 모금회의 업무에 관하여 지도·감독을 하며, 필요하다고 인정할 때에는 관계 서류의 제출을 명하거나 소속 공무원으로 하여금 그 운영상황을 조사하

게 하거나 장부나 그 밖의 서류를 검사하게 할 수 있다.

(2) 시정명령 등(제32조)

보건복지부장관은 모금회의 운영이 이 법 또는 정관을 위반한다고 인정하는 경우에는 사회복지사업법을 준용하여 필요한 조치를 할 수 있다.

(3) 보조금 등(제33조)

① 국가나 지방자치단체는 모금회에 기부금품 모집에 필요한 비용과 모금회의 관리·운영에 필요한 비용을 보조할 수 있다.

② 제1항에 따른 보조금은 그 목적 외의 용도에 사용할 수 없다.

③ 국가나 지방자치단체는 모금회가 다음 각 호의 어느 하나에 해당할 때에는 이미 지급한 보조금의 전부 또는 일부의 반환을 명할 수 있다.

   − 사업목적 외의 용도에 보조금을 사용하였을 때
   − 거짓이나 그 밖의 부정한 방법으로 보조금을 받았을 때
   − 이 법 또는 이 법에 따른 명령을 위반하였을 때

2. 자원봉사활동기본법

1) 목적 및 정의 등 ★★

(1) 목적(제1조)

자원봉사활동에 관한 기본적인 사항을 규정함으로써 자원봉사활동을 진흥하고 행복한 공동체 건설에 이바지함을 목적으로 한다.

(2) 정의(제3조)

① 자원봉사활동: 개인 또는 단체가 지역사회·국가 및 인류사회를 위하여 대가 없이 자발적으로 시간과 노력을 제공하는 행위를 말한다.

② 자원봉사센터: 자원봉사활동의 개발·장려·연계·협력 등의 사업을 수행하기 위

하여 법령과 조례 등에 따라 설치된 기관·법인·단체 등을 말한다.

(3) 기본방향(제2조)

① 자원봉사활동은 국민의 협동적인 참여 능력을 높일 수 있는 방향으로 추진하여야
  한다.
② 자원봉사활동은 무보수성, 자발성, 공익성, 비영리성, 비정파성(非政派性), 비종파
  성(非宗派性)의 원칙 아래 수행될 수 있도록 하여야 한다.

(4) 정치활동 등의 금지 의무(제5조)

지원을 받는 자원봉사단체 및 자원봉사센터는 그 명의 또는 그 대표의 명의로 특정
정당이나 특정인의 선거운동을 하여서는 아니 된다.

(5) 자원봉사활동의 범위(제7조)

① 사회복지 및 보건 증진에 관한 활동, 지역사회 개발·발전에 관한 활동
② 환경보전 및 자연보호에 관한 활동, 교육 및 상담에 관한 활동
③ 사회적 취약계층의 권익 증진 및 청소년의 육성·보호에 관한 활동
④ 인권 옹호 및 평화 구현에 관한 활동, 범죄 예방 및 선도에 관한 활동
⑤ 교통질서 및 기초질서 계도에 관한 활동. 재난 관리 및 재해 구호에 관한 활동
⑥ 문화·관광·예술 및 체육 진흥에 관한 활동, 부패 방지 및 소비자 보호에 관한
  활동
⑦ 공명선거에 관한 활동, 국제협력 및 국외봉사활동
⑧ 공공행정 분야의 사무 지원에 관한 활동
⑨ 그 밖에 공익사업의 수행 또는 주민복리의 증진에 필요한 활동

2) 자원봉사관련 기관 등 ★★

(1) 자원봉사진흥위원회(제8조)

자원봉사활동에 관한 주요 정책을 심의하기 위하여 <u>국무총리 소속</u>으로 관계 중앙행
정기관

및 민간 전문가로 구성된 자원봉사진흥위원회를 둔다.

(2) 한국자원봉사협의회(제17조)

① 자원봉사단체는 전국 단위의 자원봉사활동을 진흥·촉진하기 위한 다음의 활동을 하기 위하여 한국자원봉사협의회를 설립할 수 있다.
- 회원단체 간의 협력 및 사업 지원
- 자원봉사활동의 진흥을 위한 대국민 홍보 및 국제교류
- 자원봉사활동과 관련된 정책의 개발 및 조사·연구
- 자원봉사활동과 관련된 정책의 건의
- 자원봉사활동과 관련된 정보의 연계 및 지원 등

② 한국자원봉사협의회는 법인으로 하며, 한국자원봉사협의회는 정관을 작성하여 행정안전부장관의 인가를 받아 등기함으로써 설립된다.

(3) 자원봉사센터의 설치 및 운영(제19조)

국가기관 및 지방자치단체는 자원봉사센터를 설치할 수 있다. 이 경우 자원봉사센터를 법인으로 하여 운영하거나 비영리 법인에 위탁하여 운영하여야 한다. 다만, 자원봉사활동을 효율적으로 추진하기 위하여 필요하다고 인정할 경우에는 국가기관 및 지방자치단체가 운영할 수 있다.

3) 국가기본계획의 수립 등 ★★

(1) 자원봉사활동의 진흥에 관한 국가기본계획의 수립(제9조)

① 행정안전부장관은 관계 중앙행정기관의 장과 협의하여 자원봉사활동의 진흥을 위한 국가기본계획을 5년마다 수립하여야 한다.

(2) 연도별 시행계획의 수립(제10조)

관계 중앙행정기관의 장과 지방자치단체의 장은 기본계획에 따라 연도별 시행계획을 수립·시행하여야 한다.

4) 자원봉사활동장려 ★★

(1) 포상(제12조)

국가와 지방자치단체는 국가와 사회에 현저한 공로가 있는 자원봉사활동을 한 자원봉사자, 자원봉사단체, 자원봉사센터 등에 대하여 대통령령으로 정하는 바에 따라 포상할 수 있다.

(2) 자원봉사자의 날 및 자원봉사주간(제13조)

국가는 국민의 자원봉사활동에 대한 참여를 촉진하고 자원봉사자의 사기를 높이기 위하여 매년 12월 5일을 "자원봉사자의 날"로 하고 자원봉사자의 날부터 1주일간을 "자원봉사주간"으로 설정한다.

(3) 국유 · 공유 재산의 사용(제16조)

국가와 지방자치단체는 국유재산법 또는 공유재산 및 물품 관리법에도 불구하고 자원봉사활동의 진흥을 위하여 자원봉사단체 및 자원봉사센터가 대통령령으로 정하는 특정한 사업을 수행하기 위하여 국유 · 공유 재산이 필요하다고 인정하면 이를 무상으로 대여하거나 사용하게 할 수 있다.

(4) 자원봉사단체에 대한 지원(제18조)

국가 및 지방자치단체는 자원봉사단체의 활동에 필요한 행정적 지원을 할 수 있으며 비영리민간단체지원법에 따라 사업비를 지원할 수 있다.

(5) 벌칙(제20조)

자원봉사단체 및 자원봉사센터가 정치활동 등의 금지 의무를 위반한 경우에는 공직선거법에 따른 벌칙을 적용한다.

01) 사회복지공동모금회법의 내용으로 옳은 것은? (17회 기출)

① 사회복지공동모금회에는 20명 이상 25명 이하의 이사를 둔다.

② 사회복지공동모금회는 보건복지부장관의 승인 없이 복권을 발행할 수 있다.

③ 사회복지공동모금회는 모금창구로 지정된 언론기관의 명의로 모금계좌를 개설할 수 없다.

④ 사회복지공동모금회의 회계연도는 1월 1일부터 12월 31일까지로 한다.

⑤ 기부금품의 기부자는 사용 용도를 지정할 수 없다.

☞ 해설: (오답 풀이)

① 사회복지공동모금회에는 15명 이상 20명 이하의 이사를 둔다(제7조).

② 사회복지공동모금회는 보건복지부장관의 승인 없이 복권을 발행할 수 없다(제18조의2).

③ 사회복지공동모금회는 모금창구로 지정된 언론기관의 명의로 모금계좌를 개설할 수 있다(제19조).

⑤ 기부금품의 기부자는 사용 용도를 지정할 수 있다(제27조).

정답 ④

02) 자원봉사활동기본법상 자원봉사활동의 원칙에 해당하지 않은 것은?

(16회 기출)

① 무보수성

② 비집단성

③ 비영리성

④ 비정파성

⑤ 비종파성

☞ 해설: 자원봉사활동기본법 제2조(기본방향) 제2호 참조
- 자원봉사활동은 국민의 협동적인 참여 능력을 높일 수 있는 방향으로 추진하여야 한다.
- 자원봉사활동은 무보수성, 자발성, 공익성, 비영리성, 비정파성(非政派性), 비종파성(非宗派性)의 원칙 아래 수행될 수 있도록 하여야 한다.
- 모든 국민은 나이, 성별, 장애, 지역, 학력 등 사회적 배경에 관계없이 누구든지 자원봉사활동에 참여할 수 있도록 하여야 한다.
- 자원봉사활동의 진흥을 위한 정책은 민·관 협력의 기본 정신을 바탕으로 하여 추진하여야 한다.

정답 ②

제24장
|
헌법재판소 위헌확인심판 등

1. 사회보험관련 위헌 확인(헌법재판소)

1) 국민연금의 분할연금규정의 위헌 확인

- 국민연금법 제64조 위헌소원[전원재판부 2015헌바182, 2016.12.29.]

(1) 사건개요

① 청구인은 1988. 1. 1.부터 2008. 12. 31.까지 국민연금 가입자 자격을 유지하다가 2010. 6. 14. 조기노령연금 수급권을 취득하여 2010. 7.부터 국민연금공단으로부터 노령연금을 받아 왔다. 한편, 청구인은 1975. 8. 15. 박○순과 혼인하였는데, 2004. 2. 10. 박○순을 상대로 이혼 등을 청구하는 소를 제기하였고, 위 소송 계속 중 2004. 4. 21. 이혼 조정이 성립되어 이혼하였다.

② 박○순은 2014. 4. 24. 국민연금공단에 분할연금의 지급을 청구하였고, 이에 국민연금공단은 2014. 6. 2. 박○순에 대하여 분할연금 지급결정을 한 후, 2014. 6. 23. 청구인에게 청구인의 노령연금액을 774,440원에서 491,620원으로 감액하는 내용의 연금수급권 내용변경 통지를 하였다.

③ 청구인은 2014. 11. 13. 국민연금공단을 상대로 이 사건 처분의 취소를 구하는 소를 제기한 다음(청주지방법원 2014구합1272), 그 소송 계속 중 분할연금을 규정한 국민연금법 제64조에 대하여 위헌법률심판제청신청을 하였다가 기각되자(청주지방법원 2015아7), 2015. 5. 4. 이 사건 헌법소원심판을 청구하였다.

(2) 결정요지

① 분할연금제도는 재산권적인 성격과 사회보장적 성격을 함께 가지므로 재산권적 성격은 노령연금 수급권도 혼인생활 중에 협력하여 이룬 부부의 공동재산이므로 이혼 후에는 그 기여분에 해당하는 몫을 분할하여야 한다는 것이고, 여기서 노령연금수급권 형성에 대한 기여란 부부공동생활 중에 역할분담의 차원에서 이루어지는 가사·육아 등을 의미하므로, 분할연금은 국민연금가입기간 중 실질적인 혼인기간을 고려하여 산정하여야 한다.

② 따라서 법률혼 관계를 유지하고 있었다고 하더라도 실질적인 혼인관계가 해소되어 노령연금 수급권의 형성에 아무런 기여가 없었다면 그 기간에 대하여는 노령연금의 분할을 청구할 전제를 갖추었다고 볼 수 없다. 그럼에도 불구하고 심판대상조항은 법률혼 관계에 있었지만 별거·가출 등으로 실질적인 혼인관계가 존재하지 않았던 기간을 일률적으로 혼인 기간에 포함시켜 분할연금을 산정하도록 하고 있는바, 이는 분할연금제도의 재산권적 성격을 몰각시키는 것으로서 그 입법형성권의 재량을 벗어났다고 보아야 한다.

③ 2015. 12. 29. 개정된 국민연금법은 제64조의2를 신설하여 민법상 재산분할청구제도에 따라 연금의 분할에 관하여 별도로 결정된 경우에는 그에 따르도록 하였다. 그런데, 위 조항이 신설되었다 하더라도 심판대상조항이 유효하다면 노령연금수급권자로서는 하여금 먼저 재산분할청구권을 행사하여야 자신의 정당한 연금을 확보할 수 있으므로, 위 조항이 신설되었다 하여 심판대상조항의 위헌성이 해소되는 것은 아니다. 따라서 심판대상조항은 재산권을 침해한다.

④ 심판대상조항에 대하여 단순위헌결정을 선고하는 경우 노령연금 수급권 형성에 기여한 이혼배우자의 분할연금 수급권의 근거규정까지도 사라지는 법적 공백 상태가 발생하게 될 뿐만 아니라, 입법자는 개선입법을 형성함에 있어 광범위한 입

법재량을 가진다. 따라서 심판대상조항에 대하여 헌법불합치결정을 선고하되, 2018. 6. 30.을 시한으로 입법자의 개선입법이 있을 때까지 계속 적용을 명한다.

2) 건강보험 지역가입자의 평등권과 재산권 침해 위헌 확인
— 국민건강보험법 제5조 등 위헌확인[지정재판부 2009헌마109, 2009.3.3]

(1) 사건개요
청구인은 국민건강보험법상 지역가입자에 해당하는 자인바, 청구인이 2004년 2월분부터 2006년 5월분까지 건강보험료를 납부하지 않자, 국민건강보험공단은 청구인에게 건강보험료를 2006. 7. 10.까지 납부하지 않으면 국민건강보험법 제70조 제3항, 제4항에 따라 청구인의 재산을 압류하게 된다는 취지가 기재된 재산압류예정 안내문을 발부하였다.

이에 청구인은 직장가입자에 비하여 지역가입자에게 불리하게 취급하고, 국민건강보험에 강제 가입시켜 보험료를 부과하고, 보험료 등을 납부하지 아니할 경우 독촉 및 국세체납의 예에 의하여 징수할 수 있도록 규정하고 있는 국민건강보험법 제5조, 제68조, 법 제70조가 청구인의 평등권과 재산권을 침해한다고 주장하면서, 2009. 2. 24. 이 사건 헌법소원심판을 청구하였다.

(2) 결정요지
① 헌법재판소법 제68조 제1항의 규정에 의한 헌법소원의 심판은 그 사유가 있음을 안 날로부터 90일 이내에, 그 사유가 있은 날로부터 1년 이내에 청구하여야 한다(헌법재판소법 제69조 제1항). 따라서 법률에 대한 헌법소원은 법률의 시행과 동시에 기본권의 침해를 받은 자는 그 법률이 시행된 사실을 안 날로부터 90일 이내에, 그 법률이 시행된 날로부터 1년 이내에 청구하여야 하고, 법률이 시행된 후에 비로소 그 법률에 해당하는 사유가 발생하여 기본권의 침해를 받게 된 경우에는 그 사유가 발생하였음을 안 날로부터 90일 이내에, 그 사유가 발생한 날로부터 1년 이내에 청구하여야 한다.
② 법 제5조 제1항 및 법 제68조 제2항에 대한 심판청구 부분

법 제5조는 국내 거주 국민의 건강보험 강제가입의무를 규정하고 있고, 법 제68조는 보험가입자의 보험료 납부의무를 규정하고 있는바, 관련사건(2004헌마322)의 기록에 의하면 청구인은 부산중구청에서 1999. 1. 1.자로 퇴직하면서 구 국민의료보험법상의 지역피보험자로서의 지위를 갖게 되었고 2000. 7. 1. 국민건강보험법이 시행되면서 국민건강보험법 부칙 제9조 제1항에 의하여 국민건강보험법상의 지역가입자의 지위를 갖게 되었는바, 청구인은 국민건강보험법의 시행과 동시에 위 조항들로 인한 기본권을 침해받기 시작하였다고 할 것이다. 그렇다면 기본권 침해의 사유가 발생한 시점인 2000. 7. 1.경부터 1년이 훨씬 지난 2009. 2. 24.에 청구된 이 부분 심판청구는 청구기간을 도과한 것으로서 부적법하다.

③ 법 제70 제1항, 제2항에 대한 심판청구 부분

법 제70조 제1항, 제2항은 건강보험 가입자가 보험료를 납부하지 아니하면 국민건강보험공단이 독촉할 수 있다고 규정하고 있는바, 관련사건(2004헌마322)의 기록에 의하면, 청구인이 보험료를 납부하지 아니하여 국민건강보험공단이 2000. 4.경, 2004. 3.경, 2004. 4.경에 걸쳐 독촉장을 발부한 사실이 인정된다. 따라서 청구인은 2000. 4.경부터는 위 독촉사실이 있음을 알았다고 할 것이므로 이로부터 90일이 훨씬 지나 청구된 이 부분 심판청구는 청구기간을 도과한 것으로서 부적법하다. 결론적으로 청구인의 이 사건 심판청구는 부적법하므로 헌법재판소법 제72조 제3항 제2호 및 제4호에 따라 이를 각하하기로 하여 관여 재판관 전원의 일치된 의견으로 주문과 같이 결정한다.

2. 공공부조관련 위헌 확인(헌법재판소)

1) 2002년도 국민기초생활보장최저생계비 위헌확인

– [전원재판부 2002헌마328, 2004.10.28]

(1) 사건개요

① 청구인 박ㅇ자, 이ㅇ연은 각 정신지체 1급 장애자이고, 청구인 이ㅇ열은 박ㅇ자의

남편이자 이○연의 아버지로서 비장애자인바, 청구인들은 1가구를 이루어 함께 거주하면서 2000. 10. 5. 국민기초생활보장법에 따른 생계급여 수급자로 선정되어 그 무렵부터 생계급여를 지급받고 있다. 보건복지부장관은 2001. 12. 1. 보건복지부고시 제2001-63호로 2002년도 국민기초생활보장법(이하 '보장법'이라 한다)상의 최저생계비를 결정·공표하였다.

② 청구인들은 2002. 5. 14. 위 최저생계비 고시가 청구인들의 인간으로서의 존엄과 가치 및 행복추구권, 인간다운 생활을 할 권리 및 평등권을 침해하는 것이라고 주장하면서 이 사건 헌법소원심판을 청구하였다.

(2) 결정요지

① 보건복지부장관이 2002년도 최저생계비를 고시함에 있어서 장애인가구의 추가지출비용을 반영한 최저생계비를 별도로 정하지 아니한 채 가구별 인원수를 기준으로 한 최저생계비만을 결정·공표함으로써 장애인가구의 추가지출비용이 반영되지 않은 최저생계비에 따라 장애인가구의 생계급여 액수가 결정되었다 하더라도 그 생계급여액수는 최저생계비와 동일한 액수로 결정되는 것이 아니라 최저생계비에서 개별가구의 소득평가액 등을 공제한 차액으로 지급되기 때문에 장애인가구와 비장애인가구에게 지급되는 생계급여까지 동일한 액수가 되는 것은 아니라는 점,

② 이때 공제되는 개별가구의 소득평가액은 장애인가구의 실제소득에서 장애인가구의 특성에 따른 지출요인을 반영한 금품인 장애인복지법에 의한 장애수당, 장애아동부양수당 및 보호수당, 만성질환 등의 치료·요양·재활로 인하여 6개월 이상 지속적으로 지출하는 의료비를 공제하여 산정하므로 결과적으로 장애인가구는 비장애인가구에 비교하여 볼 때 최저생계비에 장애로 인한 추가비용을 반영하여 생계급여액을 상향조정함과 비슷한 효과를 나타내고 있는 점,

③ 장애인가구는 비장애인가구와 비교하여 각종 법령 및 정부시책에 따른 각종 급여 및 부담감면으로 인하여 최저생계비의 비목에 포함되는 보건의료비, 교통·통신비, 교육비, 교양·오락비, 비소비지출비를 추가적으로 보전 받고 있는 점을 고려할 때, 국가가 생활능력 없는 장애인의 인간다운 생활을 보장하기 위한 조치를 취

299

함에 있어서 국가가 실현해야 할 객관적 내용의 최소한도의 보장에도 이르지 못하였다거나 헌법상 용인될 수 있는 재량의 범위를 명백히 일탈하였다고는 보기 어렵고, 또한 장애인가구와 비장애인가구에게 일률적으로 동일한 최저생계비를 적용한 것을 자의적인 것으로 볼 수는 없다.

④ 따라서, 보건복지부장관이 2002년도 최저생계비를 고시함에 있어 장애로 인한 추가지출비용을 반영한 별도의 최저생계비를 결정하지 않은 채 가구별 인원수만을 기준으로 최저생계비를 결정한 것은 생활능력 없는 장애인가구 구성원의 인간의 존엄과 가치 및 행복추구권, 인간다운 생활을 할 권리, 평등권을 침해하였다고 할 수 없다.

2) 국민기초생활보장 최저생계비 위헌 확인
- [전원재판부 2001헌마849, 2002.5.30]

(1) 사건개요

① 청구인은 뇌성마비 1급 1호인 중증지체장애인으로 국민기초생활보장법 제2조 제1호, 제5조 제1항에 의한 부양의무자 없는 수급권자로, 같은 법 시행 이전에는 생활보호대상자로서 급여를 지급받아 왔고, 제1종 의료보호증을 소지하고 있는 자이다. 그런데 보건복지부장관은 2001. 12. 1. 같은 법 제6조 제1항, 제2항에 의하여, 중앙생활보장위원회의 심의·의결을 거쳐 2002년도 국민기초생활보장 최저생계비를 결정, 공표하였다.

② 이에 청구인은 위 보건복지부장관의 2001. 12. 1.자 위 최저생계비 결정·공표가 청구인의 행복추구권, 평등권 및 인간다운 생활을 보장할 권리를 침해하였다고 주장하며 그 위헌확인을 구하고자 이 사건 헌법소원심판을 청구하기에 이르렀다.

(2) 결정요지

국민기초생활보장법상 수급자의 지위나 장애인으로 인간다운 생활을 보장받을 권리 등은 청구인의 생존을 전제로 하는 것이어서, 청구인의 사망에 의하여 그 지위나 권리 등은 소멸 또는 종료되는 것이고 상속인에게 승계될 것이 아니므로, 이에 관련된 심판절차 또한 승계될 성질의 것이 못되어, 청구인이 사망함과 동시에 당연히 이 사건 헌법소원심판절차가 종료된다고 할 것이다.

3. 사회서비스 등 관련 위헌 확인(헌법재판소)

1) 저상버스 도입의무 불이행 위헌 확인

– [전원재판부 2002헌마52, 2002.12.18]

(1) 사건의 개요

① 청구인 "장애인 이동권 쟁취를 위한 연대회의"는 청구외 박소엽이 2001. 1. 22. 오이도역 장애인 수직 리프트에서 추락하여 사망한 사건이 발생한 후, 장애인의 이동권을 쟁취하기 위하여 2001. 4. 19. 결성되어 현재 29개의 장애인 단체로 구성되어 있다.

② 청구인은 2001. 11. 26. 보건복지부장관에게 장애인이 편리하게 승차할 수 있는 저상(低床)버스의 도입을 청구하였으나 보건복지부장관은 건설교통부와 협의해야 한다는 등의 이유를 들며 이를 이행하지 않자, 보건복지부장관을 상대로 저상버스를 도입하지 않은 부작위가 청구인의 행복추구권, 인간다운 생활을 할 권리 등을 침해한다는 주장으로 2002. 1. 22. 이 사건 헌법소원심판을 청구하였다.

(2) 결정요지

① 헌법은 제34조 제1항에서 모든 국민의 "인간다운 생활을 할 권리"를 사회적 기본권으로 규정하면서, 제2항 내지 제6항에서 특정한 사회적 약자와 관련하여 "인간다운 생활을 할 권리"의 내용을 다양한 국가의 의무를 통하여 구체화하고 있다. 헌법이 제34조에서 여자(제3항), 노인 · 청소년(제4항), 신체장애자(제5항) 등 특정 사회적 약자의 보호를 명시적으로 규정한 것은, '장애인과 같은 사회적 약자의 경우에는 개인 스스로가 자유행사의 실질적 조건을 갖추는 데 어려움이 많으므로, 국가가 특히 이들에 대하여 자유를 실질적으로 행사할 수 있는 조건을 형성하고

유지해야 한다'는 점을 강조하고자 하는 것이다.

② 장애인의 복지를 향상해야 할 국가의 의무가 다른 다양한 국가과제에 대하여 최우선적인 배려를 요청할 수 없을 뿐 아니라, 나아가 헌법의 규범으로부터는 '장애인을 위한 저상버스의 도입'과 같은 구체적인 국가의 행위의무를 도출할 수 없는 것이다.

③ 국가에게 헌법 제34조에 의하여 장애인의 복지를 위하여 노력을 해야 할 의무가 있다는 것은, 장애인도 인간다운 생활을 누릴 수 있는 정의로운 사회질서를 형성해야 할 국가의 일반적인 의무를 뜻하는 것이지, 장애인을 위하여 저상버스를 도입해야 한다는 구체적 내용의 의무가 헌법으로부터 나오는 것은 아니다.

01) 사회보장과 관련한 헌법재판소 결정내용으로 옳은 것은? **(17회 기출)**

① 국민연금법상 연금보험료의 강제징수는 헌법상 재산권보장에 위배된다.

② 건강보험료 체납으로 인하여 보험급여가 제한되는 기간 중에 발생한 보험료에 대한 강제징수는 건강보험가입자의 재산권을 침해한다.

③ 국민기초생활보장법령상 수급자 등의 금융자산을 확인할 수 있는 자료의 제출요구는 급여신청자의 평등권을 침해한다.

④ 60세 이상의 국민에 대한 국민연금제도 가입을 제한하는 것은 헌법상의 인간다운 생활을 할 권리를 침해하는 것이라고 볼 수 없다.

⑤ 사회복지사업법의 규정 내용 중 사회복지법인의 재산을 기본재산과 보통재산으로 구분하도록 한 것은 명확성의 원칙에 위반된다.

☞ 해설: (오답 풀이)

① 국민연금법상 연금 보험료의 강제징수는 헌법상 재산권보장에 위배되지 않는다.

② 건강보험료 체납으로 인하여 보험급여가 제한되는 기간 중에 발생한 보험료에 대한 강제징수는 건강보험가입자의 재산권을 침해하는 것이 아니다.

③ 국민기초생활보장법령상 수급자 등의 금융자산을 확인할 수 있는 자료의 제출요구는 급여신청자의 평등권을 침해하지 않는다.

⑤ 사회복지사업법의 규정 내용 중 사회복지법인의 재산을 기본재산과 보통재산으로 구분하도록 한 것은 명확성의 원칙에 따른 것이다.

정답 ④

참고문헌

- 김근조. 『사회복지법론』. 서울: 광은기획, 2000.
- 김용주. 『사회복지법제론』. 서울: 공동체, 2017.
- 사회복지교육연구센터. 『사회복지법제론』. 서울: 나눔의 집, 2019.
- 생각의마을. 『에쎈사회복지법제론』. 서울: 공동체, 2019.
- 서보준 외. 『사회복지개론』. 서울: 공동체, 2013.
- 심상오 외. 『사회복지학개론』. 서울: 법학원, 2017.
- 심상오. 『사회복지정책과제도』. 서울: 법학원, 2018.
- 심상오. 『사회복지학개론』. 서울: 법학원, 2016.
- 양정도 외. 『사회복지개론』. 서울: 공동체, 2012.
- 이명현. 『사회복지법제와 실천』. 서울: 공동체, 2019.
- 이중엽. 『사회복지법제론』. 서울: 양서원, 2012.
- 임우석 외. 『사회복지개론』. 서울: 공동체, 2012.
- 정민숙 외. 『사회복지개론』. 서울: 공동체, 2013.
- 현외성. 『사회복지법제개설』. 서울: 공동체, 2017.
- 홍봉수 외. 『사회복지법제론』. 서울: 공동체, 2018).
- 국가법령정보센터(http://www.law.go.kr)
- 네이버지식백과(http://terms.naver.com)
- 보건복지부(http://www.mohw.go.kr)
- 한국사회복지사협회(http://www.welfare.net)
- 한국사회복지협의회(http://kncsw.bokji.net)